LE CIMETIÈRE DE L'ESPÉRANCE

Du même auteur
en poche

1917, la Russie en révolution, Paris, Gallimard, Découvertes Histoire n° 327, 1997.

La terreur et le désarroi, Staline et son système, Paris, Perrin, tempus n° 160, 2007.

L'île aux cannibales : 1933, une déportation-abandon en Sibérie, Paris, Perrin, tempus n° 244, 2008.

L'ivrogne et la marchande de fleurs : autopsie d'un meurtre de masse, 1937-1938, Paris, Points Histoire n° 437, 2011.

Histoire de l'Union soviétique de Khrouchtchev à Gorbatchev, 1953-1991, Paris, PUF, Que sais-je ?, n° 3038, 2013.

La route de la Kolyma : voyage sur les traces du goulag, Paris, Belin, Alpha, 2016.

Les révolutions russes, Paris, PUF, Que sais-je ?, n° 986, 2017.

Histoire de l'Union soviétique de Lénine à Staline, 1917-1953, Paris, PUF, Que sais-je ?, n° 2963, 2017.

collection tempus

Nicolas WERTH

LE CIMETIÈRE DE L'ESPÉRANCE

Essais sur l'histoire de l'Union soviétique, 1914-1991

PERRIN

Secrétaire générale de la collection :
Marguerite de Marcillac

92, avenue de France
75013 Paris
Tél : 01 44 16 09 00
Fax : 01 44 16 09 01

ISBN : 978-2-262-07879-9
Dépôt légal : février 2019

Mise en pages : Nord Compo

tempus est une collection des éditions Perrin.

En souvenir d'Alexandre, Arsenii et Leonid
qui avaient espéré un autre avenir pour leur pays.
Leur engagement et leur combat
ne seront pas oubliés.

Introduction

Peu de domaines en histoire contemporaine ont connu, au cours des trois dernières décennies, un renouvellement documentaire et historiographique aussi important que l'histoire de l'Union soviétique. La disparition de l'URSS et l'ouverture des archives soviétiques, jusque-là hermétiquement fermées, ont profondément changé les méthodes de travail des historiens sur leur objet d'étude. Jusqu'alors contraints d'extrapoler un corpus de sources très limité, les spécialistes de l'ex-URSS ont été brusquement confrontés à l'immense masse des archives produites par une bureaucratie hypertrophiée et une véritable « civilisation du rapport ». Avec obligation de vérifier et de reprendre, avec beaucoup d'humilité, toutes les hypothèses échafaudées du temps de l'impossibilité d'accéder aux documents. La plupart des « grands » sujets qui avaient mobilisé jusqu'alors les « soviétologues » ont été « revisités » de fond en comble ; des pans entiers d'une histoire largement occultée, enfouie, ont été exhumés. Et, tout d'abord, l'affrontement, d'une rare violence, entre le nouveau pouvoir et la société dès les débuts du régime soviétique. L'alliance conjoncturelle, fin 1917, entre la révolution bolchevique, le mouvement des soviets et des comités d'usine, le mouvement d'émancipation des nationalités et la révolution paysanne est de courte durée. En moins d'un an, les bolcheviks perdent une grande partie de leurs appuis. Face à cette situation, Lénine et les principaux dirigeants mettent en œuvre une politique d'une extrême violence : extermination des « ennemis de classe », création de camps de concentration, liquidation impitoyable des insurrections paysannes et des émeutes ouvrières. Même si le contexte historique n'est pas le même en 1917-1922 qu'en 1929-1930, lorsque Staline engage sa « révolution d'en haut », selon l'expression de l'historien Robert Tucker, il y a assurément, dans la manière de traiter toutes les formes d'insubordination sociale et d'opposition politique, une continuité entre léninisme et stalinisme. Les crimes du stalinisme sont inscrits bien plus qu'en filigrane dans le léninisme ; ils lui sont consubstantiels. Le mythe du « bon Lénine », par opposition au « mauvais Staline », la doxa qui s'était imposée depuis le « Rapport Khrouchtchev » devant le XXe congrès, qui voulait qu'on opposât le révolutionnaire Lénine au criminel Staline, ont été balayés au cours de la première décennie qui suivit la disparition de l'URSS. L'histoire de la période stalinienne, sur laquelle se sont concentrées la plupart des nouvelles recherches stimulées par l'ouverture des archives, a, elle aussi, été profondément renouvelée. L'accès aux documents des instances dirigeantes du Parti communiste a permis de mieux comprendre les mécanismes de prise de décision au sommet, la marque spécifique de Staline dans la conduite des affaires du pays durant un quart de siècle, les tensions et les conflits entre les principaux dirigeants, mais aussi entre les différents appareils de l'État et du Parti. Des sujets occultés ont été dévoilés, comme la résistance massive de la paysannerie à la collectivisation forcée des campagnes, véritable guerre menée par l'État contre le monde rural resté, douze ans après la révolution bolchevique, une *terra incognita* profondément réfractaire à l'idéologie ; la déportation de millions de paysans vers les régions inhospitalières du pays (Sibérie, Kazakhstan, extrême Nord) ; les famines du début des années 1930 consécutives aux prélèvements massifs des organismes d'État sur des récoltes diminuées par la rupture brutale d'un mode de production ancestral ; les camps de travail forcé, jusqu'alors appréhendés uniquement à travers quelques témoignages littéraires d'anciens détenus (Evguenia Guinzbourg, Varlam Chalamov, Alexandre Soljenitsyne) publiés en Occident et désormais champ d'études à part entière qu'il devenait possible d'explorer grâce aux immenses massifs documentaires de l'administration du Goulag, enfin ouverts. Parmi les autres sujets « revisités », la Grande Terreur de 1937-1938, analysée à partir des années 1990 non plus seulement comme une purge, plus sanglante que les précédentes, du Parti, mais comme une vaste opération d'ingénierie sociale visant à éradiquer, au prix de quelque 800 000 exécutions et d'un million de condamnations à une peine de 10 ans de camp, tous les « éléments socialement nuisibles » et « ethniquement suspects ». L'histoire de la société soviétique durant la Grande Guerre patriotique, longtemps étouffée sous des tombereaux d'histoire militaire ou hagiographique à la gloire de Staline, a elle aussi considérablement progressé. Sur le nombre des victimes – sujet longtemps tabou –, tout d'abord, avec la publication remarquée, en 1993, d'un bilan détaillé des pertes militaires, et des études approfondies des pertes civiles, directes et indirectes. Dans une historiographie occidentale en plein essor sur « la guerre à l'Est », les historiens russes ont apporté une contribution importante sur des sujets restés dans l'ombre, comme le sort tragique des prisonniers de guerre soviétiques et des *Ostarbeiter* (civils déportés par les autorités d'occupation nazies vers le IIIe Reich), le « défaitisme » dans la société soviétique au début de la guerre, le comportement de l'Armée rouge en Allemagne en 1945, sans oublier les formes d'accommodement et de collaboration de la population avec l'occupant nazi.

Au cours des dernières années, avec la déclassification progressive des archives de la seconde moitié des années 1950 et du début des années 1960, le « front historiographique » a commencé à se déplacer de la période stalinienne vers les « années Khrouchtchev ».

Le renouveau de l'historiographie de l'URSS (pour la période 1917-1964) est allé de pair avec un autre phénomène : une spectaculaire convergence – chère au grand dissident Andreï Sakharov – entre les approches des historiens russes et celles des Occidentaux, qui dépasse enfin les clivages et les barrières idéologiques d'antan. D'ambitieux projets de coopération se sont noués dès le début des années 1990 autour de la publication de recueils de documents d'archives, l'un des genres les plus emblématiques de cette première phase d'appropriation de nouveaux objets d'histoire. Exemplaire est, à cet égard, la page de garde de *Tragedia sovetskoi derevni* (« La tragédie des campagnes soviétiques »), fondamental recueil de documents en cinq volumes sur la collectivisation des campagnes, dont le premier paraît en 1998. Participent à cette édition l'Institut d'histoire russe de l'Académie des sciences de Russie, cinq des plus importants centres d'archives de Russie, mais aussi les universités de Boston, Toronto, Melbourne, Birmingham et Séoul, dont les meilleurs spécialistes assistent le maître d'œuvre du projet, Viktor Danilov, le grand historien « non conformiste » du monde paysan soviétique des années 1920 et 1930, enfin libéré du carcan de la censure qui pesait sur ses recherches durant la période soviétique.

J'ai eu la grande chance, en tant que jeune historien français de l'URSS, d'être « *in the right time and the right place* ». J'étais en poste à Moscou depuis 1980 (comme lecteur à l'université de Moscou, puis attaché culturel à l'ambassade de France) quand survint la Perestroïka et son cortège de changements dans la sphère culturelle et idéologique, annonciateurs de bouleversements politiques encore plus radicaux. Ce nouveau climat intellectuel me permit de nouer des contacts avec des historiens soviétiques, bien plus avancés dans la carrière que le jeune historien débutant que j'étais, comme Viktor Danilov, cité plus haut, Mikhaïl Guefter, Iouri Afanassiev, trois figures éminentes du renouveau historiographique de la seconde moitié des années 1980 et du début des années 1990, mais aussi avec des historiens de ma génération comme Oleg Khlevniouk, qui allait s'imposer comme le grand spécialiste de l'histoire politique du stalinisme, Elena Ossokina et Elena Zoubkova, pionnières dans l'étude de la société soviétique des années 1930 et 1940, ou encore Sergueï Krassilnikov, élève de Viktor Petrovitch Danilov, devenu l'historien des déportations de « koulaks » vers la Sibérie dans les années 1930. En 1989, je réussis le concours du CNRS, ce qui me permit enfin de consacrer tout mon temps à la recherche au moment où les archives soviétiques commençaient à s'entrouvrir. Je restai à Moscou encore cinq ans, jusqu'en 1994, et mis à profit ce long séjour pour travailler dans les archives. D'une manière, il est vrai, un peu désordonnée au début, tant était grand « l'embarras de richesses ». Je me plongeai tout d'abord dans les rapports de la police politique sur « l'état du pays », une source inédite et précieuse pour tenter de saisir non seulement les formes de résistance, mais les mille et une stratégies d'insubordination sociale, d'évitement ou de non-participation mises en œuvre par les différentes couches de la société face aux politiques volontaristes du régime[1]. J'entrepris également une biographie de Feliks Dzerjinski, que je n'ai jamais achevée, une grande partie des archives du fondateur de la Tcheka n'étant pas ouvertes. J'étudiai aussi les archives du Goulag, de concert avec une équipe de chercheurs russes. En 1996, Sergueï Mironenko, le directeur des

1. Le fruit de ces recherches, menées conjointement avec Gaël Moullec, un jeune historien français installé depuis des années à Moscou, fut le recueil de documents intitulé *La Société soviétique dans les rapports confidentiels, 1921-1991*, paru en 1994 chez Gallimard.

pagnes. Pourquoi et comment adhérait-on au Parti ? Quels étaient les nouveaux « rites de passage » ? Quelle formation idéologique, politique, morale recevait le militant ? De quoi discutait-on au cours des réunions de cellule ? Comment parvenaient jusqu'à la « base », déformés, assourdis ou amplifiés, les échos de la « grande politique » décidée à Moscou ? Comment les communistes organisaient-ils sur place – au sein même de leur organisation – la chasse aux « éléments socialement douteux » ou « socialement étrangers » ? Au croisement de l'histoire politique et de l'histoire sociale, ces documents permettaient de mieux saisir la part d'initiative venue « d'en bas » et de comprendre ce paradoxe : l'existence, au sein d'un système massivement répressif, d'un assez large consensus social. Pour la revue *L'Histoire*, je proposai ce qui allait être le premier chapitre de mon premier livre – les rites de passage de l'adhésion au Parti.

Contexte de recherche tout à fait différent pour l'article « Feliks Dzerjinski et les origines du KGB », publié fin 1992. J'avais assisté, un an plus tôt, devant le siège de ce dernier, place de la Loubianka à Moscou, au déboulonnage, par la foule, de la statue de Feliks Dzerjinski au lendemain de l'échec du putsch du 22 août 1991 visant à démettre Gorbatchev de ses fonctions et stopper net les réformes entreprises depuis 1986. L'accès aux archives étant désormais ouvert, je décidai d'entreprendre, parallèlement à mes recherches sur les rapports de la police politique sur « l'état du pays », un travail sur le fondateur de la Tcheka et me plongeai dans le fonds 76 (fonds Dzerjinski) conservé dans les archives du Parti. J'y travaillai un peu plus d'un an jusqu'au moment où je compris que ce massif, certes imposant (près d'un millier de dossiers) n'était que la partie émergée de l'iceberg : la plupart des dossiers sur l'activité de la Tcheka et de l'OGPU (nouveau sigle de la police politique à partir de 1922) étaient conservés dans d'autres fonds, toujours fermés aux chercheurs. Si la possibilité d'écrire un ouvrage sur Dzerjinski était compromise, j'avais suffisamment d'éléments pour reconstituer de manière détaillée les débuts de la Tcheka, le rôle clé joué par Lénine dans l'invention de cette police politique, enfin son soutien inconditionnel à cette institution, dont les pouvoirs croissants inquiétaient nombre de responsables communistes eux-mêmes. Et mettre à mal le mythe de la « bonne terreur révolutionnaire » frappant, pour l'essentiel, les contre-révolutionnaires et les classes possédantes de l'ancien régime. C'est contre les paysans refusant les réquisitions, les grévistes ouvriers réclamant le respect de leurs droits et du pluralisme syndical et politique, les soldats déserteurs qui ne voulaient plus combattre après cinq, six années passées au front ou les réfractaires à la militarisation du travail que la Tcheka, dirigée par Dzerjinski, se déchaîna.

Tandis que je travaillais dans le fonds Dzerjinski, paraissaient, sous la plume de deux historiens russes, Viktor Zemskov et Alexandre Douguine, les premières publications statistiques, fondées sur les archives, tout juste ouvertes, de l'administration du Goulag et du ministère de l'Intérieur, sur le nombre de détenus dans les camps de travail, de déportés dans les « villages de peuplement spécial » et de personnes condamnées par les juridictions d'exception de la police politique durant la période stalinienne.

Les chiffres exhumés des archives par ces historiens étaient quatre à cinq fois inférieurs à ceux des estimations couramment admises en Occident depuis les ouvrages, largement popularisés, d'Alexandre Soljenitsyne ou de Robert Conquest – et même en Russie, les médias russes s'étant lancés, à partir de la fin des années 1980, dans une véritable surenchère du nombre des victimes du stalinisme, qui s'accéléra encore dans le sillage de l'interdiction du PCUS consécutive à l'échec du putsch d'août 1991, puis de l'implosion de l'URSS quelques mois plus tard. Aussi les publications de Zemskov et de Douguine furent-elles soit ignorées soit durement critiquées, et leurs auteurs raillés, d'autant plus qu'ils n'avaient pas pu préciser, en notes de bas de page, les références des documents, ceux-ci n'ayant pas été officiellement déclassifiés ! Comment pouvait-on faire confiance aux chiffres « officiels », clamaient leurs détracteurs ? Je rencontrai Viktor Zemskov, qui m'expliqua longuement par quels recoupements minutieux de sources il était parvenu à établir les chiffres qu'il proposait, avant de me recommander à l'archiviste responsable des fonds du Goulag, Dina Nokhotovitch, laquelle m'ouvrit l'accès à une partie de ces documents. Je réalisai d'emblée que les découvertes de mes collègues russes méritaient d'être largement diffusées par une revue d'histoire étrangère accessible à un large public et rédigeai, en 1993, « Goulag : les vrais chiffres » pour *L'Histoire*.

Un autre sujet majeur, totalement passé sous silence durant toute la période soviétique, émergea avec force dans la première moitié des années 1990 : les famines du début des années 1930. En 1986,

Robert Conquest avait écrit, principalement à partir de témoignages recueillis dans les milieux ukrainiens émigrés en Amérique du Nord, le premier ouvrage sur cette tragédie, *Harvest of Sorrow*, traduit en français et publié sous le titre *Sanglantes moissons* en 1995[9]. En 1989, l'historien italien Andrea Graziosi publia, dans une revue spécialisée, les *Cahiers du monde russe et soviétique*, des documents inédits d'une grande force : les rapports adressés par les diplomates italiens en poste en Ukraine au ministère italien des Affaires étrangères sur la famine de 1932-1933. Dès l'ouverture des archives soviétiques, le sujet de la famine – ou plutôt des famines – mobilisa logiquement les plus grands historiens agrariens russes et ukrainiens. Cette catastrophe avait, en effet, frappé non seulement l'Ukraine, mais l'ensemble des régions agricoles ou d'élevage les plus riches du pays, celles qui avaient à la fois le plus à donner à l'État et le plus à perdre du système d'extorsion de la production agricole mis en place au terme de la collectivisation forcée des campagnes. La famine en Ukraine était-elle différente des autres famines ? L'Ukraine avait-elle été plus particulièrement ciblée pour des raisons politiques, le « nationalisme ukrainien » étant considéré par Staline, au début des années 1930, comme la menace la plus sérieuse envers son pouvoir ? La famine en Ukraine avait-elle été intentionnellement aggravée pour briser la résistance, particulièrement opiniâtre, de la paysannerie ukrainienne au système kolkhozien ? Sur ces questions, des désaccords appa-

9. Robert Conquest, *Sanglantes moissons*, Paris, Robert Laffont, 1995.

rurent vite entre historiens ukrainiens, qui mettaient en avant non seulement la spécificité de la famine en Ukraine, mais aussi son caractère génocidaire, et historiens russes, qui préféraient parler de la « tragédie (sous-entendu “commune”) des campagnes soviétiques ». Ce sont ces débats qui sont au centre des deux articles intitulés « Comment Staline a affamé l'Ukraine » (paru en 1995) et « Y eut-il génocide en Ukraïne ? » (paru en 2010) du présent recueil.

Dans la première moitié des années 1990, résidant à Moscou, je rédigeai, pour divers organismes, dont le Centre d'analyse et de prévision du ministère des Affaires étrangères, des notes sur divers sujets d'actualité. Parmi les questions les plus brûlantes après la chute de l'URSS figurait celle des relations entre la Russie et les nouveaux États qui faisaient hier encore partie de l'Union soviétique, ainsi que celle d'une possible poursuite du processus d'atomisation au sein même de la fédération de Russie. Le séisme provoqué par l'implosion de l'URSS n'allait-il pas se poursuivre, comme il l'avait fait en Yougoslavie, sous l'effet de mouvements indépendantistes tatar, iakoute, voire sibérien ? Resituer la disparition de l'URSS dans une perspective historique plus large, en rappelant que la Russie s'était toujours construite dans le mouvement d'une expansion continue et que la précédente « désintégration impériale » – au cours des années 1914-1920 – avait été suivie de la reconstitution d'une nouvelle entité fédérale, sinon impériale, l'URSS, permettait, me semblait-il, de mettre en doute le scénario catastrophe d'un éclatement inéluctable de la Russie élaboré dans un certain nombre de chancelleries. Tel est l'argument développé dans l'article « Les ruines de l'Empire » paru en 1996.

Dans les textes synthétiques qui, à l'occasion d'une date anniversaire, « font le point des connaissances » sur une question à un moment donné, je me suis toujours efforcé de rendre compte des dernières avancées de la recherche et des enjeux historiographiques qu'elles ouvraient. Ainsi, dans « À l'Est, un front oublié », publié à l'occasion du centenaire du début de la Première Guerre mondiale, je souligne, m'appuyant notamment sur les recherches de l'historien britannique Peter Gatrell[10], un aspect particulier du rôle profondément déstabilisant de la Grande Guerre sur le régime tsariste : l'exode massif de millions de réfugiés et de déplacés chassés autant par une guerre de mouvement qui, sur le front de l'Est, se prolongea tout au cours du conflit (à la différence de ce qui se passait sur le front occidental, rapidement figé dans une guerre de positions) que par la politique brutale menée par le haut commandement militaire russe visant à déporter tous les sujets de l'Empire – en premier lieu, les Juifs installés dans les provinces occidentales traversées par le front – jugés « suspects ». Une politique annonciatrice des pogroms de la guerre civile consécutive à la révolution d'octobre 1917 comme des déportations de masse mises en œuvre par le régime bolchevique.

Dans l'article publié en 2007 à l'occasion du 70e anniversaire de la Grande Terreur, je revins sur

---

10. Peter Gatrell, *A whole Empire walking. Refugees in Russia during World War I*, Indianapolis, Indiana University Press, 1999.

le bilan des victimes et, en particulier, sur la « double face » de cet épisode paroxystique de violence du stalinisme : sa « face publique », connue depuis longtemps – celle des purges des élites politiques, économiques, militaires, intellectuelles du pays, marquées par des centaines de procès politiques à « vocation pédagogique » (Annie Kriegel) – et sa « face secrète », révélée à la suite de l'ouverture des archives, celle des « opérations répressives secrètes de masse » qui happèrent plus de 90 % des victimes anonymes, simples citoyens soviétiques ayant eu la malchance d'être catalogués dans l'une des innombrables catégories sociales, politiques ou ethniques stigmatisées par le régime stalinien. Comment étaient remplis les « quotas » d'arrestations et d'exécutions fixés, pour chaque région, par Staline et son commissaire du peuple à l'Intérieur, Nikolaï Iejov ? Comment les victimes étaient-elles choisies ? Quels étaient les « groupes à risques » ? Autant d'interrogations auxquelles il était désormais possible d'apporter des réponses.

À l'occasion du 75e anniversaire du début du blocus de Leningrad, l'un des plus emblématiques épisodes de la guerre d'anéantissement des populations civiles menée par la Wehrmacht à l'Est, au cours duquel 700 000 Léningradois périrent de faim et d'épuisement entre septembre 1941 et juillet 1942 (et au moins 100 000 autres encore lors de la seconde année de ce siège, « le plus long et le plus meurtrier siège jamais subi par une ville moderne[11] »), je

11. Selon les mots de Harrison Salisbury, auteur de la première étude monumentale sur le siège de Leningrad (*The 900 days. The Siege of Leningrad*, New York, Harper and Row, 1969).

publiai, toujours dans *L'Histoire,* un article qui faisait le point sur les dernières recherches sur cette tragédie. Après en avoir rappelé les principaux faits, je soulevai, à la suite de l'historien russe Nikita Lomaguine, auteur d'une remarquable enquête sur la face longtemps cachée, sombre, parfois atroce, de l'épopée léningradoise[12], quelques questions restées longtemps taboues : les Léningradois avaient-ils tous été « égaux devant la famine » ? Comment fonctionnait le marché noir dans la ville assiégée ? Comment le NKVD traquait-il les « humeurs défaitistes » de la population ? Y eut-il des cas de nécrophagie et de cannibalisme ?

Je mentionnerai ici un dernier sujet « revisité », rédigé à l'occasion du 50e anniversaire du « rapport secret » de Nikita Khrouchtchev devant le XXe congrès du PCUS (1956), l'un des textes les plus célèbres de l'histoire soviétique, annonciateur d'une « déstalinisation », au demeurant fort mesurée. La publication du texte de Piotr Pospelov, directeur de l'Institut du marxisme-léninisme, qui servit de « base » au « rapport secret », ainsi que des débats suscités par ce texte parmi les plus hauts dirigeants du Parti m'a permis de reconstituer la genèse du discours de Khrouchtchev et de comprendre pourquoi le successeur de Staline avait décidé de dévoiler certains des crimes du dictateur et d'en cacher d'autres, dans lesquels il était lui-même directement impliqué, à l'instar de nombreux hauts dirigeants du Parti. Par ses silences et ses omissions, ce réquisitoire très politique (qui fut aussi une

12. Nikita Lomaguine, *Neizvestnaia Blokada* (« Le blocus inconnu »), Sankt-Petersburg-Moskva, Neva/Olma Press, 2002.

formidable manœuvre de diversion) a servi à forger une image positive de son auteur et, plus important encore, à masquer la nature et l'ampleur des crimes de masse perpétrés par le régime stalinien.

Trois sujets majeurs se dessinent au fil des pages de ce recueil. Le premier, dont les contours apparaissent dès les tout premiers pas du régime issu de la révolution d'octobre 1917, est celui des espoirs déçus, brisés, trahis, thème central d'une immense littérature produite très tôt et, pour l'essentiel, par des « croyants » qui avaient cessé de voir « la grande lueur à l'Est ». Sujet inépuisable, depuis les grands « classiques » de Pierre Pascal, Boris Souvarine, Ante Ciliga et de bien d'autres encore[13]. Mais aussi, on le néglige souvent, déception des intellectuels vis-à-vis d'un peuple qu'ils idéalisaient : loin d'être la force historique qui allait « changer la vie », les « masses laborieuses » – prolétariat et paysannerie pauvre – se révélèrent être des forces profondément conservatrices[14]. Et, bien plus grave encore, déception des mêmes « masses laborieuses » vis-à-vis du nouveau pouvoir. Cet aspect, sur lequel les travaux n'ont pas manqué, est repris ici à la lumière de nouvelles sources sur les protestations ouvrières, dès 1918, contre la fin du pluralisme poli-

13. Pierre Pascal, *Mon journal de Russie, 1917-1929*, 5 volumes, Lausanne, L'Âge d'homme pour les quatre premiers (1977-1982, Éditions Noir sur Blanc (2014) pour le cinquième ; Boris Souvarine, *Staline. Aperçu historique du bolchevisme*, Paris, 1935 ; Ante Ciliga, *Dix ans au pays du mensonge déconcertant*, Paris, 1938, rééd. Champ libre, 1977.

14. Cette question est traitée dans l'article « De l'amour libre à l'ordre moral », paru en 1984, du présent recueil.

tique et syndical, puis contre la « militarisation du travail », la course à la productivité et la dégradation continue de leur niveau de vie ; ou les émeutes paysannes contre les exactions des détachements de réquisition puis, dix ans plus tard, des brigades de collectivisation. Pour ces ouvriers et ces paysans, la révolution – le communisme –, c'était la promesse de plus de justice, la fin des inégalités sociales, une juste rétribution pour les premiers et la terre à ceux qui la travaillaient pour les seconds. Et non l'enchaînement du travailleur à un poste de travail ou à une entreprise, la course aux records de production pour des salaires de misère, des prix de produits de première nécessité toujours plus élevés ; et, pour le paysan, l'entrée dans une exploitation collective où plus rien – ni la terre ni les bêtes – ne lui appartenait. Le sentiment d'avoir été floué, trahi, par un pouvoir qui prétend agir « au nom du peuple » est partagé aussi bien par le paysan exproprié poussé de force dans un kolkhoze en 1930, par l'ancien combattant de la « Grande Guerre patriotique » de 1941-1945 qui espère que la Victoire sonnera le glas du « deuxième servage[15] » que par l'ouvrier de Novotcherkassk, qui, en juin 1962, saccage le comité du Parti de la ville pour protester contre une nouvelle augmentation des prix. « Que faire ? » Au début du XXe siècle, le socialisme indiquait la voie d'un « avenir radieux ». Mais à quelle perspective politique peut se raccrocher le prolétaire soviétique du début des années 1960 censé vivre – lui martèle à longueur de temps la propagande

15. C'est ainsi que les paysans appelaient le système kolkhozien, surtout durant la période stalinienne.

officielle – au pays du « socialisme développé », dernière étape avant le communisme ? Frustré et amer, il considère que le bel idéal d'émancipation et de justice de la grande révolution socialiste d'Octobre a été dévoyé par les « héritiers imposteurs » de Lénine et de Staline[16]. Signes de mécontentements latents qui ne cessent de croître avec les années, et de désarrois, bien plus profonds, encore à venir…

Le second grand sujet sera familier à ceux qui ont suivi mes recherches depuis vingt ans : il s'agit de la violence permanente exercée par le pouvoir contre la société soviétique, explorée à travers l'interaction entre la violence politique « d'en haut » et les violences sociales « d'en bas ». Dans la mise en œuvre des violences, quelle était la part de l'impulsion politique du Centre et celle, largement incontrôlée, de l'initiative sociale, locale, des « dérapages » et autres « excès de zèle » ? Comment les appels à la terreur, à l'extermination des « ennemis » étaient-ils repris à la base ? Quel écho la violence doctrinale des bolcheviks rencontrait-elle chez ceux qui les suivaient ? Ces questions m'apparaissent particulièrement pertinentes pour les années matricielles de l'expérience soviétique, cette courte décennie commencée en août 1914 et qui s'achève à la fin de l'année 1922 avec l'extinction de la grande famine consécutive aux réquisitions et aux destructions perpétrées, dans les campagnes, par les différents protagonistes des guerres civiles, et la stabilisation du régime bolchevique. Une décennie saturée de violence, cocktail

16. Cf. « Le dimanche rouge de Novotcherkassk » dans le présent recueil.

explosif de brutalisation générée par huit années de guerre, de revanche sociale favorisée par l'effondrement de toute forme d'autorité durant l'année 1917 et de pratiques politiques terroristes, théorisées et justifiées au nom de la nécessaire disparition d'un monde ancien corrompu qui devait laisser place au règne de la Justice et du Progrès. Assurément, les bolcheviks n'ont pas le monopole de la violence, même si celle qu'ils exercent est davantage désinhibée car fondée sur les « lois de l'Histoire ». Les pogroms perpétrés contre les populations juives d'Ukraine et de Biélorussie en 1918-1921 et qui constituent les plus grands massacres de Juifs avant la Shoah, illustrent la montée, dans ce sanglant tumulte qu'ont été les guerres civiles dans l'ex-Empire russe, d'une violence prégénocidaire mise en œuvre par des formations militaires ou paramilitaires de tous bords[17].

Contexte très différent à partir de 1929-1930, lorsque le régime soviétique engage, contre une société paysanne pacifiée, une véritable guerre visant à « dé-paysanniser » (V. Danilov) la société. La collectivisation forcée des campagnes enclenche un nouveau cycle de violences qui se prolongera durant plus de vingt ans, jusqu'à la mort de Staline : déportations massives de millions de « koulaks » (ce terme, appliqué traditionnellement au « paysan riche », désigne désormais tout individu refusant de rejoindre le kolkhoze), qui ouvrent la voie à d'autres déportations menées tout au long des années 1930 et 1940, sur une base ethnique

17. Cf. l'article « Les pogroms des guerres civiles russes » dans le présent recueil.

ou sociale (les deux critères étant parfois « panachés ») ; généralisation des camps de travail forcé, qui vont devenir le principal instrument de répression du régime ; famines encore plus meurtrières que celles des guerres civiles, causées par les prélèvements prédateurs de l'État sur une agriculture en crise et, en Ukraine, intentionnellement aggravées pour briser les dernières résistances paysannes ; opération d'éradication des « éléments socialement nuisibles » lancée en 1937-1938 et qui se solde, on l'a dit, par quelque 800 000 exécutions en seize mois. Les stigmates de ce cycle de violences multiformes marquent durablement la société soviétique, tout particulièrement dans les zones septentrionales et orientales de l'URSS où des millions de proscrits ont été déportés ou détenus dans les camps du Goulag. Les jeunes Soviétiques envoyés en 1954-1955, après la mort de Staline, conquérir les « terres vierges » du Kazakhstan, en font l'amère expérience[18]. Une expérience d'autant plus traumatisante qu'ils n'y ont nullement été préparés : l'ampleur des répressions a, en effet, été soigneusement cachée, même si la plupart des familles soviétiques ont été frappées.

La seconde moitié des années 1950 et le début des années 1960 constituent, sans doute, nonobstant certains épisodes violents comme les émeutes de Novotcherkassk, la période la plus apaisée dans la vie des Soviétiques, une pause bienvenue entre la longue période stalinienne et l'entrée dans une phase de stagnation et de déclin. Les causes et les mani-

---

18. Cf. l'article « 1954 : opération Terres vierges » dans le présent recueil.

festations de ce déclin, qui conduit à la chute finale et à la disparition de l'URSS, constituent le troisième thème de ce recueil. Un thème moins approfondi que les deux précédents, les archives n'étant pas ouvertes au-delà de la seconde moitié des années 1960. Les années 1970-1980 sont marquées par une triple crise aux effets cumulatifs : une crise politico-idéologique, une crise économique et une crise démographique. Cette crise s'accompagne, sous la rigidité apparente du système politique, d'une transformation profonde de la société que le pouvoir ne discerne pas. Tels sont les ingrédients de la longue période de « stagnation » brejnévienne, dont l'un des traits les plus remarquables est la corruption généralisée, alimentée par l'existence à la fois de pénuries endémiques et d'un système hiérarchisé d'accès privilégié aux biens et aux marchandises déficitaires réservé aux élites[19]. Résultat de l'état de délabrement avancé de l'URSS, la catastrophe nucléaire de Tchernobyl (avril 1986) révèle aux yeux du monde les carences et les faiblesses du système soviétique. Tchernobyl n'est pas seulement le plus grave accident nucléaire jamais survenu, il est aussi un révélateur de société. Événement inédit, cette première catastrophe nucléaire civile majeure qu'a connue l'humanité reste un événement inachevé, impossible à circonscrire. Une catastrophe inépuisable, dans ses dimensions anthropologique, symbolique, philosophique[20].

19. Cf. les articles « La grande stagnation » et « URSS : les mécanismes de la corruption ».

20. Cf. l'article « Tchernobyl : enquête sur une catastrophe annoncée ».

Tableau trop sombre du « malheur soviétique », d'une expérience faillie qui cristallisa, durant la majeure partie du XXe siècle, les espérances de centaines de millions d'hommes et de femmes de par le monde ? Le lecteur jugera.

Note de l'éditeur

L'ensemble des chapitres qui suivent a été publié dans la revue *L'Histoire* entre 1981 et 2017 (*cf.* p. 474) et revu, amendé ou augmenté pour cette édition à la lumière des recherches de l'auteur.

On pourra se reporter aux articles initiaux sur le site de la revue : www.lhistoire.fr

CHAPITRE 1

À l'Est, le front oublié

Le 11 novembre 1918, les canons se turent sur le front de l'Ouest de la Grande Guerre. Pour les combattants et les civils commença une période difficile de sortie de guerre et de retour à la « normale ». Rien de tel sur l'immense front de l'Est qui, des pays Baltes au sud de l'Ukraine, s'étirait sur plus de 2 000 kilomètres. Pourtant, la Russie avait été le premier pays belligérant à se retirer de la guerre, le 3 mars 1918, lorsque le gouvernement bolchevique, arrivé au pouvoir le 25 octobre 1917, avait signé avec l'Allemagne l'humiliant traité de Brest-Litovsk qui consacrait la perte, pour la Russie, de quelque 800 000 km^2. Mais, pour la société russe, la fin de la « guerre impérialiste », comme l'appelaient les bolcheviks, passa quasiment inaperçue, les affrontements armés s'étant aussitôt poursuivis le long des fronts mouvants d'une guerre civile déjà engagée. Plus de trois années durant, l'ex-Empire tsariste en révolution fut plongé dans une nouvelle guerre, une guerre civile d'un type inédit, qui cumulait les caractéristiques de la Première Guerre mondiale (mobilisation totale, guerre totale) et une expérimentation politique nouvelle visant à faire de la politique, par une inversion remarquable de la célèbre formule de Clausewitz, « la continuation de la guerre par d'autres moyens ».

En réalité, le terme de « guerre civile », au singulier, opposant deux camps structurés – celui de la révolution (les « Rouges ») et celui de la contre-révolution (les « Blancs ») –, apparaît bien impropre à englober l'ensemble des conflits qui se télescopèrent au cours des années 1918-1921, notamment sur les marches occidentales de l'ex-Empire russe, dans ces mêmes régions par lesquelles était passé le « front de l'Est » de la Grande Guerre : guerres entre États, comme la guerre soviéto-polonaise de 1920 ; conflits entre la Russie soviétique et ses voisins baltes et ukrainiens, désireux d'affirmer leur indépendance après la désintégration de l'Empire tsariste ; guerres paysannes menées, derrière les lignes de front, par les « verts », déserteurs fuyant la conscription et les réquisitions des différents camps en présence ; exactions des « armées du ravitaillement » (près de 300 000 hommes en 1920) du tout-puissant Commissariat du peuple au ravitaillement, véritable « État dans l'État bolchevique », chargé de réquisitionner toutes les ressources agricoles pour nourrir les villes, bastions du nouveau régime.

De cette guerre prolongée de sept ans (1914-1921), les bolcheviks sortirent victorieux. Mais la société russe lui paya un terrible tribut : une douzaine de millions de morts au total, dont les deux tiers de civils, tout particulièrement frappés à partir de la fin de 1917, lorsque les frontières s'estompèrent entre la sphère civile et la sphère militaire, entre la guerre et la politique, entre l'ennemi « extérieur » et l'ennemi « intérieur », entre les violences de guerre, les violences sociales et les violences politiques. Bref, lorsque le « front de l'Est » implosa et que la violence de la Grande Guerre se diffusa dans toutes les sphères de la société russe en révolution.

Tannenberg, août 1914

Fidèle à ses engagements vis-à-vis de ses alliés britannique et français, le régime tsariste russe engagea, dès août 1914, toutes ses forces militaires dans la guerre contre l'Allemagne et l'Autriche-Hongrie. En deux ans et demi, quelque 13 millions d'hommes furent mobilisés, et 5 millions mis hors de combat (sur ce nombre, près de 2 millions furent tués).

Dès le début de la guerre, les états-majors français et britannique furent conscients des faiblesses du « rouleau compresseur » russe. Certes, l'allié russe avait l'avantage du nombre, mais pas de la puissance de feu, sur un front oriental deux fois plus long que le front occidental et mal desservi par des réseaux ferré et routier distendus. Dès 1915, les troupes russes manquèrent d'armes et de munitions. Pour autant, le seul poids d'une armée russe aux réserves en hommes qui semblaient inépuisables contraignit l'Allemagne à maintenir près de la moitié de ses effectifs militaires sur le front de l'Est. Trois semaines à peine après le début des hostilités, les Allemands stoppèrent la première grande offensive russe à Tannenberg, en Prusse orientale (23-30 août 1914). Les généraux allemands Hindenburg et Ludendorff écrasèrent la Ire et la IIe armée russe, encerclées et annihilées dans la région des lacs de Mazurie. Face aux Austro-Hongrois, les forces russes eurent plus de succès : la victoire de Lemberg (11 septembre 1914) leur ouvrit la voie vers la Galicie autrichienne.

À la différence du front ouest qui s'enlisa rapidement dans une guerre de positions, la guerre à l'est resta, pour l'essentiel, une guerre de mouvement : avances, offensives, débordements et manœuvres d'encerclement se poursuivirent tout au long du conflit, ponctué par de grandes batailles tactiques dont l'issue victorieuse était généralement accompagnée d'avancées considérables – parfois de plusieurs centaines de kilomètres. Ainsi, la grande offensive lancée par les puissances centrales en mai 1915 permit aux troupes allemandes et austro-hongroises de progresser de 600 kilomètres en quatre mois, au cours desquels les Russes subirent des pertes considérables (près de 2 millions d'hommes tués, blessés ou prisonniers) et perdirent le contrôle de la Pologne et d'une partie des pays Baltes. Ces défaites furent partiellement compensées, durant l'été 1916, par l'offensive victorieuse du général Broussilov en Galicie face aux troupes austro-hongroises.

Cinq millions de civils sur les routes

L'une des conséquences les plus marquantes de cette vaste guerre de mouvement fut l'exode de plus de 5 millions de civils fuyant les zones de combat. Cet exode connut son apogée durant l'année 1915, au moment de la grande offensive des puissances centrales en Pologne. Si les rumeurs d'atrocités commises par les Allemands ne furent pas étrangères à la fuite désordonnée des civils, la cause principale en fut assurément la politique de la terre brûlée mise en œuvre par le haut commandement russe dans sa retraite : cheptel systématiquement réquisitionné, stocks de céréales et de fourrage détruits, maisons incendiées, entreprises évacuées. À ces mesures s'ajoutait souvent l'évacuation forcée de tous les hommes en âge de porter des armes. Si les civils fuyant les zones de combat constituèrent les principaux contingents de réfugiés (4 millions de personnes), plus d'un million de personnes furent brutalement déportées par les autorités militaires russes du seul fait de leur nationalité ou de leur origine ethnique. Il s'agissait, pour l'essentiel, de ressortissants des puissances ennemies (Allemands, Austro-Hongrois), mais aussi de sujets russes d'origine allemande, ainsi que d'une large fraction des juifs de l'Empire russe, considérés comme des « éléments peu sûrs » susceptibles d'aider l'ennemi et de trahir.

L'exode – ou le déplacement – de millions de réfugiés et de déplacés eut un effet profondément déstabilisateur sur la vie politique, économique et sociale de la Russie en guerre. La gestion de cette réalité nouvelle révéla les carences des autorités gouvernementales, rapidement débordées dès lors qu'il fallut organiser et canaliser les mouvements erratiques des réfugiés et leur venir en aide. En ce sens, les réfugiés et les déplacés contribuèrent largement à faire de la Russie une société déjà entrée « en révolution » bien avant février 1917.

Poursuivre la guerre ou en sortir ?

La question de la poursuite – ou de la sortie – de la guerre s'imposa d'emblée au cœur du débat politique de la Russie en révolution. Toutes les forces politiques aspirant à diriger le pays après la chute du tsarisme durent définir leur position par rapport à la guerre, mais aussi en fonction d'un facteur nouveau : la lassitude croissante de l'immense majorité des paysans soldats. Une lassitude aggravée par la rapide dégradation de la relation d'autorité soldats-officiers. « Entre nous et nos soldats – écrivait un officier dans les jours qui suivirent la révolution de février –, un abîme infranchissable s'est creusé. Nous sommes à leurs yeux avant tout des barines [maîtres]. Quand nous, nous parlons du "peuple", nous avons en vue la nation tout entière. Pour eux, le "peuple", ce sont exclusivement des gens ordinaires comme eux. À leurs yeux, ce qui vient de se passer, ce n'est pas une révolution politique, c'est une révolution sociale. Ils disent : "Jusqu'à présent, vous étiez les barines. Maintenant, c'est à notre tour de l'être !" Ils tiennent là leur revanche après des siècles de servitude. » Quant aux officiers, ils n'acceptèrent jamais la fin d'une certaine conception de la discipline qu'entérinaient les dispositions de l'Ordre n° 1 instituant les comités de soldats, promulgué dès le 1er mars 1917 par le soviet de Petrograd. Car, entre-temps, la révolution de février avait renversé le régime tsariste et, face au gouvernement provisoire, le soviet de Petrograd exerçait un contre-pouvoir. Ces comités de soldats, élus au niveau des compagnies, des bataillons et des régiments, étaient chargés notamment de veiller à ce que les soldats ne fussent plus soumis à des traitements vexatoires et que leurs nouveaux droits de citoyens fussent pleinement respectés. Très rapidement, l'armée fut gagnée par une vague de meetings et par une dégradation de la discipline. Plus aucune question n'était taboue – et, en premier lieu, celle de la poursuite de la guerre.

Globalement, trois grandes options quant à la poursuite ou à la sortie de la guerre furent tour à tour expérimentées par les différents gouvernements qui se succédèrent au pouvoir en Russie au cours de l'année 1917.

La première option, défendue par la majorité libérale du premier gouvernement provisoire, fut de poursuivre la guerre conformément aux engagements pris par l'ancien régime et avec les mêmes buts. Pour les libéraux, soutenus par les Alliés, seule une victoire aux côtés de la France et de la Grande-Bretagne réussirait à amarrer solidement le nouveau régime aux démocraties occidentales, à consolider la cohésion nationale et sociale, à mettre fin aux « débordements révolutionnaires ». La seconde option, défendue par le soviet de Petrograd à majorité menchevique et socialiste-révolutionnaire, était le « défensisme révolutionnaire ». Il s'agissait de mener une guerre exclusivement défensive, qui devait préserver l'avenir de la révolution et, parallèlement, tenter de convaincre l'ensemble des belligérants de signer une « paix sans annexions ni contributions ». Les partisans de cette option dominaient à partir de mai le second gouvernement provisoire. Mais celui-ci dut céder aux pressions des Alliés et se résoudre à lancer, sous l'influence du nouvel homme fort du gouvernement, Alexandre Kerenski, ministre de la Guerre, dans ce qui allait être la dernière grande offensive russe sur le front de l'Est (18 juin 1917). Son échec eut des répercussions décisives sur le cours de la guerre et de la révolution – l'armée russe commença à se déliter.

La liberté, la terre, la paix

La troisième option, l'option bolchevique – sortir de la « guerre impérialiste » à tout prix – progressa alors rapidement, sous l'effet conjugué de difficultés économiques grandissantes, de tensions sociales exacerbées et d'une aspiration croissante à la paix parmi les combattants. Durant l'été 1917 émergea, dans l'armée russe, un « bolchevisme de tranchées » fondé sur trois exigences majeures : la terre, la liberté, la paix. Reflet des tensions profondes qui minaient une armée composée à plus de 90 % de paysans, le bolchevisme de tranchées se diffusa progressivement à la faveur d'une politisation de plus en plus radicale de la troupe, favorisée par l'action des comités de soldats. L'échec de l'offensive du 18 juin, la « contre-révolution militaire » mise en œuvre durant l'été 1917 (limitation des compétences des comités de soldats, interdiction de toute propagande bolchevique, rétablissement de la peine de mort au front) et, plus encore, le putsch avorté du généralissime Kornilov (fin août 1917) constituèrent trois étapes majeures dans la radicalisation et la bolchevisation de la troupe.

Dans ce climat délétère, l'armée russe se délita en tant que force combattante. Les actes d'insubordination, les refus de monter en position, les désertions, encore relativement limités jusqu'à l'été, se généralisèrent, concernant plus d'un million de soldats en septembre-octobre 1917. Partout, la prolifération massive de déserteurs, de permissionnaires, de militaires « autodémobilisés » (mais toujours armés), souvent sans le moindre pécule et sans possibilité de rentrer chez eux, le réseau de transports étant totalement paralysé, se traduisit par une explosion des violences : attaques à main armée, vols, pillages, mises à sac de petites villes et pogroms (notamment en Biélorussie) contre la population juive. « La barbarie paysanne en capotes grises a envahi les villes, elle est là, partout, elle suinte et sent mauvais », écrivait Maxime Gorki quelques jours après le coup d'État bolchevique du 25 octobre 1917. C'est dans ce climat de violence et de chaos, de déliquescence de toute autorité étatique et militaire, que les bolcheviks prirent le pouvoir.

Premiers actes du nouveau régime, les décrets sur la terre et sur la paix précipitèrent « l'autodémobilisation » de l'immense armée russe. « Notre armée a cessé d'exister en tant que force combattante », constatait, fin novembre 1917, le général Posokhov, commandant de la XIIe armée. Grâce à ces décrets, les bolcheviks obtinrent un véritable, mais néanmoins éphémère, soutien parmi la troupe.

Texte délibérément provocateur, le Décret sur la paix invitait « tous les peuples et leurs gouvernements à ouvrir sans délai les négociations d'une paix juste et démocratique sans annexions ni contributions ». Les alliés de la Russie refusèrent de considérer ces propositions et de reconnaître le nouveau gouvernement bolchevique qu'ils vouaient à une disparition rapide. Les Empires centraux, parce qu'ils avaient intérêt à se dégager à l'Est, firent aussitôt savoir qu'ils acceptaient de négocier avec les bolcheviks. Cette acceptation conforta les dirigeants bolcheviques dans l'idée que leur révolution exerçait d'ores et déjà une influence considérable, surtout en Allemagne.

L'avènement d'une « ère nouvelle »

Trois mois durant (décembre 1917-février 1918), les dirigeants bolcheviques, en position d'extrême faiblesse, car ils n'avaient quasiment plus de forces militaires combattantes à leur disposition, tentèrent à Brest-Litovsk de négocier avec les représentants des puissances centrales, de temporiser en attendant un hypothétique soulèvement de la classe ouvrière allemande, de bluffer (le 10 février 1918, Léon Trotski, qui dirigeait la délégation soviétique, mit fin aux pourparlers en annonçant unilatéralement que « l'état de guerre avait pris fin entre les Empires centraux et la Russie » !). En vain. Au moment où les états-majors des puissances centrales décidèrent de mettre fin au jeu, les bolcheviks, qui ne disposaient que de quelques unités de l'ancienne armée tsariste en cours de démobilisation ainsi que de milices ouvrières disparates, furent contraints, après cinq jours d'une campagne désastreuse (18-23 février 1918), d'accepter les conditions draconiennes imposées par « l'ennemi impérialiste ».

Pour la Russie, la Grande Guerre s'achevait sur une défaite humiliante. Défaite toutefois rapidement estompée, engloutie dans les combats de la Révolution contre les « forces réactionnaires » ; défaite aussitôt relativisée par la propagande mise en œuvre par le nouveau gouvernement bolchevique. Sortir – à n'importe quel prix – de la guerre léguée par l'ancien régime tsariste honni, d'une guerre requalifiée en « guerre impérialiste », allait non seulement consolider la victoire de la Révolution russe, mais aussi, à plus long terme, affirmait-on, permettre à celle-ci de s'étendre à toute l'Europe. Cette défaite dans une guerre illégitime conduite par des puissances impérialistes créerait les conditions d'une victoire sans précédent, celle de la Révolution mondiale. Le sacrifice des 2,5 millions de combattants de l'ex-Empire russe tombés au champ d'honneur ne serait pas commémoré par l'érection, dans chaque village, de monuments aux morts « pour la Patrie ». Il suffisait que ce sacrifice anonyme et silencieux ait contribué à l'avènement d'une « ère nouvelle dans l'histoire de l'humanité ».

Pour en savoir plus

Marc Ferro, *La révolution de 1917*, t. 1, *La chute du tsarisme et les origines d'Octobre* ; t. 2, *Octobre, naissance d'une société*, Paris, Aubier, 1967 et 1976.

Peter Gatrell, *A Whole Empire Walking. Refugees in Russia During World War 1*, Bloomington, Indiana U.P., 1999.

Eric Lohr, *Nationalizing the Russian Empire : The Campaign against Enemy Aliens During World War I*, Cambridge, Mass, 2003.

Allan Wildman, *The End of the Russian Imperial Army*, 2 vol., Princeton, 1980-1987.

CHAPITRE 2

La prise du pouvoir par les bolcheviks

« Avec la chute du communisme, la nécessité de démontrer le caractère "historiquement inéluctable" de la Grande Révolution socialiste d'octobre a disparu. 1917 peut enfin devenir un objet historique "normal". Malheureusement, ni les historiens ni surtout notre société ne sont prêts à rompre avec le mythe fondateur de l'année zéro, de cette année où tout aurait commencé : le bonheur ou le malheur du peuple russe... » Ces propos d'un historien russe illustrent une permanence : quatre-vingts ans après l'événement, la « bataille pour le récit » de 1917 se poursuit.

1917 et les historiens

Jusqu'à ces dernières années, trois courants historiographiques s'affrontaient : deux largement dominants, le troisième encore minoritaire. Pour le premier, que l'on pourrait qualifier de « vulgate libérale », la révolution d'octobre 1917 n'a été qu'un putsch imposé par la violence, résultat d'une habile conspiration tramée à la faveur de désordres par une poignée de fanatiques disciplinés et cyniques, les bolcheviks, dépourvus de toute assise réelle dans la société russe. Face à cette interprétation, la « vulgate marxiste » a tenté de montrer qu'octobre 1917 avait été l'aboutissement logique, prévisible, inévitable, d'un itinéraire libérateur entrepris par les « masses » consciemment ralliées au bolchevisme. Sous ses divers avatars, ce courant a naturellement amalgamé la « bataille pour le récit » de 1917 à celle de la légitimité du régime soviétique. Si la « Grande Révolution socialiste d'octobre » avait été l'accomplissement du sens de l'Histoire, un événement porteur d'un message d'émancipation adressé aux peuples du monde entier, alors le système politique, les institutions, l'État qui en étaient issus demeuraient, envers et contre toutes les « erreurs » qui avaient pu être commises par le stalinisme, légitimes. Rejetant ces deux « vulgates », un troisième courant historiographique s'est efforcé, en observant les faits non plus exclusivement « d'en haut », mais aussi « d'en bas » du point de vue des soviets, des comités d'usine ou de quartier, bref des innombrables institutions nées dans la tourmente, de « désidéologiser » l'histoire de la Révolution russe, de comprendre, comme l'écrivit Marc Ferro, que « l'insurrection d'octobre ait pu à la fois être un mouvement de masse et que seul un petit nombre y ait participé ».

Ce courant historiographique s'est interrogé sur les conditions du succès d'une minorité agissante, dont l'action était allée, durant un bref mais décisif instant, dans le sens des aspirations du plus grand nombre, avant de diverger vers la dictature ; sur les processus complexes au terme desquels la « spontanéité révolutionnaire » des masses avait été progressivement canalisée et « bureaucratisée » ; enfin, et surtout, sur la diversité des révolutions de 1917 : révolution paysanne, révolution des provinces et des nationalités, révolution des femmes, révolution à l'armée, etc., chacune avec sa propre temporalité, sa dynamique interne, ses aspirations qui ne sauraient être réduites à des mots d'ordre politiques. Malgré son originalité et sa richesse, cette approche est restée marginale.

L'effondrement du régime soviétique a naturellement entraîné une délégitimation complète de la révolution d'octobre 1917 et la disparition de la « vulgate marxiste », rejetée, pour reprendre une célèbre formule bolchevique, « dans les poubelles de l'histoire ». Aujourd'hui, la quasi-totalité des historiens russes – comme les élites cultivées et les dirigeants de la Russie postcommuniste – a fait sienne la « vulgate libérale ». Privée de toute épaisseur sociale et historique, la Révolution russe est relue comme un « accident » qui a détourné la Russie prérévolutionnaire, une Russie riche, laborieuse et en bonne voie vers la démocratie, de son « cours naturel ». Clamée d'autant plus haut et fort que perdure, en réalité, une remarquable continuité des élites dirigeantes, qui ont toutes appartenu à la « nomenklatura » communiste, la rupture symbolique avec la « monstrueuse parenthèse du soviétisme » présente un atout majeur : celui de libérer la société russe du poids de la culpabilité, d'un repentir si pesant durant les années de *perestroïka*, marquées par la « redécouverte » douloureuse du stalinisme. Si la révolution de 1917 n'a été qu'un

« accident », alors le peuple russe n'a été qu'une « victime innocente »…

Plus que jamais, 1917 reste donc un « enjeu de mémoire ». Est-ce la raison pour laquelle la révolution a suscité, depuis l'ouverture des archives de l'ex-URSS, moins de recherches et d'approches renouvelées que d'autres périodes ? Parmi les questions posées par les historiens qui refusent la vulgate dominante figurent néanmoins des problèmes clés. Comment analyser des phénomènes comme les rapports entre les villes et les campagnes, ou les relations entre le centre russe et les peuples allogènes ; la militarisation de l'économie et la « brutalisation » des rapports sociaux ; ou encore l'émergence d'une violence sociale spécifique, qui allait faire le lit d'une violence d'État exercée par la suite contre la société ?

Un pays en guerre

« La guerre est le plus beau cadeau fait à la révolution. » C'est ainsi que Lénine accueille, en août 1914, l'entrée de son pays dans le conflit mondial aux côtés de la Grande-Bretagne et de la France. Cette « petite phrase » passe inaperçue : son auteur, un révolutionnaire exilé en Suisse, est un inconnu – sauf pour les services de police. L'empire du tsar apparaît aux contemporains comme un État puissant et stable. En France, on parle avec confiance des « emprunts russes » auxquels plus d'un million et demi de petits épargnants français ont souscrit et du « rouleau compresseur russe » qui écrasera l'ennemi commun, l'Allemand honni. Et pourtant, en moins de trois ans, la guerre va provoquer l'effondrement du tsarisme.

L'essentiel, toutefois, ne se joue pas sur le front. Malgré les insuffisances de l'armement, la faiblesse du commandement, les désastres militaires en Prusse orientale (Tannenberg, 14-17 août 1914) puis en Galicie (mai 1915) qui se soldent par des centaines de milliers de tués, de blessés, de prisonniers et par la perte de la Lituanie, de la Galicie et de la Pologne, le front russe ne s'effondre pas. C'est l'arrière qui ne tient plus.

Coupée du marché européen, son fournisseur principal, et monopolisée par la production de guerre, l'économie russe ne peut plus fournir en quantité suffisante les biens de consommation. Dans les villes, on manque de tout. Les prix flambent, le chômage se développe. Les rapports, toujours précaires et tendus, entre villes et campagnes se détériorent. Dès 1916, le gouvernement a recours à des réquisitions de produits agricoles. Le pouvoir ne maîtrise plus la situation. Le tsar est déconsidéré par les revers militaires (il a pris en personne le commandement suprême des armées en septembre 1915) comme par le crédit qu'il accorde à Raspoutine, un charlatan illuminé. Tandis que la Douma ne siège que quelques semaines par an, gouvernements et ministres se succèdent, tout aussi incompétents et impopulaires. La rumeur publique accuse l'entourage de l'impératrice, d'origine allemande, de préparer une paix séparée et d'ouvrir sciemment le territoire à l'invasion ennemie. Il devient manifeste que l'autocratie n'est plus capable de gouverner, ni de mener la guerre. On voit de toute part s'organiser des « comités » qui prennent en charge la gestion d'un quotidien que l'État ne peut plus assurer : soins aux blessés, ravitaillement des villes et de l'armée. Les Russes se gouvernent eux-mêmes : la révolution n'a-t-elle pas déjà commencé ?

À la fin de l'année 1916, le pays devient ingouvernable : dans une atmosphère de crise politique illustrée par l'assassinat de Raspoutine (31 décembre 1916), les grèves, tombées à un niveau insignifiant au début du conflit, reprennent de l'ampleur, l'agitation gagne l'armée, la désorganisation des transports perturbe le ravitaillement du front et de l'arrière, en particulier dans les villes où l'afflux de réfugiés accroît la précarité de l'approvisionnement. C'est un régime à la fois discrédité et affaibli que viennent surprendre les « journées de février ».

Février ou l'explosion de Petrograd

Le 16 février 1917, les autorités de Petrograd annoncent la mise en place de cartes de rationnement. La ville ne dispose de réserves de farine que pour une dizaine de jours seulement. Le 20 février, la plus grande usine de Petrograd, l'usine d'armement Poutilov, en rupture d'approvisionnements, met à la rue des milliers d'ouvriers. L'effervescence gagne. Mais personne ne prévoit alors que les troubles – endémiques dans cette capitale d'empire qui est aussi une grande cité ouvrière – vont dégénérer et entraîner, en quelques jours, la chute du régime impérial et d'une dynastie qui avait célébré en grande pompe, quatre ans auparavant, son tricentenaire.

La « révolution de Février » (23-27 février) a les allures d'une explosion brève, spontanée, inattendue. Les protestations ouvrières contre la pénurie et le chômage débouchent sur des grèves, puis sur des manifestations de masse contre la guerre et l'autocratie. Ces troubles se transforment en émeute quand la garnison de Petrograd refuse de tirer sur la foule. En quelques heures, les mutineries s'étendent, soldats et ouvriers occupent la forteresse Pierre-et-Paul, libèrent les prisonniers politiques, saccagent l'Arsenal, s'emparant de stocks d'armes. Les partis révolutionnaires – bolcheviks, mencheviks, socialistes-révolutionnaires – sont débordés. Aucun ne réagit. L'émeute devient révolution quand les députés de la Douma, qui ont refusé de se soumettre à la décision prise la veille par le tsar de dissoudre cette institution représentative, « lâchent » la monarchie, et quand un certain nombre de dirigeants des partis révolutionnaires mettent sur pied un « soviet de députés ouvriers et soldats ». Le 2 mars au matin, après de longues tractations, un accord conclu entre celui-ci et le comité de la Douma permet, en attendant la convocation d'une Assemblée constituante, la formation d'un gouvernement provisoire à majorité libérale, dominé par les représentants du parti constitutionnel-démocrate (KD).

Ce compromis marque la naissance d'un « double pouvoir ». D'un côté, le gouvernement provisoire, légitimé par le corps des représentants de la nation issu d'élections censitaires organisées par le régime tsariste ; un pouvoir soucieux d'ordre, dont la logique est celle du parlementarisme et l'objectif celui d'une Russie capitaliste, moderne et libérale. De l'autre côté, les soviets, qui se veulent une représentation plus directe, plus « révolutionnaire », même s'ils sont alors dominés par des socialistes modérés – mencheviks et socialistes-révolutionnaires. Mais ce « pouvoir des soviets » est lui-même une réalité mouvante et changeante, au gré de l'évolution de ses structures décentralisées, bourgeonnantes, et des changements d'une opinion publique versatile.

Le premier gouvernement provisoire, formé le 2 mars, est présidé par le prince Georges Lvov, entouré d'une majorité de représentants éminents du parti constitutionnel-démocrate. Le travailliste Alexandre Kerenski, vice-président du soviet de Petrograd, principal artisan du compromis entre le soviet et le comité de la Douma, est ministre de la Justice. Dans le compromis du 2 mars, l'incertitude sur ce que serait l'attitude de l'état-major a joué un rôle majeur. À la surprise générale, le haut commandement militaire se soumet au nouveau gouvernement et recommande à Nicolas II d'abdiquer « pour sauver l'indépendance du pays et assurer la sauvegarde de la dynastie ». Son fils Alexis, hémophile, ayant peu de chances de vivre, le tsar abdique en faveur de son frère, le grand-duc Michel. Mais, au matin du 3 mars, celui-ci renonce au trône. Ce renoncement marque le succès définitif de la révolution – aussi inattendu que son déclenchement. Le gouvernement provisoire ne se propose pas de bouleverser l'ordre économique et social, mais de rénover les institutions et de gagner la guerre, laissant à la future Assemblée constituante le soin de procéder à des réformes de structure. Le 6 mars, il se borne à entériner un certain nombre de mesures que le triomphe de la révolution avait rendues évidentes et que personne ne songe, par conséquent, à mettre à son crédit : proclamation des libertés civiles, amnistie, convocation d'une Assemblée constituante, abolition de la peine de mort, suppression de toute discrimination de caste, de race ou de religion, reconnaissance du droit de la Pologne et de la Finlande à l'indépendance, promesse d'autonomie pour les minorités nationales.

Face à l'attentisme d'un gouvernement qui craint plus que tout le désordre, la société continue de s'organiser de façon autonome. En quelques semaines, des centaines de soviets, des milliers de comités d'usine et de quartier, de milices de « gardes rouges », des comités de paysans, de cosaques, de « ménagères », mais aussi des « comités de sûreté sociale », organes plus conservateurs, foisonnent. Autant de lieux de débats, d'initiatives, d'affrontements, où s'exprime une opinion publique. Ouvriers, soldats, paysans, intellectuels juifs, femmes musulmanes, instituteurs arméniens envoient aux soviets, par l'intermédiaire de « leurs » organisations, des milliers de motions, de pétitions, d'adresses qui disent toutes la misère du peuple et l'immense espérance soulevée par la révolution.

Les ouvriers demandent la journée de huit heures – qu'ils obtiendront rapidement, dès le milieu du mois de mars –, la sécurité de l'emploi, les assurances sociales, le contrôle de l'embauche et des licenciements, et, pour soulager leur misère quotidienne, de modestes augmentations de salaire. Bientôt, cependant, le problème de la guerre passe au premier plan des préoccupations, et ils deviennent les plus ardents partisans d'une « paix sans annexions ni contributions ». Quant au « socialisme », ils n'y font alors guère allusion.

Les paysans expriment une exigence majeure : que la terre appartienne à ceux qui la travaillent, que soient distribuées immédiatement les terres non cultivées des grands propriétaires. Leur vindicte contre l'administration et les latifundiaires est particulièrement vive. Fait remarquable, à peine quelques rares mots d'ordre socialistes-révolutionnaires apparaissent dans leurs motions. Les paysans suivent leur propre voie révolutionnaire qui s'est développée depuis les grandes émeutes paysannes de 1902, culminant une première fois en 1905-1906. Pour eux, 1917 n'est qu'une étape, décisive certes, car c'est l'année où ils s'approprient, par la force, la terre des grands domaines. Mais elle est suivie d'une véritable guerre contre le nouveau régime bolchevique, qui, par sa politique de réquisition, leur dénie le droit de disposer librement des fruits de leur travail. Dans la mémoire paysanne, le temps de l'affrontement ne commence ni ne cesse en 1917.

Quant aux soldats – dix millions de mobilisés, une masse décisive –, comme la plupart des combattants de tous les pays belligérants, ils souhaitent avant tout la fin de la guerre, sans oser toutefois proclamer ouvertement leur désir d'une « paix blanche ». En attendant, ils exigent un assouplissement de la discipline, la suppression des abus et des mauvais traitements, la libéralisation et la démocratisation de l'institution militaire. Satisfaction leur est rapidement donnée avec le « Décret n° 1 » du soviet de Petrograd, véritable « charte des droits du soldat », qui abolit les règles de discipline militaire les plus vexatoires de l'ancien régime, permettant désormais aux soldats-citoyens de s'organiser en « comités », mais exacerbant aussi les tensions entre officiers et soldats.

La révolution de février 1917 donne enfin une impulsion décisive aux mouvements nationaux bridés par la politique russificatrice de l'autocratie tsariste. À Kiev, la Rada, au début simple association d'organisations culturelles ukrainiennes, réclame bientôt l'autonomie interne, puis, à partir de l'été 1917, la reconnaissance d'une véritable indépendance nationale. Le mouvement national se développe aussi chez les Polonais, les Finlandais, auxquels le gouvernement provisoire promet l'indépendance, puis chez les Baltes, les Géorgiens, les musulmans…

Face à ce bouillonnement de revendications, le gouvernement provisoire, le haut commandement, la bourgeoisie, sont sur la défensive. Le soviet de Petrograd, dominé par les socialistes modérés, temporise lui aussi. Sur la question cruciale de la poursuite de la guerre, il adopte, le 14 mars, un texte, « Appel aux peuples du monde entier », où l'utopie pacifiste côtoie le « défensisme révolutionnaire » : il appelle les peuples « à mener un combat décisif contre les ambitions annexionnistes des gouvernements de tous les pays en guerre […] pour imposer une paix sans annexions ni contributions », mais il affirme, en même temps, que « la Russie continuera la guerre, préservant la combativité de l'armée pour des opérations actives ».

Seul Lénine, contre l'opinion même de la majorité du parti bolchevique, prédit la faillite de la politique de conciliation que tâche de mettre en œuvre le soviet. Dans ses quatre « Lettres de loin », écrites à

Zurich du 20 au 25 mars et dont la *Pravda*, le journal bolchevique, n'ose publier que la première, il expose son point de vue : l'apparition des « soviets prolétariens » est le signe que la révolution a déjà dépassé sa « phase bourgeoise ». Sans plus attendre, ces organes révolutionnaires doivent s'emparer du pouvoir et mettre fin à la guerre impérialiste. Décidé à rentrer en Russie, Lénine accepte l'accord conclu par le social-démocrate suisse Platten avec les autorités allemandes : avec un groupe de révolutionnaires, il quitte Zurich le 28 mars pour traverser l'Allemagne, dans un wagon bénéficiant du statut d'exterritorialité, et gagner la Suède, puis Petrograd. Les Allemands connaissent bien la stratégie politique des bolcheviks et comptent sur leur force de déstabilisation.

La crise d'avril

Le 4 avril, au lendemain de son arrivée à Petrograd, Lénine présente ses célèbres *Thèses d'Avril* aux bolcheviks réunis en assemblée légale. Il y proclame son hostilité inconditionnelle au « défensisme révolutionnaire », au gouvernement provisoire, à la république parlementaire. Il précise son programme : suppression de la police, de l'armée et de l'ensemble des fonctionnaires de l'État, confiscation des grandes propriétés foncières et nationalisation de la terre, contrôle ouvrier dans les usines. Dans l'immédiat, il propose trois mots d'ordre : « À bas la guerre. À bas le gouvernement provisoire. Tout le pouvoir aux soviets ! » Accueillies avec stupéfaction et hostilité par la majorité des dirigeants bolcheviques de la capitale, les thèses de Lénine progressent peu à peu, avec le ralliement progressif de bolcheviks revenus d'exil comme Zinoviev ou Staline. En avril, comme en juillet ou en octobre, le parti bolchevique reste profondément divisé. La fameuse « discipline du parti » est bien plus un acte de foi qu'une réalité.

Début avril, le problème de la guerre est, plus que jamais, au cœur du débat politique. Pour le gouvernement, seule une victoire réussirait à amarrer solidement le nouveau régime aux démocraties occidentales, à contrôler le cours d'une révolution qu'il ne maîtrise guère. Dès le 4 mars, le nouveau ministre KD des Affaires étrangères, Pavel Milioukov, avait adressé une note aux diplomates russes à l'étranger dans laquelle il disait sa détermination à observer strictement les obligations internationales contractées par l'ancien régime et à mener la guerre vers sa fin victorieuse. Pour le gouvernement, les buts de guerre de la Russie nouvelle ne différaient en rien de ceux de la Russie tsariste : la conquête de Constantinople restait à l'ordre du jour. Une position incompatible avec celle du soviet, qui prônait une « paix sans annexions ni contributions ».

C'est dans ce contexte tendu qu'éclate la « crise d'avril ». Le 18, Milioukov adresse une note aux Alliés, réaffirmant que la Russie tiendra tous ses engagements envers eux et combattra « jusqu'à la victoire finale », sans aucune mention de la position du soviet. Le ministre de la Justice, Kerenski, menace de démissionner. Dans les milieux ouvriers de la capitale se déclenche aussitôt une vaste campagne de pétitions exigeant la démission du ministre des Affaires étrangères. Pour la première fois, des manifestants scandent des mots d'ordre bolcheviques : « Démission du gouvernement. Tout le pouvoir aux soviets ! » Quelques jours plus tard, alors que Milioukov, désavoué, démissionne, suivi par le ministre de la Guerre Goutchkov, qui estime avoir perdu toute autorité sur une armée « gangrenée par les comités de soldats », le soviet annonce son ralliement à l'idée d'un gouvernement de coalition.

Cette participation ressemble fort, néanmoins, à un marché de dupes : les modérés entendent bien lier les mencheviks et les socialistes-révolutionnaires par leur participation aux responsabilités gouvernementales et à la conduite de la guerre, tout en utilisant leur influence conciliatrice sur les masses ; les socialistes espèrent obtenir des réformes et l'arrêt des hostilités, tout en déjouant les projets « contre-révolutionnaires ». L'entrée massive de ministres socialistes – dont Tseretelli, principal théoricien du défensisme révolutionnaire, Tchernov, ministre de l'Agriculture, et Kerenski, ministre de la Guerre – au gouvernement remet en cause le principe même du « double pouvoir ». Les lignes de clivage ne passent plus, comme en février-mars, entre le soviet et le gouvernement. Au moment où la « conciliation » l'emporte « au sommet », tensions sociales et nationales s'exacerbent « en bas ».

Pour le nouveau gouvernement, le problème de la paix est fondamental. Tseretelli propose d'intervenir auprès des Alliés pour les rallier à la formule d'une paix sans annexions, et d'organiser à Stockholm une conférence de tous les partis socialistes, afin que ceux-ci imposent aux dirigeants de leurs pays un plan de paix générale. Ce projet, utopique, reste mort-né.

Ayant échoué sur le front de la paix, le gouvernement n'a guère plus de succès sur le front de la guerre. Malgré l'éloquence légendaire de Kerenski, qui effectue une mémorable tournée sur le front dans l'espoir de « remonter le moral » des troupes, la grande offensive russe du 18 juin, attendue par les Alliés depuis le début de l'année, s'enlise, après quelques succès initiaux, faute de matériel et de munitions.

Entre-temps, tensions sociales et nationales ne cessent de s'aggraver, dans les villes comme dans les campagnes. Durcissant son attitude, le patronat refuse aux comités ouvriers, de plus en plus radicaux, le « contrôle ouvrier » qu'ils réclament et répond aux grèves par les fermetures d'usines. Dans les campagnes, les comités agraires s'approprient les terres inexploitées, saisissent matériel agricole et cheptel des propriétaires terriens, réévaluent les baux à la baisse. Les grands propriétaires réagissent en interrompant les ensemencements et en demandant au gouvernement de mettre fin à « l'anarchie ». Dans le même temps, les mouvements des peuples allogènes se développent. Or, pour le gouvernement, cette question n'est pas à l'ordre du jour. Il ignore aussi bien le Ier congrès panmusulman qui se tient à Kazan le 1er mai, que les aspirations des Ukrainiens, qui se sont donné un « secrétariat général », une Loi fondamentale « Universal », forment des régiments nationaux et glissent vers le séparatisme.

Dans cette effervescence, les bolcheviks accentuent leur pression, encouragent la radicalisation ouvrière, entrent en force dans les comités d'usine de Petrograd. Minoritaires dans les syndicats et les soviets, ils acquièrent la majorité, fin mai, à la « conférence des comités d'usine de Petrograd », en développant l'idée du « contrôle ouvrier ». Ces premiers succès les encouragent : lors du Ier congrès panrusse des soviets du 3 au 23 juin, où ils sont très minoritaires (une centaine sur plus de huit cents délégués), ils prennent l'initiative, exigeant que l'assemblée se transforme en Convention révolutionnaire et assume la totalité du pouvoir. Tseretelli ayant affirmé qu'il n'existait aucune force qui pût supplanter le gouvernement, il s'attire une repartie restée fameuse de Lénine : « Un tel parti existe. Aucun parti n'a le droit de refuser le pouvoir et notre parti ne le refuse pas. Il est prêt à tout moment à prendre le pouvoir entre ses mains. » Quelques jours plus tard, le 18 juin, une manifestation organisée à Petrograd par le soviet pour soutenir sa politique tourne à l'avantage des bolcheviks. La plupart des bannières portent leurs mots d'ordre : « À bas l'offensive ! », « Vive le contrôle ouvrier ! », « Tout le pouvoir aux soviets ! ». Le 18 Juin consomme la scission définitive du camp socialiste. C'est la fin d'un grand espoir – celui du passage pacifique au socialisme.

Les journées de juillet et le gouvernement de Kerenski

Comme en avril, le problème de la guerre est le catalyseur des « journées » des 3 et 4 juillet, moment clé du processus révolutionnaire de 1917. Le 2 juillet, à la nouvelle de la contre-offensive allemande et de la démission des ministres constitutionnels-démocrates, mécontents de l'accord signé par Kerenski avec la

Rada ukrainienne, un certain nombre de régiments de Petrograd, favorables aux bolcheviks et qui craignent d'être envoyés sur le front, décident de préparer une insurrection. Débordée, la direction du parti bolchevique laisse se développer des manifestations qui dégénèrent lorsque soldats, marins de Kronstadt et militants ouvriers se portent vers le palais de Tauride pour demander, en vain, au soviet d'assurer le pouvoir.

Le gouvernement fait appel aux Cosaques et à des troupes ramenées du front. Dans la ville en état de siège, l'armée disperse les manifestants. Ces « journées de juillet », qui se soldent par une cinquantaine de morts, entraînent l'arrestation de nombreux dirigeants bolcheviques et l'interdiction de leurs journaux. Lénine, qualifié d'agent du Kaiser et accusé de haute trahison, s'enfuit en Finlande. La peine de mort est rétablie sur le front. Le parti bolchevique semble décapité.

À l'issue de cet épisode, le prince Lvov charge Kerenski de réorganiser le gouvernement. Après une longue crise ministérielle, du 6 au 23 juillet, marquée par les hésitations des constitutionnels-démocrates à participer au cabinet, Kerenski, qui garde le contrôle du ministère de la Guerre, forme un « gouvernement de salut révolutionnaire », où les KD, revenus en force, et les socialistes modérés, mencheviks et socialistes-révolutionnaires cohabitent tant bien que mal, unis par leur haine et leur peur du bolchevisme. Depuis les journées de juillet, le climat politique a fortement changé. Désormais, les groupes de pression conservateurs occupent le premier rang dans les allées du pouvoir.

Durant cet été trouble, un homme émerge, dont la figure ambiguë symbolise bien la révolution qui se cherche : le généralissime Kornilov. De tous les généraux d'ancien régime, ce fils de paysans cosaques était le seul à tenir des propos républicains et à se déclarer favorable à une certaine démocratisation de l'armée. Parallèlement, il avait remis de l'ordre parmi les troupes, interdisant les meetings alors qu'il commandait le front sud-ouest, et faisant fusiller les déserteurs. Face à la faiblesse du gouvernement civil, Kornilov apparaît rapidement comme l'homme du recours pour le haut commandement, les milieux patronaux, voire les Alliés, de plus en plus inquiets de l'anarchie qui gagne la Russie.

La Conférence d'État consultative – sorte d'« états généraux » qui réunit à Moscou, du 12 au 20 août, les représentants du patronat, des syndicats, des groupes professionnels, du corps des officiers, des Églises et des partis politiques, bolcheviks exceptés – tourne à l'affrontement entre Kerenski et Kornilov. Celui-ci expose son programme pour sortir la Russie de la crise : dissolution de tous les comités révolutionnaires, fin de toute intervention de l'État dans les domaines économique et social, militarisation des chemins de fer et des usines d'armement, rétablissement de la peine de mort à l'arrière… Dès ce moment se dessine la perspective d'un coup d'État militaire.

Le 26 août, appuyé par le corps des officiers et les conservateurs, Kornilov exige un remaniement ministériel. Les ministres KD lâchent Kerenski, qui démet le généralissime de ses fonctions. Celui-ci fait avancer ses troupes sur Petrograd. Dans l'épreuve de force qui s'engage, les bolcheviks manifestent bientôt leur « solidarité révolutionnaire » envers le gouvernement. Dénonçant le putsch, ils créent un réseau de « comités de guerre révolutionnaires » pour organiser la résistance. Leur expérience de la clandestinité fait ses preuves. Ils enraient l'avance du généralissime, tandis qu'à Petrograd, où Kerenski a reçu l'appui du soviet, la ville est mise en état de défense. Ses dirigeants libérés, le parti bolchevique fait une rentrée spectaculaire sur la scène politique. En deux jours, le putsch est réduit à rien et le général Kornilov est arrêté.

Radicalisation ou bolchevisation de la société ?

« Sans le putsch de Kornilov, dira plus tard Kerenski, il n'y aurait pas eu Lénine. » Sur le plan politique, l'échec du coup d'État militaire renverse, du jour au lendemain, la situation. Les KD, qui avaient ouvertement soutenu Kornilov, sont discrédités. La résurrection du bolchevisme reflète un phénomène latent : la radicalisation des masses, désabusées par la politique d'un gouvernement qui n'a cessé de promettre et d'exhorter à la patience. Cette radicalisation se traduit par une recrudescence des troubles sociaux. Dans les campagnes d'abord : du 1er septembre au 20 octobre, il est resté trace de 5 140 « violations de l'ordre », chiffre sans doute bien inférieur à la réalité, mais néanmoins fort révélateur de l'ampleur des désordres agraires. Ceux-ci, particulièrement nombreux en Ukraine, en Biélorussie et surtout en Russie centrale, sont de plus en plus violents : les paysans ne se contentent plus de saisir les terres, ils pillent, brûlent par centaines les demeures seigneuriales.

Dans les villes aussi, le climat social se tend : pour répondre à des grèves de plus en plus violentes, avec séquestration des patrons, les chefs d'entreprise arrêtent souvent la production. L'économie sombre, les pénuries se généralisent, les prix flambent (ils triplent entre juillet et octobre 1917), des centaines de milliers d'ouvriers se retrouvent au chômage. Les comités d'usine débordent partis et syndicats, exigeant de pouvoir contrôler l'embauche et le licenciement, mais aussi les stocks.

Cette radicalisation signifie-t-elle une bolchevisation ? Rien n'est moins sûr, car derrière des slogans communs – « Contrôle ouvrier », « Tout le pouvoir aux soviets » –, militants bolcheviques et ouvriers ne donnent pas aux termes la même signification. Tous les mécontents sont loin d'adhérer au parti bolchevique, qui compte, selon des chiffres controversés, moins de 200 000 membres début octobre 1917. Néanmoins, dans le vide institutionnel de l'automne, où toute autorité étatique a disparu pour céder la place à une pléiade de comités, soviets et autres groupuscules, il suffit qu'un noyau bien organisé et décidé agisse avec détermination pour exercer aussitôt une autorité disproportionnée à sa force réelle.

Inquiet devant les progrès politiques des bolcheviks, qui, en septembre, conquièrent la majorité dans les soviets de Petrograd (Trotski y est élu, le 9 septembre, président du nouveau comité exécutif), Moscou, Kiev, Saratov, ainsi que d'une cinquantaine de villes de province, le gouvernement de Kerenski s'efforce de mettre sur pied de nouvelles institutions alternatives aux soviets. Il convoque une « Convention démocratique », qui se réunit à Petrograd du 14 au 22 septembre. Celle-ci approuve la création d'un organe permanent, le Conseil de la République, sorte de pré-Parlement chargé de préparer les élections à la Constituante. Mais, dès la première séance, le 7 octobre, les représentants bolcheviques quittent la salle après que Trotski a dénoncé « cette mascarade ». Leur départ est le premier acte de la révolution d'Octobre.

Ce même jour, Lénine rentre clandestinement à Petrograd. Depuis plusieurs semaines, de son exil finlandais, il écrivait au Comité central lettres et articles appelant à l'insurrection, et condamnant le « légalisme révolutionnaire » des dirigeants bolcheviques, échaudés par l'amère expérience des « journées de juillet ». Le 10 octobre, après dix heures de discussions, il parvient à convaincre la majorité des membres du Comité central de la nécessité d'une insurrection armée, dont le principe est approuvé par dix voix contre deux, celles de Zinoviev et de Kamenev. Ces derniers considèrent, en effet, les soviets comme une sorte de « Parlement de la démocratie ». Pourquoi brusquer les choses, puisque ceux-ci se « bolchevisent » rapidement ? Pour Lénine et Trotski, au contraire, il faut continuellement « surchauffer l'atmosphère », « coller à la violence révolutionnaire » des masses, l'encourager, pour ne jamais perdre l'initiative.

Le 16 octobre, les bolcheviks créent un « Centre militaire révolutionnaire » chargé de coiffer toutes les organisations – comité du parti et du soviet de la ville de Petrograd, syndicats et unités militaires, comités d'usine et de quartier – qu'ils tiennent sous leur influence. De son côté, Trotski, en tant que président du soviet de Petrograd, suscite la création d'une organisation militaire émanant du soviet, mais noyautée par les bolcheviks : le Comité militaire révolutionnaire de Petrograd. Ainsi, sous couvert d'une organisation qui agit au nom du soviet, les bolcheviks comptent diriger l'insurrection. Le scénario est prêt, le soulèvement imminent – un secret de Polichinelle.

Succès, utopies et malentendus d'Octobre

À la différence des « journées de février », spontanées et imprévues, les « journées d'octobre » sont minutieusement préparées par les bolcheviks face à un gouvernement dépassé par la situation. L'épreuve de force débute le 22, lorsque la garnison de Petrograd se rallie au Comité militaire révolutionnaire de la ville. Les bolcheviks déclarent que seul le IIe congrès panrusse des soviets prévu pour le 25 – et non la Convention démocratique – sera habilité à légitimer un nouveau gouvernement. Kerenski ne peut compter que sur les élèves officiers pour résister à l'insurrection qui éclate le 24 au soir, lorsque des détachements fidèles au Comité militaire révolutionnaire – quelques milliers de gardes rouges, de matelots et de soldats – s'assurent sans résistance le contrôle des centres stratégiques de la capitale (ponts, postes, télégraphe, banques, gares).

Tandis que Kerenski quitte la capitale à la recherche de renforts et de troupes fidèles au gouvernement, Lénine fait publier un appel du Comité militaire révolutionnaire de Petrograd qui proclame la destitution du gouvernement. Cette initiative est hautement significative : méfiant, Lénine a voulu attribuer la totalité du pouvoir à une instance qui ne dépendrait d'aucune manière du congrès des soviets, dont il craint le « légalisme révolutionnaire ». Dans la nuit, alors que les insurgés viennent de s'emparer du palais d'Hiver où se sont retirés les ministres, surmontant sans peine la résistance des jeunes cadets et du « bataillon féminin » qui constituent l'unique et dérisoire défense d'un gouvernement impuissant, s'ouvre le IIe congrès panrusse des soviets. Après avoir condamné « la conspiration militaire organisée derrière le dos des soviets », mencheviks et socialistes-révolutionnaires quittent la salle.

Restés en nombre aux côtés de leurs seuls alliés, les membres du petit groupe socialiste-révolutionnaire de gauche, les bolcheviks font ratifier leur coup de force par le congrès, qui vote un texte rédigé par Lénine, attribuant « tout le pouvoir aux soviets ». Cette résolution purement formelle – le pouvoir est en fait aux mains du seul Comité militaire révolutionnaire de Petrograd – permet aux bolcheviks d'accréditer une fiction qui abusera des générations de crédules : il gouverne au nom du peuple. Quelques heures plus tard, le IIe congrès panrusse des soviets entérine, avant de se séparer, la création du nouveau gouvernement bolchevique – le Conseil des commissaires du peuple – et approuve les décrets sur la paix et sur la terre, actes fondateurs du nouveau régime.

Pour les dirigeants bolcheviques, comme pour les gouvernements européens qui suivaient depuis le début de l'année 1917 le développement des événements, les « journées d'octobre » ne sont qu'une étape dans le cours incertain et tortueux d'une Russie en révolution et d'une Europe en guerre. Utopies et malentendus jalonnent cette étape et hypothèquent l'avenir.

L'utopique « décret sur la paix » répond à une conviction partagée alors par la plupart des dirigeants bolcheviques : le « renversement » d'octobre est un détonateur, pas une fin en soi ; il annonce une révolution à l'échelle de l'Europe, dont les fraternisations entre armées ennemies seront la première étape. En quelques semaines, les bolcheviks doivent se rendre à l'évidence : passage obligé, car la question de la guerre est au cœur du processus révolutionnaire de 1917, la sortie du grand conflit mondial passe par le plus humiliant traité que la Russie ait jamais signé : celui de Brest-Litovsk.

S'il n'est pas fondé sur l'utopie, le « décret sur la terre » n'en est pas moins le fruit d'un lourd malentendu. Les bolcheviks, qui ont toujours prôné la nationalisation des terres, sont contraints de reprendre le programme socialiste-révolutionnaire, la distribution des terres aux paysans : « La propriété privée de la terre est abolie sans indemnité. Toutes les terres sont mises à la disposition des comités locaux, pour redistribution. » En réalité, le décret se borne à légitimer ce que de nombreux comités agraires avaient entrepris depuis l'été 1917 : l'appropriation des terres appartenant aux grands propriétaires fonciers, à la Couronne, voire aux paysans aisés. Contraints, momentanément, de tenir compte des réalités de cette révolution paysanne autonome qui a tant facilité leur venue au pouvoir, les bolcheviks reprendront leur programme une dizaine d'années plus tard. La collectivisation forcée des campagnes, apogée de l'affrontement entre le régime issu d'Octobre et la paysannerie, sera la résolution tragique du malentendu de 1917.

Second malentendu : les rapports du parti bolchevique avec toutes les institutions – soviets, comités d'usine, syndicats, partis socialistes, comités de quartier, gardes rouges et autres milices ouvrières – qui avaient participé à la fois à la destruction des institutions traditionnelles et lutté pour l'affirmation et l'extension de leur propre compétence. En quelques semaines, ces institutions sont dessaisies de leur pouvoir, subordonnées au parti bolchevique ou éliminées, selon des modalités diverses, qui vont de l'interdiction de la presse non bolchevique à l'arrestation des dirigeants politiques, en passant par des mesures bureaucratiques de contrôle.

Toutes ces mesures suscitent aussitôt de vives réactions de la part de ceux au nom desquels les bolcheviks prétendaient agir : les prolétaires de Petrograd et des autres grands centres industriels. Première des revendications ouvrières, le « contrôle ouvrier » est rapidement écarté au profit d'un contrôle de l'État, dit « ouvrier », sur les entreprises et les travailleurs ; quant aux comités d'usine, ils sont subordonnés aux syndicats et au Conseil suprême de l'économie nationale, chargé d'appliquer le programme des nationalisations.

Commencée sous le règne de Nicolas II, l'année 1917 s'achève dans ce que Martin Malia appelle une « plongée vers le chaos ». « Une fois que nous aurons pris le pouvoir, nous ne le lâcherons plus », avait dit

Lénine. Un an auparavant, en septembre 1916, il avait déclaré sans équivoque que « quiconque reconnaît la guerre de classes doit reconnaître la guerre civile, qui dans toute société de classes représente la continuation, le développement et l'accentuation naturels de la guerre de classes ». Les années 1918-1922, avec leur cortège de violences, de guerres civiles, de guerres paysannes, de terreur et de famine, au regard desquelles les années de la « guerre impérialiste » apparaissent comme une période d'accalmie et de relative paix sociale, sont bien, dans l'ex-Empire russe, la « continuation naturelle » d'un grand cycle de crises, ouvert en 1914 et dont l'année 1917 n'a été qu'un des principaux jalons.

CHAPITRE 3

Les manuscrits censurés de Lénine

Plus de 3 700 documents de Lénine sont restés censurés jusqu'en 1999. Ils donnaient une trop mauvaise image du régime...

Rapidement, après la mort de Lénine en 1924, on prépare l'édition de ses œuvres complètes. C'est un processus qui va prendre des dizaines d'années. Les premières éditions, incomplètes, datent des années 1930-1940. En 1958 est lancée la cinquième et plus grande édition, achevée en 1965 : les 55 volumes des *Œuvres* (dites) *complètes*.

Or, à leur grande surprise, les historiens découvrent, après l'écroulement du régime soviétique, des milliers de documents de Lénine qui avaient été écartés des *Œuvres complètes*. Pour quelles raisons ? Une note confidentielle, rédigée en décembre 1991, quelques jours avant la démission de Mikhaïl Gorbatchev, en livre une explication. Le directeur de l'Institut du marxisme-léninisme, où étaient pieusement conservés les 30 820 textes autographes du fondateur, y expose pourquoi 3 724 documents non seulement n'avaient pas été publiés, mais ne devaient pas l'être « dans la situation présente et à l'avenir ».

Trois considérations principales sont mises en avant. D'abord, une partie de ces documents montrait à quel point Lénine « avait encouragé la subversion révolutionnaire et la violence visant à déstabiliser toute une série d'États indépendants » et « tenté d'instrumentaliser des tensions nationales ou ethniques ». Il s'agit là de documents portant notamment sur la soviétisation des pays Baltes en 1918-1919 et sur la politique internationale.

Ont ensuite été écartés des documents où Lénine prônait trop ouvertement « une politique de terreur, de répression et d'épuration sur une grande échelle à l'encontre des couches les plus diverses de la société, et à des moments où aucune menace ne pèse sur le régime », par exemple, au début de la NEP (Nouvelle Politique économique), en 1921.

Enfin, troisième type de documents, ceux qui révélaient des « aspects contradictoires » de Lénine – un euphémisme pour désigner la mentalité policière et conspiratrice de Lénine. En URSS même, on a donc considéré certains de ces textes trop durs, trop « extrémistes ».

Il faut attendre l'année 1999 pour voir la parution, à Moscou, d'un volume entier de textes de Lénine qui n'étaient jamais entrés dans les *Œuvres complètes*. Parmi les 420 documents inédits publiés figure le télégramme suivant, envoyé le 11 août 1918 par Lénine à trois dirigeants bolcheviques de la région de Penza : les « camarades » Kouraïev, Minkine et Bosh.

Camarades, le soulèvement koulak dans vos cinq cantons doit être écrasé sans pitié. Les intérêts de la révolution tout entière l'exigent, car partout la lutte finale avec les koulaks est désormais engagée. Il faut : 1) Pendre, et je dis pendre de façon que les gens le voient, pas moins de cent koulaks, richards, vampires connus. 2) Publier leurs noms. 3) S'emparer de tout leur grain. 4) Identifier les otages comme nous l'avons indiqué dans notre télégramme hier. Faites cela de façon qu'à des centaines de verstes à la ronde, le peuple voie, tremble, sache et s'écrie : « Ils étranglent et continueront à étrangler les koulaks-vampires. » Télégraphiez que vous avez reçu et mis à exécution ces instructions.

Votre Lénine.

P.-S. : Trouvez des gens plus durs.

À la date du 12 août 1918 figurent trois nouveaux télégrammes envoyés par Lénine, cette fois individuellement à chacun des « camarades de Penza ». Ceux-ci ont répondu trop « mollement » au goût de Lénine, qui revient à la charge :

« Bien reçu votre télégramme. Extrêmement étonné de l'absence de toute information concrète concernant la répression du soulèvement koulak des cinq cantons insurgés. Je ne veux pas croire que vous ayez pu faire preuve de nonchalance ou de faiblesse dans l'écrasement des koulaks et la confiscation exemplaire de tout le patrimoine et notamment des céréales des koulaks insurgés. Lénine. »

CHAPITRE 4

Feliks Dzerjinski et les origines du KGB

Depuis quelque temps, une nouvelle espèce de cimetières a fait son apparition à Moscou : ceux des ex-grands hommes soviétiques. À Krymskii Val, dans une de ces « poubelles de l'Histoire », Dzerjinski domine, du haut de ses neuf mètres, Kalinine, assis, l'air désabusé, dans son fauteuil de fonte ; un Staline ébréché, en marbre rouge, gît à quelques mètres de là ; une tête monumentale de Lénine, recouverte de graffitis injurieux, traîne à côté d'une chaussure ayant appartenu au « Petit Père des peuples »...

22 août 1991 : le putsch a fait long feu. Dans l'enthousiasme, plusieurs dizaines de milliers de Moscovites décident de se rendre place de la Loubianka, devant le siège du KGB, pour régler son compte au fondateur de la Tcheka, cet ancêtre du KGB, Feliks Dzerjinski, devenu le symbole d'un régime totalitaire que l'on vient d'abattre. « Félix de fer » n'a pas été déboulonné sans mal. Il aura fallu attendre jusqu'à la nuit avant de trouver l'engin et les filins adéquats

pour soulever les quatorze tonnes de fonte creuse de la statue monumentale.

Il n'est pas si loin, pourtant, le temps (c'était en 1986) où sortait la cent vingt-sixième biographie consacrée au *Chevalier de la révolution.* En soixante ans (Dzerjinski est mort en 1926), quarante millions d'exemplaires d'une hagiographie destinée à l'édification des humbles et des enfants ont retracé l'itinéraire exemplaire du « premier tchékiste », de « l'ami des enfants », de celui qui trouvait le temps d'organiser des orphelinats pour petits vagabonds et qui écrivait à sa sœur ces phrases si souvent citées : « Je ne sais pas pourquoi, mais j'aime les enfants plus que personne. Jamais je ne pourrai autant aimer une femme et je pense que mes propres enfants, je ne les aimerai pas autant que ceux des autres. » Durant soixante ans, Dzerjinski fut l'objet d'un véritable culte officiel et un des plus hauts modèles moraux de la société soviétique.

Ce culte de Dzerjinski connut son apogée à l'époque brejnévienne : après que le Parti eut reconnu les « bavures » de la police politique au temps du « culte de la personnalité », il fallait réhabiliter et légitimer les « organes », et démontrer que la Tcheka avait été « une organisation modèle, guidée par le principe léniniste de légalité révolutionnaire et par l'esprit humaniste du socialisme ». Dzerjinski est alors représenté sous les traits du justicier incorruptible au service des intérêts supérieurs du Parti, doublé d'un détective de premier plan, démasquant les innombrables « complots monarchistes ». La terreur ne pouvait être qu'une « bonne » terreur. Aujourd'hui, avec l'ouverture des archives de l'ex-URSS, on commence à mieux comprendre le rôle joué par la Tcheka durant les années cruciales de formation du régime soviétique, à mieux saisir aussi la continuité entre la terreur sous Lénine et la terreur stalinienne.

Fin novembre 1917 : les bolcheviks ont pris le pouvoir depuis quelques semaines. La presse « bourgeoise » est interdite, les partis socialistes non bolcheviques évincés du pouvoir ; seuls les socialistes révolutionnaires (SR) de gauche ont obtenu un « strapontin » gouvernemental. Les membres du parti constitutionnel-démocrate (KD), le grand parti libéral, viennent d'être déclarés « ennemis du peuple ».

Les pérégrinations d'un prisonnier politique sous le régime tsariste

Le premier moment de surprise passé, la résistance s'organise : cheminots (en majorité mencheviks), fonctionnaires et employés se mettent en grève, paralysant le fonctionnement des institutions. Début décembre, Lénine décide de trouver d'urgence « un Fouquier-Tinville qui nous matera toute cette racaille contre-révolutionnaire ». La question est débattue au Conseil des commissaires du peuple. Le 6 décembre, le choix d'un « solide jacobin prolétarien », selon l'expression de Nikolaï Boukharine, se porte unanimement sur Feliks Dzerjinski. Ce dernier est chargé d'élaborer pour le lendemain un texte « instituant une commission spéciale pour combattre avec la plus grande énergie révolutionnaire la grève générale des fonctionnaires ». « De nous tous, expliqua Lénine à son secrétaire Bontch-Bruevitch, c'est Feliks qui a passé le plus de temps dans les geôles tsaristes et qui s'est le plus frotté à l'Okhrana [la police politique tsariste]. Il connaît son affaire et a des comptes à régler avec ces messieurs de l'ancien régime ! »

À quarante ans, Dzerjinski est en effet un révolutionnaire auréolé de ses onze ans de déportation et de prison. Né en 1877 dans une famille de la petite noblesse polonaise de la province de Vilna, Feliks fut, jusqu'à l'âge de seize ans, un fervent catholique qui se destinait à entrer dans les ordres. À son frère aîné Casimir, incroyant, qui lui demandait comment il se représentait Dieu, il répondit : « Dieu est dans mon cœur, et si un jour je devais en arriver à la conclusion que Dieu n'existe pas, je me tirerais une balle dans la tête. Je ne peux pas vivre sans foi ! »

Il perd cependant la foi, et son tempérament exalté le pousse vers la politique. Il adhère en 1895 au petit parti social-démocrate de Lituanie, qui vient d'être créé, quitte le lycée « afin d'être plus proche des masses et de s'éduquer à leur contact ». Il rompt avec son milieu familial, s'installe, pour porter la bonne parole, dans les faubourgs ouvriers de Vilna, puis de Kovno, peuplés en majorité d'artisans juifs.

Ce Polonais de bonne famille fait preuve d'un authentique anticonformisme social : il se lie d'amitié avec des militants juifs et se lance dans l'étude du yiddish. Reniant son éducation, il devient, selon ses propres paroles, « un ennemi acharné de toute forme de nationalisme, surtout polonais ». Entre le socialisme nationaliste du Parti socialiste polonais et le socialisme internationaliste du parti social-démocrate de Pologne et Lituanie, dirigé par Rosa Luxemburg et Leo Jogiches, il choisit sans hésiter le second.

Enfin, après un an de militantisme, il est arrêté, en juillet 1897, par l'Okhrana, « sur la dénonciation d'un jeune ouvrier séduit par les dix roubles que lui offraient les gendarmes ». Les circonstances de cette arrestation – le révolutionnaire trahi par ceux-là mêmes qu'il voulait sauver – ne font que conforter Dzerjinski dans son rôle de martyr « allant au peuple pour le sauver de lui-même ».

Vingt ans durant (1897-1917), Dzerjinski va connaître la vie du « révolutionnaire professionnel », avec son alternance d'arrestations, d'emprisonnements, d'exils, d'évasions, d'activités clandestines. Une vie qui fait de lui l'un de ces marginaux se considérant volontiers comme des citoyens d'une république à part, ne connaissant que leurs propres lois, leur code de l'honneur, leurs rites, leurs assemblées, leurs grades, ayant leurs renégats et leurs exclus, tous marqués du signe de leur idéologie, obsédés par le souci de démasquer les agents doubles infiltrés dans leur milieu.

Un an à la prison de Kovno, trois ans de relégation administrative dans la province de Viatka, quelques mois à travailler dans une fabrique de tabac, cinq mois de liberté, puis deux ans d'emprisonnement, la déportation en Sibérie, d'où il s'évade à peine arrivé ; enfin, trois années de liberté et de travail clandestin à Berlin, à Munich, en Suisse et en Pologne… Lorsqu'il est arrêté pour la troisième fois, en juillet 1905, Dzerjinski est devenu un des principaux dirigeants du parti social-démocrate de Pologne et Lituanie (SDKPiL). Libéré après l'amnistie d'octobre 1905, il participe, en avril 1906, à Stockholm, au IVe congrès du parti ouvrier social-démocrate russe. Il y rencontre pour la première fois Lénine, adhère au courant bolchevique et entre au Comité central du Parti en tant que représentant de la social-démocratie de Pologne et Lituanie.

Quatrième arrestation en 1908, nouvel exil, nouvelle évasion, puis vie d'errance entre Capri, où il est l'hôte de Maxime Gorki, la Suisse, Paris, Bruxelles, Berlin, Varsovie, Lodz, Cracovie… Durant ces années de reflux révolutionnaire et de schismes, Dzerjinski se retrouve dans une position politique délicate. Une scission au sein du parti polonais révèle l'animosité de Rosa Luxemburg envers Lénine. Partagé entre sa loyauté et ses sympathies, Dzerjinski tâche de soutenir les bolcheviks dans les affaires russes, tout en les combattant, au côté de Rosa Luxemburg, dans les affaires polonaises. Une cinquième arrestation, en 1912, lui épargne le choix déchirant de prendre position pour l'un ou l'autre de ses maîtres à penser. Ceux-ci garderont d'ailleurs, tous deux, une vive sympathie pour ce militant dont ils saluent le courage physique, l'indéniable talent d'organisateur, la « volonté de fer », tout en exprimant de sérieux doutes sur ses capacités à penser le marxisme. Cette fois, Dzerjinski passe quatre ans et demi en prison. Il n'en sort qu'en mars 1917, libéré par la révolution de Février. Son adhésion au bolchevisme et, plus précisément, au léninisme est alors totale. En août 1917, il est élu au Comité central. Dans les mois qui précèdent l'insurrection d'octobre, il apporte son appui à Lénine, minoritaire au sein de son parti.

Quelques jours avant l'insurrection, il est nommé, ainsi que quatre autres dirigeants bolcheviques, à la tête d'un Centre militaire révolutionnaire chargé, avec le Comité militaire révolutionnaire de Petrograd, de mobiliser les militants, d'entrer en contact avec les comités de quartier et les unités militaires de la capitale. Il y joue un rôle important en tant que commandant du Smolny, état-major et centre nerveux du coup d'État. Il est notamment responsable de la prise de la poste et du télégraphe. Les jours suivants, il s'affirme comme un spécialiste incontesté des questions de sécurité.

Le 7 décembre, Dzerjinski présente donc au Conseil des commissaires du peuple son projet d'organe révolutionnaire chargé d'éliminer les oppositions :

> Ne pensez pas, camarades, que je recherche une forme de justice révolutionnaire. Nous n'avons que faire de « justice » ! Nous sommes à la guerre, sur le front le plus cruel, car l'ennemi s'avance masqué, et c'est une lutte à mort ! Je propose, j'exige la création d'un organe qui réglera, de manière révolutionnaire, expéditive, authentiquement bolchevique, leur compte aux contre-révolutionnaires.

L'organe s'appellera « Commission extraordinaire (VCK, ou Tcheka en abrégé) panrusse de lutte contre la contre-révolution, la spéculation et le sabotage ». Vaste programme ! En fait, à la lecture du compte rendu de la séance, il apparaît que les compétences initialement dévolues à la Tcheka sont étroitement circonscrites : la Commission se borne « à une enquête préliminaire avant de déférer les personnes appréhendées devant un tribunal révolutionnaire ». Quant à ses pouvoirs répressifs, ils se limitent à « la confiscation des biens, l'expulsion du domicile, la privation des cartes de rationnement, la publication de listes d'ennemis du peuple ». Comment interpréter la discordance entre le discours offensif de Dzerjinski et la modestie des attributions conférées à la Tcheka ?

Les bolcheviks sont sur le point de conclure un accord avec les SR de gauche (qui entreront le 12 décembre au gouvernement) afin de rompre leur isolement politique à un moment où il leur faut affronter la question de la convocation de l'Assemblée constituante, où ils sont minoritaires. Aussi adoptent-ils un profil bas. Lénine, qui a toujours dénoncé l'existence d'une police politique au service de la classe dominante, ne souhaite pas être soupçonné d'en créer une au service des bolcheviks.

Aucun décret annonçant la création de la Tcheka ne sera donc publié. Commission « extraordinaire », la Tcheka existera et agira le plus souvent sans la moindre base légale. Dzerjinski, qui souhaite, comme Lénine, avoir les mains libres, aura cette phrase admirable : « C'est la vie même qui dicte sa voie à la Tcheka. » La vie, c'est-à-dire la « terreur révolutionnaire des masses », la violence de la rue que Lénine, conscient de la faiblesse des bolcheviks, encourage alors vivement, oubliant momentanément sa profonde méfiance vis-à-vis de la « spontanéité » populaire. Le 8 mars 1918, il déclare : « Le pouvoir soviétique est un nouveau type d'État, dans lequel il n'y a ni bureaucratie, ni armée, ni police. Les exploiteurs doivent être anéantis, mais ils ne doivent pas l'être par une police, ils ne peuvent être exterminés que par les masses. »

Il appartiendra à Dzerjinski de mettre en œuvre cette extermination, sans s'encombrer de ce qu'il appellera, un jour de sincérité, « le fatras théorique des révolutionnaires assis toute leur vie dans un fauteuil ». En un an, il met sur pied, soutenu sans faille par Lénine, une formidable machine répressive, au-dessus des lois, parfois même au-dessus du Parti, véritable État dans l'État, avec son réseau d'indicateurs et de « résidents », ses troupes spéciales, son système propre de « camps de concentration », ses services d'espionnage, bref, une police politique sans pareille. L'extermination ne sera ni limitée aux « exploiteurs » ni « l'œuvre des masses ». Le 7 novembre 1918, Lénine tente de justifier l'existence de ce qui apparaît de plus en plus clairement comme une police politique permanente : « La Tcheka est l'organe suprême de la dictature du prolétariat. » Plus tard, il dira : « La Tcheka est le bras armé du prolétariat, qui permet à la volonté du prolétariat de se réaliser. »

Les débuts de l'organisation sont toutefois plutôt modestes. Le 11 janvier 1918, Dzerjinski envoie un mot à Lénine : « Nous trouvons dans situation impossible, malgré importants services déjà rendus. Aucun financement. Travaillons jour et nuit sans pain ni sucre, ni thé, ni beurre, ni fromage. Prenez des mesures pour rations décentes ou autorisez-nous à réquisitionner nous-mêmes chez bourgeois. » Il a recruté une centaine d'hommes, pour la plupart d'anciens camarades de clandestinité, en majorité polonais, baltes ou juifs, parmi lesquels figurent déjà les futurs cadres de la GPU des années 1920 et du NKVD des années 1930 : Latsis, Menjinski, Messing, Moroz, Peters, Trilisser, Ounschlicht, Iagoda. Un premier détachement de troupes spéciales est formé à la mi-janvier : c'est un bataillon letton qui a participé à l'assaut du palais d'Hiver.

La première tâche de la Tcheka en décembre 1917 est de briser la grève des fonctionnaires. La méthode est expéditive – arrestation des « meneurs », accusés d'être des « saboteurs » –, et la justification simple : « Qui ne veut travailler avec le peuple n'a pas sa place parmi lui. » Dans la foulée, la Tcheka arrête, le 18 décembre, les principaux dirigeants SR et mencheviques, élus à l'Assemblée constituante. Cet acte arbitraire est aussitôt condamné par le commissaire du peuple à la Justice, Shteinberg, un SR de gauche, qui fait relâcher les militants arrêtés. Ce premier incident entre la Tcheka et la Justice – il y en aura bien d'autres – pose la question, capitale, du statut extra-légal de cette police politique. « À quoi bon un commissariat du peuple à la Justice ?, demande Shteinberg à Lénine. Autant l'appeler commissariat du peuple à l'Extermination sociale, et la cause sera entendue ! » « Excellente idée, répond Lénine. C'est exactement comme cela que je vois la chose. Malheureusement, on ne peut pas l'appeler ainsi ! »

Naturellement, Lénine arbitre le conflit entre Shteinberg, qui exige une stricte subordination de la Tcheka à la Justice, et Dzerjinski, qui s'insurge contre le « juridisme tatillon de la vieille école de l'ancien régime », en faveur de ce dernier. La Tcheka ne répondra de ses actes que devant le gouvernement. Pour ne pas laisser totalement aux bolcheviks le contrôle de cet organe qui, dans le vide juridique ambiant, semble d'ores et déjà promis à un bel avenir, les SR de gauche exigent alors d'entrer dans le directoire de la Tcheka, où, de janvier à juillet 1918, ils occuperont quatre des douze postes. Après leur rupture avec les bolcheviks, ils prétendront, pour se justifier d'avoir participé à la Tcheka, y avoir exercé une influence modératrice.

Entre-temps, la Tcheka prospère. Le 21 février 1918, face à l'avance allemande consécutive à la rupture des pourparlers de Brest-Litovsk, le gouvernement proclame « la Patrie en danger » et appelle à la terreur de masse : « Tout agent ennemi, spéculateur, hooligan, agitateur contre-révolutionnaire, espion allemand, sera fusillé sur-le-champ. » Le lendemain, une « déclaration de la Tcheka » complète la liste par de nouvelles catégories à passer par les armes : « saboteurs et autres parasites ». Légalement, la peine de mort n'est rétablie en Russie soviétique que le 16 juin 1918 ; néanmoins, à partir de février 1918, la Tcheka exerce une justice sommaire.

Le 10 mars, le gouvernement quitte Petrograd pour Moscou, promue capitale. La Tcheka s'installe près du Kremlin, rue Bolchaïa Loubianka, dans les bâtiments qu'elle occupera, sous ses sigles successifs – GPU, NKVD, MVD, KGB –, jusqu'à nos jours. De six cents en mars, le nombre des tchékistes travaillant dans la « Grande Maison » passe à mille en juillet 1918 (chiffre auquel il faut ajouter un millier d'hommes des détachements armés spéciaux). Une importante section, dirigée par Ouritskii, est restée à Petrograd. Au cours du printemps 1918, des dizaines de sections locales de la Tcheka sont créées auprès des soviets des principales villes de province.

En juin se tient à Moscou la première conférence panrusse des tchékas, à laquelle assistent une centaine de délégués de quarante-trois sections locales.

Les effectifs totaux représentent déjà une douzaine de milliers d'hommes ; ils seront 40 000 à la fin de l'année 1918, plus de 280 000 début 1921 ! S'affirmant au-dessus des soviets (« au-dessus du Parti », diront certains bolcheviks), la conférence déclare « assumer sur tout le territoire de la république le poids de la lutte contre la contre-révolution, en tant qu'organe suprême [*sic*] du pouvoir administratif de la Russie soviétique » !

D'où viennent les tchékistes ? Un recensement du personnel de la Tcheka à Moscou, en septembre 1918, nous révèle d'abord une nette surreprésentation des Baltes, des Polonais et des Juifs. Quant à l'itinéraire socioprofessionnel de ces recrues, il apparaît que, si la plupart d'entre elles sont d'extraction populaire (à part les cadres, issus, comme Dzerjinski et la majorité des dirigeants bolcheviques, de l'intelligentsia déclassée de l'ancien régime, voire de la bourgeoisie), seule une minorité est venue directement à la Tcheka de l'usine ou de l'armée. Soixante-dix pour cent des tchékistes ont déjà exercé des responsabilités, aussi modestes fussent-elles, au sein de l'une des innombrables institutions nées au cours de l'année 1917 (comité d'usine, garde rouge, comité de soldats, soviet).

Ce ne sont pas pour autant des militants chevronnés du parti bolchevique (50 % ont leur carte du Parti, mais en tant qu'adhérents de fraîche date). Pour la plupart, ils appartiennent à cette catégorie d'activistes entreprenants auxquels les événements de 1917 ont donné la possibilité d'une intégration dans le processus révolutionnaire. Jeunes, célibataires, sans attaches, ils ont suivi le mouvement, passant d'une institution à une autre, du front en débandade vers l'arrière en décomposition. Pour eux, octobre 1917, comme l'adhésion – éventuelle et généralement tardive – au parti bolchevique, ne fut le plus souvent qu'une étape dans l'immense chambardement social amorcé avec la guerre de 1914. Au milieu du chaos économique, de l'écroulement de toutes les formes traditionnelles d'autorité, de la rupture de tous les chenaux de mobilité et de promotion sociale, il leur fallait avant tout trouver une place plutôt bien payée (un tchékiste « de base » gagnait en moyenne deux fois plus qu'un ouvrier qualifié) dans la nouvelle société, dans une des institutions liées au nouveau pouvoir ; et la Tcheka en était une.

Le gonflement continuel des effectifs reflète une remarquable diversification des tâches contre des « ennemis » de plus en plus variés. Les tchékistes mènent des opérations de simple police contre des « droit-commun », des missions de « liquidation physique » d'opposants abusivement assimilés à des criminels – en avril 1918, la Tcheka liquide ainsi les principaux groupes anarchistes de Moscou et de Petrograd –, des enquêtes sur « l'esprit public », notamment dans les entreprises où toute action ou tout propos déviants des non-bolcheviks, voire des simples « sans-parti », sont dûment consignés et leurs auteurs fichés (puis arrêtés) ; ils traitent aussi des affaires d'abus d'autorité des nouveaux fonctionnaires. Depuis le 27 mars 1918, les « délits de presse » sont également du ressort de la Tcheka, dont un bureau spécial reçoit trois copies de chaque publication, même si celle-ci est autorisée. De mars à juillet 1918, 205 journaux socialistes non bolcheviques sont interdits. Le 16 juillet, c'est le tour du dernier journal indépendant, *La Vie nouvelle*, dirigé par Gorki.

« L'organigramme idéal » adopté lors de la première conférence panrusse des tchékas est révélateur du vaste champ d'activité dévolu, dès juin 1918 – c'est-à-dire avant la grande vague des insurrections et actions « contre-révolutionnaires » de l'été 1918 –, à ce qui apparaît, sans aucun doute, comme la police politique du nouveau régime. Calquée sur le modèle de la « maison mère » de la Loubianka, chaque tchéka de province devait, dans les délais les plus brefs, organiser les départements et bureaux suivants : 1) un département du renseignement. Bureaux : armée Rouge (recherche des officiers suspects) ; monarchistes ; KD, SR de droite et mencheviks ; anarchistes et droit-commun ; bourgeoisie et gens d'Église (listes de suspects) ; syndicats et comités ouvriers ; ressortissants étrangers. 2) Un département de lutte contre la contre-révolution. Bureaux : armée Rouge ; monarchistes, KD, SR de droite et mencheviks ; anarchistes ; syndicalistes ; minorités nationales ; étrangers ; alcoolisme et ordre public ; affaires de presse. 3) Un département de lutte contre la spéculation. 4) Un département de lutte contre les abus d'autorité. 5) Un département des transports, voies de communication et ports. Éventuellement, un département des frontières. 6) Un département opérationnel regroupant les unités spéciales de la Tcheka.

Premier des tchékistes, Dzerjinski, croulant sous la tâche, donne l'exemple. Le 27 mai 1918, il écrit à sa femme, qui se trouve en Suisse avec son fils et qu'il n'a pas vue depuis 1912 :

> Je suis au front. Vie de soldat. Aucun répit. Il me faut sauver la maison Russie. Pas le temps de penser à vous, à moi-même. […] Je mène personnellement les interrogatoires les plus importants. Il m'est même arrivé d'exécuter moi-même les coupables. Mes mains sont pleines de sang et j'en ai horreur, mais comment faire autrement ? Quelqu'un doit bien faire le sale travail ! Je suis sans pitié, une détermination de fer m'habite et j'irai jusqu'au bout pour extirper le mal et l'injustice du vieux monde. […] Je ne quitte jamais mon bureau. J'y travaille et j'y dors, derrière un paravent. Mon adresse : Bolchaïa Loubianka, 11.

Cependant, un dernier obstacle empêche Dzerjinski d'imposer ce qu'il appelle « un style de travail authentiquement bolchevique » : la présence des SR de gauche dans la Tcheka. Il sera définitivement levé le 7 juillet 1918. En effet, le 6 juillet, l'ambassadeur allemand à Moscou, Mirbach, est assassiné par un tchékiste SR de gauche, Blioumkine. Le complot avait été préparé au sein même des cadres dirigeants SR de la police politique, avec la participation directe de l'adjoint de Dzerjinski, le SR de gauche Aleksandrovitch. Aussitôt après l'attentat, les SR tentèrent un coup d'État, mais, faute d'un plan d'action préétabli, les quelques troupes dont ils disposaient se bornèrent à occuper le central télégraphique. Le putsch échoua très vite. Les bolcheviks ordonnèrent aussitôt l'arrestation de tous les dirigeants SR de gauche.

Les documents aujourd'hui disponibles montrent qu'en fait Dzerjinski était sans doute au courant de la préparation de l'attentat. Il n'en avertit pas Lénine et assuma lui-même le risque politique des conséquences de l'affaire, jugeant – la suite des événements lui donnera raison – qu'une réaction allemande était peu probable. En revanche, l'attentat fournirait aux bolcheviks une excellente occasion de se débarrasser des SR à un moment particulièrement critique pour le nouveau régime.

En été 1918, le pouvoir bolchevik ne contrôle plus, en effet, qu'un territoire réduit à la Moscovie historique. L'Ukraine est aux mains des Allemands ; les généraux Krasnov et Denikine consolident leur contrôle sur le Don et le Kouban ; le socialiste-révolutionnaire Savinkov occupe Iaroslavl ; l'armée du peuple russe, levée par les SR de droite, étend son influence jusqu'à Kazan ; les Tchèques coupent le Transsibérien ; les révoltes paysannes se multiplient, provoquées par la politique de réquisitions légalisée par le décret du 13 mai 1918, qui a attribué des pouvoirs très étendus au commissariat du peuple au Ravitaillement et inauguré l'ère du « communisme de guerre ». Dans cette conjoncture, l'assassinat de Ouritski, chef de la tchéka de Petrograd, suivi, le même jour, à Moscou, d'un attentat dirigé contre Lénine lui-même, conforte les dirigeants bolcheviks, Dzerjinski en tête, dans l'idée qu'il existe une véritable conspiration visant à abattre le régime.

En représailles, Dzerjinski ordonne à toutes les tchékas de « prendre en otages tous les suspects fichés, notamment les bourgeois, les officiers et gardes blancs, et les membres repérés de tous les partis monarchistes, bourgeois et petit-bourgeois ». Articles de presse et déclarations officielles appellent au renforcement de la terreur :

> Travailleurs, le temps est venu pour nous d'anéantir la bourgeoisie, sinon vous serez anéantis par elle. Les villes doivent être implacablement nettoyées de toute la putréfaction bourgeoise. Tous ces messieurs seront fichés et ceux qui représentent un danger pour la cause révolutionnaire exterminés. [...] L'hymne de la classe ouvrière sera un chant de haine et de vengeance !

Le 3 septembre, les *Izvestia* annoncent que cinq cents otages ont été exécutés par la seule tchéka de Petrograd. Le recensement des exécutions d'otages annoncées dans la presse durant les mois de septembre et octobre 1918 fournit le chiffre d'environ cinq mille victimes. Grigori Zinoviev déclare : « Pour défaire nos ennemis, nous devons avoir notre propre terreur socialiste. Nous devons entraîner à nos côtés disons quatre-vingt-dix des cent millions d'habitants de la Russie soviétique. Quant aux autres, nous n'avons rien à leur dire, ils doivent être anéantis. »

Dès le 5 septembre, le gouvernement a légalisé la terreur en édictant un texte fameux sur la « Terreur rouge » :

> Dans la situation actuelle, il est absolument vital de renforcer la Tcheka, [...] de protéger la république soviétique contre ses ennemis de classe en isolant ceux-ci dans des camps de concentration, de fusiller sur-le-champ toute personne impliquée dans des organisations de gardes blancs, des complots ou des insurrections.

En quelques jours, la Tcheka inaugure donc deux instruments de répression inconnus dans la Russie tsariste : le système des otages et le camp de concentration.

Devant le nombre sans cesse croissant d'individus pris en otage, Dzerjinski juge utile, à plusieurs reprises, d'expliciter sa conception de la chose :

> Qu'est-ce qu'un otage ? C'est évidemment un représentant, en notre pouvoir, de la société ou de l'organisme qui nous combattent. Mais il faut que celui-ci possède une valeur aux yeux de l'ennemi. Celui-ci ne donnera rien pour le premier instituteur venu, pour un garde forestier, un meunier ou un épicier, surtout s'il est juif. Alors, tchékas, attrapez des bourgeois, si possible avec leur famille !

Dans une autre circulaire, il rappelle que

> la Tcheka ne lutte ni pour la « justice » ni contre tel ou tel individu. Nous sommes l'organe d'extermination de la bourgeoisie en tant que classe. Durant un interrogatoire, je ne me pose pas la question de savoir si tel ou tel a agi contre le pouvoir soviétique. Je me demande : à quelle classe cet individu appartient-il ? Quelle est son éducation, sa profession ? Et, seulement si c'est un travailleur, je me pose la question : a-t-il pu trahir sa classe ou agir contre nous ? Enfin, éventuellement, je m'efforcerai d'amener l'accusé à reconnaître ses fautes – l'aveu couronnera alors la présomption par l'origine.

La « paternité » du camp de concentration ne revient pas, quant à elle, à Dzerjinski, mais à Léon Trotski. C'est lui qui, le premier, prôna, le 4 juin 1918, la création de « camps de concentration » où seraient enfermés les Tchèques qui refuseraient de rendre leurs armes. Le 8 août 1918, Trotski annonce qu'il a ordonné la création, à Mourom et à Arzamas, de deux camps pour « les agitateurs louches, les officiers contre-révolutionnaires, les saboteurs, les parasites, les spéculateurs », qui y seraient internés « jusqu'à la fin de la guerre civile ». Le lendemain, préoccupé par l'étendue des révoltes paysannes dans la région de Penza, Lénine télégraphie au Comité exécutif de la province : « Exercez une terreur massive contre les koulaks, les popes et les gardes blancs. Enfermez les éléments douteux dans un camp de concentration. »

D'août 1918 à février 1919, ces camps fonctionnent, sans aucune base réglementaire, comme des camps d'internement administratif préventif, où sont enfermés, généralement en qualité d'otages, les « éléments socialement douteux ». La Tcheka a la gestion exclusive de ces camps. Cet état de fait n'est légalisé que le 17 février 1919, lorsque, sur proposition de Dzerjinski, le gouvernement promulgue un arrêté selon lequel « la Tcheka conserve le droit exclusif d'internement dans les camps de concentration ». Il faut attendre encore deux mois avant que le gouvernement ne publie, le 15 avril, un texte établissant en détail les modalités de l'organisation des camps.

Ce décret distingue deux types de camps : les « camps de travail coercitif », où sont, en principe, internés ceux qui ont été condamnés par un tribunal, et les « camps de concentration » regroupant les personnes incarcérées en vertu d'une simple mesure administrative. En réalité, les distinctions entre ces deux types de camps restent largement théoriques ; ce sont désormais tous des camps de travail. L'instruction du 17 mai, signée Dzerjinski, rationalise le système : elle prévoit la création « d'au moins un camp dans chaque province, d'une capacité minimale de trois cents détenus, astreints à un travail physique ». Cette instruction comporte, par ailleurs, une « liste type » des seize catégories de « pensionnaires » des camps

Quelques semaines plus tôt, le 16 mars 1919, Dzerjinski a été nommé commissaire du peuple à l'Intérieur. C'est le triomphe définitif de la Tcheka, après une période au cours de laquelle son rôle, voire son existence, avait été mis en cause par une partie des bolcheviks eux-mêmes.

L'automne 1918 fut, en effet, marqué par une véritable débauche de terreur. Le 17 septembre, Dzerjinski invite les tchékas locales à « accélérer les procédures et à terminer, c'est-à-dire à liquider, les affaires en suspens ». Quelques jours plus tard, Peters, un de ses principaux adjoints, signe une circulaire qui précise : « La Tcheka est absolument indépendante dans son activité. Elle effectue les perquisitions, arrestations, exécutions capitales, à charge d'en faire ultérieurement rapport au Conseil des commissaires du peuple. » Un nouveau journal, *L'Hebdomadaire de la Tcheka*, est chargé de « faire de la réclame » pour la police politique. Six semaines durant (jusqu'à sa suppression, sur ordre du Comité central), ce journal relate, sans fard ni pudeur, les prises d'otages, les internements dans les camps de concentration, etc. Le zèle des tchékas – notamment celles des districts, mises sur pied dans la hâte – est tel que Dzerjinski doit leur rappeler qu'« en intervenant dans le fonctionnement de tous les organes de l'État, les tchékas ne doivent pas perdre de vue que leurs actes ont pour but de stimuler l'activité de ces organes dans leur recherche des ennemis et non de perturber leur activité ».

Bientôt, le Comité central, le commissariat du peuple à l'Intérieur et le secrétariat de Lénine commencent à recevoir des milliers de plaintes émanant non seulement de particuliers, d'assemblées paysannes ou de comités d'usine, mais encore des comités exécutifs des soviets et des organisations locales du Parti. Toujours le même leitmotiv : les tchékas arrêtent à tour de bras, jugent à huis clos et exécutent sans appel toute personne qui leur paraît suspecte, « même d'honnêtes travailleurs qui se sont bornés à critiquer le retard avec lequel on leur donnait leur paie » ou « des paysans aisés mais aucunement des koulaks, qui travaillaient leur terre en famille, sans exploiter quiconque ».

Le 8 octobre 1918, un des vétérans du parti bolchevique, Olminski, s'élève, dans la *Pravda*, contre « les pleins pouvoirs laissés à une organisation qui prétend agir par-dessus les soviets et le Parti lui-même ». Petrovski, commissaire du peuple à l'Intérieur, rappelle que les tchékas locales dépendent des comités exécutifs des soviets et qu'elles doivent rendre compte de leurs actes au NKVD. La polémique, dans les semaines qui suivent, se porte sur la composition d'une organisation soit « truffée de criminels et de sadiques », « d'éléments dégénérés du lumpen », selon ses détracteurs, soit composée des « meilleurs et des plus authentiques enfants du prolétariat », selon les dirigeants de la Tcheka.

En l'absence de Dzerjinski – envoyé pour un mois, incognito, se refaire une santé mentale et physique en Suisse –, le Comité central débat, le 25 octobre 1918, d'un nouveau statut de la Tcheka. Les détracteurs – Grigori Kamenev et Nicolaï Boukharine en tête – remportent, semble-t-il, la première manche : plusieurs mesures sont prises pour limiter les « excès de zèle » des tchékas et les mettre sous le contrôle du Parti. Une commission de « contrôle politique » est créée ; Kamenev, qui en fait partie, va jusqu'à proposer l'abolition pure et simple de la police politique. En attendant, un grand nombre de tchékas de district sont fermées.

Mais bientôt le camp des partisans inconditionnels de la Tcheka reprend le dessus. Y figurent, outre Dzerjinski, des « sommités » du Parti telles que Sverdlov, Staline, Trotski et, bien sûr, Lénine. Ce dernier prend résolument la défense d'une institution « injustement attaquée pour quelques excès par une intelligentsia bornée, [...] incapable de considérer le problème de la terreur dans une perspective plus large ». Le 19 décembre 1918, sur proposition de Lénine, le Comité central adopte une résolution interdisant à la presse du Parti de publier des « articles calomnieux sur les institutions, notamment sur la Tcheka, qui accomplit son travail dans des conditions particulièrement difficiles ». Ainsi se clôt le débat. L'« organe de la dictature du prolétariat » reçoit son brevet d'infaillibilité. Pour Lénine, « un bon communiste est également un bon tchékiste ».

Début janvier 1919, Dzerjinski part avec Staline dans l'Oural pour établir les causes de la reddition de la ville de Perm, tombée par surprise aux mains des partisans de l'ancien régime. Les deux hommes reviennent avec un rapport exagérément accablant pour le haut commandement militaire (donc pour

Trotski, commissaire du peuple à la Guerre) et notamment pour le *Voenkontrol*, la sécurité militaire. Dzerjinski obtient du Comité central la création de « départements spéciaux » de la Tcheka, responsables désormais de la sécurité militaire. La dernière pierre de l'édifice est posée ; la Tcheka est maintenant présente sur tous les fronts. Comme le montre son organigramme au début de 1921, aucun secteur de la vie politique, économique ou sociale n'échappe, en principe, à son contrôle.

Il n'est pas possible de détailler ici l'activité multiforme de la Tcheka au cours de ces années de formation du régime bolchevique. Les archives soviétiques récemment ouvertes confirment, dans certains cas, et révèlent, dans bien d'autres, le rôle clé qu'elle a joué à la fois sur le front de la guerre civile (massacres et représailles après la reprise, par les Rouges, des zones occupées un temps par les Blancs), mais surtout dans la lutte, si longtemps passée sous silence, du régime contre les insurrections paysannes (plusieurs centaines entre l'été 1918 et l'été 1922), les déserteurs (qui sont des millions), les grévistes ouvriers (arrestations et massacres de Toula, d'Astrakhan, de Briansk, pour ne citer que les plus importants), les réfractaires à la militarisation du travail décrétée en 1920. Loin de se borner aux activités « traditionnelles » d'une police politique (traquer les opposants politiques et démasquer des « complots » réels ou imaginaires), la Tcheka apparaît comme une machine répressive d'un type nouveau, chargée de mater des masses peu enclines à collaborer avec le nouveau régime.

Le 8 janvier 1921, Dzerjinski dresse un bilan de son action. Il commence par constater les victoires ; il n'y a plus de fronts extérieurs, le danger de la contre-révolution est écarté :

> La période critique de la guerre civile s'est achevée, mais elle nous a légué un lourd héritage : des prisons pleines à craquer, non de bourgeois, mais d'ouvriers et de paysans. [...] Aussi la politique de la Tcheka devra-t-elle être désormais plus sélective ; la prison et le camp pour les bourgeois, une peine de camarade [*sic*] pour les ouvriers et les paysans, ceux-ci devant être désormais considérés non comme des ennemis de classe, mais comme des personnes ayant commis des délits sous l'emprise des conditions sociales de la période transitoire du passage du capitalisme au socialisme.

Ce document, comme des milliers d'autres jamais publiés et aujourd'hui exhumés, permet de tirer plusieurs enseignements. Il brise le mythe entretenu par les hagiographes de Dzerjinski : celui de la « bonne terreur », « légitime », frappant les classes possédantes de l'ancien régime. Mythe, du reste, largement partagé par les bolcheviks de tous bords, même après qu'ils eurent été eux-mêmes victimes de l'appareil policier qu'ils avaient mis en place. Expulsé d'URSS, Trotski continuait d'expliquer, en 1929, que « la GPU est l'organe d'autodéfense de la dictature du prolétariat ». Quant à Boukharine, dans son ultime discours à la barre des accusés du troisième procès de Moscou en mars 1938 – procès entièrement fabriqué par les services du NKVD dirigé alors par Iejov –, il regrettera le temps où « Feliks dirigeait la police politique, l'époque heureuse où l'idée révolutionnaire guidait toutes ses actions, justifiait la répression vis-à-vis des ennemis, protégeait le jeune État soviétique ».

Mais ce document montre aussi comment, dès 1918-1919, la terreur, légitimée par une conception nouvelle des rapports entre l'État et les citoyens, considérés non plus en tant qu'individus mais en fonction de leur appartenance de classe, engageait le pouvoir sur la voie d'une formidable illusion politique, marquée par le refus d'analyser les causes de la résistance du corps social.

Le 25 octobre 1918, en pleine « terreur rouge », Kamenev, effaré, rapporta que des dirigeants locaux de la Tcheka lui avaient demandé s'ils avaient le droit d'arrêter les membres du gouvernement. Étonnante interrogation, qui témoignait de l'arrivée au pouvoir d'une couche nouvelle d'activistes « politiquement analphabètes », de l'absence de tout État de droit et de la criminalisation de la plupart des comportements sociaux. Mélange détonant, qui ouvrait la porte à tous les « dérapages », ceux de la « terreur rouge » comme ceux, dix ans plus tard, de la collectivisation, puis ceux de la *Iejovschina* des années 1936-1938.

Apprenant, en juillet 1926, le décès de celui qui fut longtemps son camarade et son adversaire, Karl Radek, alors dans l'opposition trotskiste, déclara avec plus de lucidité que la plupart des « vieux bolcheviks » : « Feliks est mort à temps. C'était un schématique. Il n'aurait pas hésité à rougir ses mains de notre sang ! » Mort à temps et d'une mort exemplaire : emporté, à quarante-huit ans, par une défaillance cardiaque, en pleine session du Comité central. Le Parti donna aussitôt à cette mort une portée symbolique, soulignant que Dzerjinski s'était éteint « ayant donné son cœur à la révolution, comme une flamme qui se serait consumée à la tâche ». Rapidement, il devint ce « chevalier de la révolution » (pour reprendre la figure favorite de l'hagiographie), prêt à se vouer sans réserve au service de l'idée, à transgresser en son nom les limites de la morale universelle. En assumant les fonctions de premier bourreau, Dzerjinski est devenu un saint martyr, l'incarnation de la vertu, « Félix de fer » chanté par Maïakovski :

Avec sa capote fripée et sa barbe pointue
Est passé un homme tout de fer et de veines [...]
À un jeune homme qui s'interrogerait sur l'existence
Et qui voudrait décider sur quel modèle faire sa vie
Je dirais sans hésiter : « Fais-la à l'image du camarade Dzerjinski. »

Les soviets contre la Tcheka

« Attendu 1) que le jugement public, dans toute forme de gouvernement, est le meilleur instrument d'éducation civique, car il permet d'établir publiquement le délit ou le crime (ce point est partagé par le camarade Lénine dans son article "Les tâches immédiates du pouvoir des soviets", *Pravda*, 28 avril 1918) ; 2) que tout citoyen a droit à être juridiquement défendu ; 3) que la peine de mort, depuis Dioclétien et jusqu'à Stolypine, n'a jamais sauvé aucun gouvernement autoritaire et absolutiste (ce point de vue est également partagé par le camarade Lénine dans son article précédemment cité), le Comité exécutif du soviet de Pskov considère que la nature même de l'activité de la Tcheka – à savoir une instruction rapide, un jugement à huis clos, hors de la présence de la défense, suivi, presque toujours, d'une sentence de mort, immédiatement exécutoire – ne peut que nuire à la cause de la révolution. Ce genre de pratiques a été condamné non seulement par les gouvernements démocratiques et humanistes, mais aussi par les gouvernements despotiques, ceux-ci ayant compris qu'elles donnaient des résultats inverses à ceux qui étaient recherchés. Pour lutter contre la bourgeoisie contre-révolutionnaire, il existe une manière absolument pacifique et absolument efficace, à savoir la prolétarisation de la bourgeoisie. En effet, notre ennemi n'est pas tel ou tel individu, mais le capital. Privé de capital, le bourgeois devient un prolétaire et vient grossir les rangs du prolétariat, lequel ainsi se renforce.

Considérant tout ce qui vient d'être exposé, le Comité exécutif du soviet de la ville de Pskov exige la dissolution immédiate de la Tcheka. »

Les victimes de la Tcheka

Instructions complémentaires du commissariat du peuple à l'Intérieur (NKVD) au décret du Comité exécutif panrusse des soviets relatif à l'organisation des camps de travail coercitif, 17 mai 1919.

« Catégories de personnes à interner dans les camps :
1) Otages, jusqu'à la fin de la guerre civile, issus de la haute bourgeoisie, à savoir : a) propriétaires de toute entreprise ayant employé plus de vingt personnes, b) directeurs ou membres de conseils d'administration

de sociétés par actions au capital de plus de cinq cent mille roubles (valeur 1916), c) propriétaires ayant eu plus de cent dessiatines [1 dessiatine = 1,06 hectare] de terre ou des biens immobiliers urbains évalués à plus de cinquante mille roubles (valeur 1916) ;
2) Otages de la moyenne bourgeoisie et des koulaks ;
3) Otages de la bourgeoisie des États en guerre contre la Russie soviétique ;
4) Membres de la famille des catégories énumérées ci-dessus ;
5) Membres de l'ex-police tsariste, officiers du corps des gendarmes, membres de la haute administration tsariste : ministres et leurs adjoints, directeurs de département, gouverneurs, maires et adjoints des chefs-lieux de province ;
6) Fonctionnaires de l'ancien régime jusqu'au rang d'assesseur de collège, procureurs et leurs adjoints, juges et leurs adjoints, membres des zemstvos [assemblées locales, instaurées en 1864 dans chaque district et chaque province de l'empire], responsables de l'administration, maires et adjoints de villes ayant rang de chef-lieu de district ;
7) Gendarmes de tout rang ;
8) Personnes condamnées, sous le régime soviétique, à des peines de cinq à vingt ans pour participation à des organisations contre-révolutionnaires ou d'espionnage ;
9) Personnes condamnées, sous le régime soviétique, à des peines de cinq à vingt ans pour crimes de droit commun ;
10) Personnes condamnées, sous le régime soviétique, à des peines de cinq à vingt ans pour spéculation, abus d'autorité, désertions répétées ;
11) Personnes condamnées, sous le régime soviétique, à des peines de un à cinq ans pour les motifs définis dans la catégorie 9 ;

12) Personnes condamnées, sous le régime soviétique, à des peines de un à cinq ans pour les motifs définis dans la catégorie 10 ;
13) Personnes condamnées, sous le régime soviétique, à toutes peines, pour délits de parasitisme, proxénétisme, prostitution ;
14) Personnes condamnées, sous le régime soviétique, pour tous motifs autres que ceux définis dans les catégories ci-dessus ;
15) Déserteurs ordinaires (non récidivistes) et soldats prisonniers de la guerre civile ; 16) Mineurs (moins de dix-sept ans) condamnés, sous le régime soviétique, à toutes peines.

Signé F. Dzerjinski. »
(GARF, F. 393, op. 89, d. l0a, F. 6-8.)

CHAPITRE 5

1918-1921. Les pogroms des guerres civiles russes[1]

Les pogroms antisémites des guerres civiles russes de 1918-1921 sont restés des événements peu étudiés. Ils constituent pourtant les plus grands massacres de Juifs avant le génocide. Plus de 2 000 bourgades et petites villes furent touchées en Ukraine, en Biélorussie, en Russie ; au moins 100 000 tués, 200 000 blessés et invalides, des dizaines de milliers de femmes violées, 300 000 orphelins, plus d'un demi-million de réfugiés au total dans une communauté de quelque 5 millions de personnes. Trois raisons peuvent être avancées pour expliquer ce relatif désin-

---

1. Le pluriel est délibérément employé. En effet, les affrontements des années 1918-1921 ne sauraient être réduits au seul affrontement révolutionnaires/contre-révolutionnaires, « Rouges » contre « Blancs ». Ces années furent marquées par de très nombreux chevauchements de conflits multiformes (« Verts »/paysans/déserteurs contre « Rouges » et « Blancs » ; paysans ukrainiens contre *Moskali* (« Moscovites ») ; citadins contre ruraux, etc.).

térêt : l'accès difficile aux sources, dispersées, en partie disparues ou longtemps inaccessibles (pour celles restées en URSS) ; la dilution des pogroms dans cet immense tumulte qu'ont été les guerres civiles russes, tout particulièrement dans les confins d'empires (Biélorussie, Ukraine) ; enfin, l'ombre immense portée par cet « événement monstre » qu'a été la Shoah.

Les pogroms des guerres civiles russes constituent la troisième vague de pogroms dans l'histoire de la Russie moderne. Toutefois, le contexte dans lequel ils ont été commis – cet affrontement multiforme et désordonné –, leur ampleur inédite et leurs modalités les distinguent radicalement des précédents.

Depuis l'annexion, à la fin du XVIIIe siècle, de la Pologne par Catherine II, la communauté des Juifs de l'Empire russe était la plus importante au monde. En 1914, elle comptait environ 5 millions de personnes, soit la moitié de la population juive mondiale. Et ce malgré une très forte émigration, notamment vers les États-Unis (1,5 million de personnes entre 1861 et 1914), stimulée par des conditions politiques et économiques particulièrement dures. Depuis la fin du XVIIIe siècle en effet, les Juifs étaient soumis à toute une série de discriminations. Ils étaient notamment cantonnés dans une « zone de résidence », qui englobait, de la Baltique à la mer Noire, une quinzaine de provinces occidentales de l'Empire, de la Lituanie à l'Ukraine méridionale, en passant par la Pologne, la Biélorussie et la Bessarabie. Sauf dérogation, les Juifs n'étaient pas autorisés à résider hors de cette zone, ni à acquérir des terres. Un sévère *numerus clausus* limitait leur accès aux universités. Les Juifs étaient, en outre, exclus de la fonction publique et ne pouvaient accéder aux grades d'officier dans l'armée. Aussi étaient-ils cantonnés, dans leur immense majorité, aux métiers traditionnels du commerce, des services, de l'artisanat et de l'industrie.

À partir des années 1860-1870, un processus d'acculturation et d'assimilation d'une minorité juive désireuse de rompre avec la religion, la culture et le mode de vie traditionnel du shtetl[2] se développe malgré tout. À Saint-Pétersbourg, le nombre de Juifs passe de 500 en 1859 à 35 000 en 1914. À la veille de la Grande Guerre, la majorité des Juifs de la capitale de l'Empire maîtrisait parfaitement le russe (et avait oublié le yiddish) et une partie d'entre eux appartenait aux élites économiques ou intellectuelles. Représentant moins de 3 % de la population, les Juifs comptaient, en 1914, pour 8 % des étudiants des universités russes. C'est au sein de cette minorité émancipée que se recrutaient d'ailleurs nombre de contestataires du régime tsariste.

Pour autant, rien ne serait plus faux que de penser que les Juifs constituaient une minorité révolutionnaire. Au contraire. Dès qu'ils purent exprimer librement leur choix politique, au lendemain de la révolution de février 1917, les Juifs votèrent massivement pour les partis sionistes et religieux qui défendaient avant tout l'identité juive. Une identité souvent mal acceptée par les voisins ukrainiens, biélorusses ou russes de la zone de résidence. Pour le petit peuple orthodoxe, majoritairement paysan, le Juif était par essence l'Autre – celui qui ne travaillait pas la terre, mais se livrait à l'usure et au commerce (souvent assi-

2. Petite ville, grand « village » ou quartier juif.

milé à de la « spéculation » ou de « l'accaparement », surtout en période de crise ou de pénuries). Plus fondamentalement, l'antijudaïsme populaire était nourri par la croyance selon laquelle le peuple juif était « celui qui avait crucifié le Christ ». À intervalles réguliers, cet antijudaïsme, habilement instrumentalisé par les autorités, remontait à la surface.

Si l'on s'en tient à la période postérieure à l'abolition du servage en 1861, rappelons qu'une première vague de pogroms déferla en 1881-1884 dans le sillage de l'assassinat du tsar Alexandre II (le 1er mars 1881). Largement spontanées, ces violences étaient l'exutoire des nombreuses peurs et rumeurs consécutives à l'assassinat du tsar, attribué aux Juifs. La passivité, voire la complicité, des forces de l'ordre permit aux instincts de la populace, avide de pillage, de se déchaîner tout particulièrement à l'occasion des grandes fêtes religieuses (pogroms de Pâques de 1882, 1883 et 1884). Si les atteintes aux biens furent considérables (plusieurs dizaines de milliers de propriétés et de magasins pillés), le nombre de victimes ne dépassa pas quelques centaines.

La deuxième vague de pogroms déferla dans les années 1903-1906. L'événement déclencheur en fut le meurtre, en avril 1903 – aussitôt transformé en « meurtre rituel » –, d'un garçonnet à Dubossary, une petite ville près de Kichinev. Quelques jours plus tard, la foule, à l'occasion de la fête de Pâques, attaqua, trois jours durant, les quartiers juifs de Kichinev, pilla des centaines de magasins, brûla des centaines d'habitations, tua des dizaines de Juifs. Les forces de l'ordre restèrent passives. Les pogroms s'amplifièrent en 1904 et 1905 pour culminer fin 1905-début 1906. Au cours des deux derniers mois de l'année 1905, on ne recensa pas moins de 657 pogroms, plus de 3 000 victimes, 15 000 blessés, principalement en Bessarabie, à Odessa (800 tués, 5 000 blessés fin octobre 1905), à Varsovie, dans les provinces de Grodno et de Kherson. La police, les partis monarchistes et d'extrême droite exploitèrent habilement les préjugés populaires dans une situation de pénuries et de chaos politique consécutive aux événements révolutionnaires et aux grèves insurrectionnelles de l'hiver 1905-1906. Pour le pouvoir tsariste, convaincu de la collusion Juifs-révolutionnaires, encourager les pogroms était aussi une manière de combattre la révolution.

Crimes de guerre

C'est dans un contexte bien différent que s'inscrit, à partir de septembre 1914, la troisième vague de violences antijuives. Le premier conflit mondial donne l'occasion aux militaires de mettre en pratique des théories développées depuis le début du siècle dans le milieu des géographes et des statisticiens militaires. Il était admis qu'en cas de conflit, un certain nombre de « populations suspectes », au premier rang desquelles figuraient, en Asie centrale, les « indigènes musulmans », dans le Caucase, les « peuples caucasiens » et, sur les marges occidentales de l'Empire, les Juifs et les sujets russes d'origine allemande[3], devaient être surveillées et pouvaient aussi être expulsées.

3. Les « colons allemands », installés comme paysans depuis le XVIIIe siècle dans un certain nombre de marges frontières de l'Empire.

Les premières expulsions de communautés juives par l'armée russe furent mises en œuvre dès les premières semaines de la guerre, en Pologne. Le commandement justifiait ces expulsions préventives par le fait que les Juifs, qui parlaient yiddish, une langue « proche de l'allemand », étaient autant d'espions et de traîtres potentiels. Avec les revers, puis la débâcle de l'armée russe au cours de l'été 1915, les expulsions de communautés juives dans les zones du front et du proche arrière s'amplifièrent, se transformant, par endroits, en véritables déportations organisées par convois ferroviaires affrétés pour l'occasion. Plus d'un demi-million de Juifs furent déplacés de force dans la seconde moitié de l'année 1915. Ces actions s'accompagnèrent souvent d'exactions et de pogroms, où s'illustrèrent tout particulièrement les unités de Cosaques. L'avancée de l'armée commandée par le général Broussilov en Galicie (printemps 1916) fut marquée par un déchaînement de violences antijuives : pillages, viols, massacres de civils. L'un des plus terribles pogroms perpétrés par les militaires eut lieu dans la petite ville de Butchach où, en juin 1916, une unité de Cosaques massacra plusieurs dizaines de personnes, saccagea toutes les synagogues, profana le cimetière juif.

C'est dans le cours des campagnes militaires de 1915-1916 menées dans les zones à fort peuplement juif que la violence antisémite contre les populations civiles devint une pratique courante dans les unités combattantes. Elle conforta, parmi la troupe, formée à 90 % de paysans, les stéréotypes sur le « Juif traître », le « Juif infidèle », le « Juif accapareur et spéculateur » et, plus encore, le sentiment d'impunité quand il était question de « casser du youpin » (*pobit' jida*).

Faux répit pendant la révolution

La révolution de février 1917 et la chute du régime tsariste mirent fin aux discriminations légales dont souffraient les Juifs de l'Empire russe. Le gouvernement provisoire ouvrit l'accès des Juifs à la fonction publique et à de nombreux postes de responsabilité, y compris dans l'armée. Des milliers de Juifs apparurent sur le devant de la nouvelle scène politique, comme militants ou responsables de soviets, de comités d'usine ou de quartier, mais aussi des partis les plus divers : constitutionnel-démocrate (libéral), menchevique, internationaliste, socialiste-révolutionnaire, bolchevique, sans compter les nombreux partis juifs qui, des bundistes[4] aux sionistes, recueillaient toujours la grande majorité des suffrages des « masses juives ».

La violence antijuive, toutefois, ne faiblissait pas. Tout au long de l'année 1917, les pogroms continuèrent, dans une conjoncture marquée par la faillite de l'État, l'exacerbation des antagonismes sociaux et nationaux, le développement des pénuries, la décomposition progressive de l'armée et la diffusion des violences des zones militaires vers l'arrière. Ces pogroms étaient le plus souvent initiés par des bandes de déserteurs ou des soldats de garnison devenus maîtres de petites villes où plus aucune autorité n'était en mesure d'assurer l'ordre public. Les Juifs étaient attaqués au prétexte que, se livrant au commerce, ils spé-

4. Issus du mouvement socialiste juif créé à la fin du XIXe siècle.

culaient sur les pénuries. En réalité, l'occasion était trop belle de se livrer impunément au pillage et aux profanations. Les pogroms culminèrent en septembre-octobre 1917, à Tambov, Roslavl, Gomel, Bobrouïsk, Nesvij. Ces pillages, accompagnés d'exactions, de viols et de massacres, s'inscrivaient clairement dans le prolongement de pratiques de l'armée russe au cours des deux années précédentes.

Soulignant le fil qui relie les pogroms de la Grande Guerre, de 1917 et ceux des années 1918-1921, l'historien américain Richard Pipes inscrit ces derniers dans le cadre du phénomène plus général du *razgrom* (« destruction violente ») généralisé qui s'abat sur l'ex-Empire russe à partir de la seconde moitié de 1917 : mise à sac des demeures seigneuriales, résurgence des guerres paysannes, disparition des frontières entre sphère civile et sphère militaire, brutalisation généralisée des comportements sociaux. Un autre grand spécialiste de la Russie, Peter Kenez, de son côté, voit dans les pogroms perpétrés par l'armée blanche en 1919 un phénomène radicalement nouveau, moderne, fondé sur un antisémitisme doctrinal exacerbé devenu « le point focal d'une vision du monde » qui ferait du mouvement blanc un véritable « mouvement proto-nazi ». « En matière d'antisémitisme, écrit-il, les officiers blancs étaient les précurseurs des nazis. » Les travaux récents sur les pogroms des guerres civiles russes permettent-ils de trancher entre ces deux interprétations ?

L'un des grands apports du *Livre des pogroms* dirigé par Lidia Miliakova en 2006 est de resituer l'ensemble des violences antijuives des années 1918-1922 dans leur contexte local et de rappeler que tous les protagonistes, sans exception, des guerres civiles se sont massivement livrés à des pogroms. Leur nombre a dépassé les 2 000. Armée des volontaires (armée blanche) du général Denikine, unités militaires de la République populaire ukrainienne, troupes commandées par les nombreux atamans, chefs de guerre autoproclamés combattant pour un camp ou pour un autre ou poursuivant leurs propres buts (pillages), Cavalerie rouge commandée par le général Boudienny, formations de « bandits » et de déserteurs, armées insurrectionnelles paysannes, voisins des villages ou des quartiers urbains environnants : tous ont été impliqués dans des violences de masse contre la population civile juive. L'Ukraine occidentale (78 % des pogroms) et la Biélorussie (14 %), lieux majeurs de concentration de la population juive de l'ex-Empire russe, ont été les deux principaux champs de ces violences. Pourquoi cet acharnement contre la population juive ?

En 1918-1919, la « conjonction fatale » (Richard Pipes) qui associe Juifs et bolcheviks est déjà largement consommée. « Seuls les Juifs ont tiré profit de la révolution, tous les autres n'en ont retiré que du malheur – telle est l'opinion unanimement répandue », écrivait en avril 1919, au terme d'une tournée en Ukraine, l'un des plus proches collaborateurs de Feliks Dzerjinski, le responsable tchékiste Grigorii Moroz, juif lui-même, dans une lettre adressée au Comité central. « On entend partout, dans les wagons, dans les gares, les bazars, les cantines et même dans les clubs ouvriers : "Les youpins sont partout, ils ont pris le pouvoir. Ils sont en train de tuer la Russie. Le pouvoir soviétique, ça pourrait encore aller s'il n'y avait pas des youpins partout." ! » Et Moroz de proposer de remplacer d'urgence, en Ukraine, tous les communistes juifs ayant des postes de responsabilité par des communistes russes, à défaut d'Ukrainiens !

Le mythe du Juif rouge

« Avant la révolution, le peuple n'avait jamais vu un seul Juif en position d'autorité : ni en tant que gouverneur, ni en tant que policier, ni même en tant qu'employé des postes. Et voilà que maintenant on voyait le Juif à chaque coin, dans chaque allée du nouveau pouvoir. Le Russe le voyait à la tête de Moscou, l'ancienne capitale, et maître de la capitale sur la Neva, et de surcroît commandant l'Armée rouge [...]. Le Russe voyait que la perspective Saint-Vladimir portait maintenant le glorieux nom de Nakhimson, la perspective Liteinyi avait été rebaptisée Volodarskii et Pavlovsk, Slutsk [...]. Doit-on s'étonner que, comparant le passé et le présent, le peuple en soit venu à la conclusion que le nouveau régime était le régime des Juifs, et donc diabolique ? »

I. M. Bikerman, *Rossia i Evrei* (« La Russie et les Juifs »), Berlin, 1924, p. 22-23.

« *Une* Aktion *de type nazi* »

Si l'adhésion d'une minorité de Juifs, le plus souvent jeunes et éduqués (ayant généralement rompu avec leur milieu d'origine) au bolchevisme, est une réalité, le phénomène doit être fortement nuancé concernant la masse de la population juive des petites villes, celle qui a eu le plus à souffrir des pogroms. Un exemple : aux élections locales qui se déroulèrent fin 1918 dans quelque 200 communautés juives d'Ukraine, les partis religieux et sionistes recueillirent plus des deux tiers des voix.

Les dirigeants blancs, le général Denikine en tête – chef des armées –, se sont toujours défendus, dans leurs écrits et leurs mémoires, d'avoir encouragé les pogroms. Au contraire, ceux-ci auraient largement contribué à la décomposition morale de l'Armée blanche et à la chute de la discipline, précipitant ainsi la défaite. On pourrait multiplier les exemples d'ordres donnés par tel ou tel général blanc appelant à mettre fin aux violences antijuives. Ces condamnations, qui venaient *a posteriori* et visaient avant tout à rétablir un semblant de discipline, étaient cependant rarement suivies d'effet. En revanche, Denikine se refusa toujours à accéder aux demandes d'aide des représentants de la communauté juive au motif qu'une déclaration officielle condamnant les « excès antijuifs » ne pouvait qu'empirer encore la situation des Juifs !

Les rares condamnations ne pouvaient évidemment pas contrebalancer la propagande antisémite diffusée en permanence par le Département de surveillance et de propagande (Osvag) et par la presse blanche. L'équivalence Juif-bolchevik y était en permanence réaffirmée, aussi bien dans les libelles antisémites puisant dans les *Protocoles des sages de Sion* (largement diffusés dans les zones contrôlées par les Blancs) que dans les affiches de l'Osvag représentant le Juif Bronstein-Trotski assis sur le mur du Kremlin et contemplant une montagne de crânes de victimes de la Tcheka.

Dans la guerre à mort contre le bolchevisme, la profonde méfiance vis-à-vis des Juifs, déjà enseignée dans les académies militaires avant 1914, se transforma chez de nombreux officiers blancs en un antisémitisme d'autant plus virulent qu'il était appelé à expliquer l'inexplicable : comment la Russie en était arrivée là où elle était, déchirée, affaiblie, vaincue, en proie au chaos, livrée à une bande d'athées assassins et de Juifs, agents de l'étranger de surcroît ? Les Juifs étaient les microbes détruisant le corps sain de la Russie ; d'où la radicalité du traitement réservé aux prisonniers de guerre juifs, systématiquement exécutés dès leur capture par les Blancs ou les Cosaques. Dans ce contexte, affirme Peter Kenez, « les pogroms menés par les Blancs ont été les plus organisés, les plus efficaces, les plus motivés idéologiquement, menés comme des opérations militaires ». Pour preuve, des crimes de guerre sanglants commis par des unités de l'armée blanche : à Fastov, par exemple, du 23 au 25 septembre 1919, la brigade cosaque du colonel Belogortsev massacra en deux jours de 1 300 à 1 500 Juifs sur une population totale de 10 000 habitants. Par petits groupes de trois ou quatre, les Cosaques perquisitionnaient systématiquement chaque maison, torturaient leurs victimes jusqu'à ce qu'elles leur donnent tous leurs biens précieux, puis tuaient tous les membres de la famille, contraignant certains à mettre le feu à leur propre maison et à périr dans les flammes. Comme le remarque justement Richard Pipes, « on peut parler dans ce cas d'une véritable *Aktion* de type nazi ».

Toutefois, seul un nombre relativement limité de pogroms commis par des unités de l'armée blanche déboucha sur des massacres systématiques, organisés et massifs, où la mise à mort primait sur le reste. L'objectif premier était, le plus souvent, le pillage, accessoirement le viol et l'assassinat de ceux qui tentaient de résister ou de fuir. Le nombre de victimes se chiffrait alors en dizaines plutôt qu'en centaines ou en milliers. Dans tous les cas, les tueurs les plus acharnés semblent avoir été les Cosaques. La communauté cosaque venait, lors de l'avancée de l'armée Rouge au début de 1919, d'être victime d'une véritable campagne d'extermination perpétrée par l'armée Rouge et les unités spéciales de la Tcheka, qualifiée sans ambages par les bolcheviks de « décosaquisation ». Les relations détaillées de certains pogroms évoquent clairement le désir de vengeance.

Les formations blanches n'étaient pas les seules à commettre des pogroms dont le but premier était le meurtre, pour citer les ordres donnés à Proskourov, petite ville ukrainienne, par l'ataman Semosenko, commandant d'une unité de Cosaques de l'Armée populaire ukrainienne, « l'extermination des y…, l'ennemi le plus perfide et le plus dangereux du peuple ukrainien ». À Proskourov, les 15 et 16 février 1919, près de 1 500 Juifs (soit 20 % des Juifs de la ville), de tous âges et sexes, furent systématiquement massacrés à l'arme blanche par des petits groupes de tueurs. Le but implicite était de faire fuir l'ensemble de la communauté juive.

En ce sens, ce type de massacre de masse est à la limite du nettoyage ethnique, même s'il n'est nécessairement pas pensé à une grande échelle. Mais dans le contexte de ces affrontements multiformes, où les villes étaient prises et reprises parfois jusqu'à dix fois en quelques mois, pouvait-il y avoir un « plan à long terme » ?

Le nombre de pogroms commis par les unités de l'Armée populaire ukrainienne aurait été encore plus élevé que celui des pogroms perpétrés par les unités de l'Armée blanche. Encore plus incontrôlables étaient les pillages et les massacres commis par les unités commandées par les nombreux chefs de guerre mutinés, tel Nikolaï Grigoriev. Ancien officier de l'armée tsariste sur le front sud-ouest (là où les troupes russes avaient mis en pratique, dès 1915, une politique antijuive), Nikolaï Grigoriev servit d'abord dans l'armée de Petlioura, avant de rejoindre l'armée Rouge en février 1919. Nommé général de division, Grigoriev refusa, début mai 1919, d'obéir aux ordres du haut commandement et se mutina. À la tête d'une force armée bien équipée de 15 000 hommes, formée principalement de recrues paysannes du sud de l'Ukraine, il rédigea alors une « proclamation » (*Universal*) appelant la paysannerie ukrainienne à se soulever contre les « commissaires juifs » et les *jido-kommuny* (« communes juives ») – allusion, très mobilisatrice, aux exploitations collectives que les bolcheviks avaient essayé d'organiser en Ukraine lors de leur avancée au cours des mois précédents – et à mettre en place un « authentique pouvoir des soviets débarrassé des imposteurs communistes ». En quelques semaines, les troupes commandées par Grigoriev perpétrèrent 148 pogroms, le plus meurtrier étant celui d'Elizavetgrad (15-17 mai 1919), où plus de 1 000 Juifs furent sauvagement massacrés.

Un grand nombre d'autres atamans et chefs de guerre s'illustrèrent dans la mise à sac des bourgades juives, les pillages, les viols et les massacres : Zelenyi, Kozyr-Zyrka, Klimenko, Strouk, Grebenko, Sokolovskii, Balak-Balakhovitch. Ce dernier sévit principalement en Biélorussie comme supplétif de l'armée polonaise, lors de la guerre soviéto-polonaise de 1920. Les troupes polonaises, sous le haut commandement du général Pilsudski, commirent aussi un grand nombre de crimes de guerre à l'encontre de la population civile juive, principalement en Biélorussie, mais aussi en Ukraine.

Les Juifs furent aussi victimes d'un quatrième ennemi, plus inattendu : certaines unités de l'Armée rouge, tout particulièrement celles de la célèbre Ire armée de cavalerie dirigée par le général Boudienny. Composées à plus de 90 % de paysans, russes pour la plupart, les unités de la 6e division perpétrèrent toute une série de pogroms lors de leur retraite devant l'armée polonaise en septembre-octobre 1920. L'écrivain Isaac Babel a superbement rendu compte, dans son recueil de récits *La Cavalerie rouge*, du contexte dans lequel se déroulèrent ces pogroms et des raisons qui poussèrent des soldats de l'Armée rouge à s'y livrer. Il met ainsi en scène un simple soldat paysan écrivant à sa mère : « Et qu'est-ce que nous avons vu dans la ville de Maïkop ? Nous avons vu que l'arrière ne sympathise pas du tout avec le front et que partout c'est la trahison, que c'est rempli de youpins comme sous l'Ancien Régime. » Pour ces jeunes soldats à qui l'on avait fait croire qu'ils combattaient pour l'avènement d'un monde nouveau, les Juifs, avec leurs traditions, leur religion, faisaient d'évidence partie du « vieux monde » à abattre. Les préjugés hérités de l'Ancien Régime – sur la « propension à trahir » des Juifs –

faisaient bon ménage avec les rudiments d'éducation politique assimilés par la troupe – tout individu se livrant au commerce était un « exploiteur », toute personne affichant sa foi un « élément rétrograde ». Le Juif concentrait tous les défauts. Pour mettre fin à la vague de « pogroms rouges », le comité militaire révolutionnaire de la Ire armée de cavalerie ordonna la dissolution et le désarmement de plusieurs régiments ; près de 400 soldats et officiers passèrent en cour martiale. La moitié d'entre eux furent exécutés.

Le chaînon manquant ?

Le terme de « pogrom » est-il bien adéquat pour caractériser les massacres massifs des Juifs durant les guerres civiles dans l'ex-empire tsariste ? Entre les pogroms « traditionnels », perpétrés en temps de paix par une foule de « voisins » enhardie par la passivité – voire les encouragements – des autorités locales, et certains massacres massifs et systématiques mis en œuvre, au cours de la guerre civile, par des unités armées, convaincues de la nécessité et de la légitimité d'exterminer, sur une base ethnique, des populations civiles considérées comme ennemies, un seuil *qualitatif* de violence a été franchi.

Les politiques mises en œuvre durant la Grande Guerre (expulsions, déportations des Juifs considérés comme des « populations suspectes ») ont évidemment rendu possible ce passage, cette transgression. La brutalisation générée par cette « guerre prolongée » de sept ans (1914-1921) d'une extraordinaire violence, et qui singularise l'expérience russe et soviétique, ne saurait cependant gommer le fait que, dans cette mêlée sanglante, seuls les Juifs furent massacrés parce qu'ils étaient juifs, indifféremment de leur âge, de leur sexe ou de leur affiliation politique. Certes, l'antisémitisme ne fut jamais érigé en doctrine officielle du mouvement blanc ou d'aucun autre mouvement combattant le bolchevisme. Les massacres de Juifs ne devinrent qu'une « habitude », un « réflexe », une « évidence » aussi limpide que le signe d'égalité Juif = Bolchevik. Les guerres civiles russes firent ainsi le lit d'un mythe aux conséquences dévastatrices.

L'historien Walter Laqueur[5] a fort justement souligné l'influence des milieux antisémites russes émigrés en Allemagne, et notamment de Fedor Vinberg, un officier de l'Armée blanche d'origine allemande installé à Berlin, traducteur et éditeur des *Protocoles des sages de Sion* en allemand, sur l'idéologue nazi Alfred Rosenberg. Cette influence fut-elle aussi décisive que l'estime Richard Pipes quand il écrit : « La rationalité de l'extermination des Juifs par les nazis leur a été apportée par les milieux de droite russes [...], avec leur théorie qui liait les Juifs au communisme [...]. De la sorte, la Shoah devint l'une des conséquences non anticipées et non programmées de la Révolution russe » ? On sait l'usage que l'historien Ernst Nolte fit de ce « fondement rationnel » pour avancer l'idée que le nazisme n'aurait été qu'une « réponse » à la menace bolchevique sur la civilisation européenne. Si l'on part en quête des causalités, des conditions de réalisation, des liens entre les événements décrits

5. W. Laqueur, *Russia and Germany, A Century of Conflict*, Londres, Weidenfeld and Lincoln, 1965.

par les victimes elles-mêmes et l'extermination totale, deux décennies plus tard, des Juifs d'Europe, un génocide qui débuta précisément dans ces mêmes lieux, l'Ukraine occidentale et la Biélorussie, n'est-il pas plus pertinent de voir avant tout dans les violences de masse et les crimes de guerre antisémites commis en 1918-1921 ce chaînon manquant, longtemps oublié ou occulté, qui relie l'antijudaïsme « traditionnel » des pogroms à la Shoah ?

Pour en savoir plus

F. Furet, E. Nolte (correspondance), *Fascisme et communisme*, Plon, 1998.

P. Kenez, « Pogroms and white ideology in the russian civil war », in J. Klier, S. Lambroza, *Pogroms. Anti-jewish violence in modern russian history*, Cambridge University Press, 1992, p. 296-316.

L. Miliakova (dir.), N. Werth (édition française), *Le Livre des pogroms. Antichambre d'un génocide. Ukraine, Russie, Biélorussie, 1917-1922*, Calmann-Lévy/Mémorial de la Shoah, 2010.

R. Pipes, *Russia under the bolshevik regime, 1919-1924*, Londres, Fontana Press, 1995.

CHAPITRE 6

URSS : de l'amour libre à l'ordre moral

> « L'acte sexuel ne peut être approuvé qu'en cas d'amour véritable [...] La chasteté n'a jamais fait de mal à personne. Une activité sexuelle trop précoce peut engendrer de graves troubles de la personnalité. »
>
> « Soyez fermes, préservez votre vertu, jeunes filles ! Jeunes gens, ne jouez pas aux "théoriciens" et encore moins aux "praticiens" de "l'amour libre". Il n'y a pas d'amour "facile". Il n'y a qu'une attitude vulgaire et irresponsable vis-à-vis d'un sentiment noble et respectable. Sachez résister à la fascination qu'exerce sur certains la dépravation sexuelle de l'Occident ! »

À qui s'adressent ces conseils et ces exhortations tirés de livres et de brochures moralisantes ? À la jeunesse soviétique d'aujourd'hui qui, si elle se moque de ce type de recommandations, n'en subit pas moins régulièrement les inévitables « conférences de morale » organisées par les cellules du Komsomol (Jeunesses communistes). Savent-ils cependant, ces adolescents, qu'un tel discours est dans le droit fil de « l'ordre moral » qui s'imposa dans leur pays à la fin des années 1920 pour triompher à la veille de la Seconde Guerre mondiale ? Imaginent-ils, surtout, que dans la décennie qui suivit la révolution d'Octobre, la Russie fut tout à la fois un phare pour ceux qui rêvaient d'en finir avec « l'hypocrisie des familles bourgeoises » et un abîme de débauche, « monstrueux avortoir », « la plus grande fabrique d'anges au monde », aux yeux de tous les bien-pensants d'Occident ? Étonnant revirement, édifiante histoire qui s'ajoute au grand livre des contradictions internes des fils de Marx et de Lénine.

« Le communisme, disait le poète Maïakovski, ne réside pas seulement dans la terre, dans la sueur des usines. Mais aussi chez soi, à table, dans les rapports quotidiens, les mœurs, la famille. » Comment « changer la vie », s'interrogeaient les bolcheviks, sans changer la famille ? Pour les bolcheviks, celle-ci était, selon la formule imagée de D.I. Kourski, « l'une des trois baleines [*sic*] qui soutiennent le système social bourgeois[1] ». La famille était aussi « ce nœud du tissu social où vivent toutes les traditions racornies, stagnantes, du passé, toute la vase, la moisissure et la boue de l'ancienne vie ». Quant au mariage bourgeois, vénal par nature, générateur d'adultère, il était assimilé, par la tradition marxiste, à une forme de prostitution.

Aussi, sept semaines à peine après avoir pris le pouvoir, les bolcheviks, soucieux de briser l'emprise de

---

1. Les deux autres étant l'État et la propriété privée. On aura reconnu ici la théorie exprimée par Engels dans *Les Origines de la famille, de la propriété privée et de l'État*.

l'Église et d'ébranler l'institution familiale, adoptent-ils deux décrets instituant le mariage laïc et le divorce. Un an plus tard voit le jour le premier Code de la famille soviétique, document réellement révolutionnaire pour son temps, élaboré avec la participation de la militante féministe Alexandra Kollontaï. Seul le mariage laïc, « enregistré » au cours d'une cérémonie dénuée de tout apparat, est désormais reconnu par la loi. La « descendance réelle » devient le fondement de la famille et les enfants naturels se voient accorder les mêmes droits que les enfants légitimes. La désacralisation du mariage va de pair avec une extrême simplification du divorce. Toute demande de séparation est accordée automatiquement par le tribunal, et, en cas de consentement mutuel, par le bureau d'état civil. Le 18 novembre 1920, un décret légalise l'avortement thérapeutique gratuit, sur simple demande de la femme, « aussi longtemps que les survivances du passé et les difficultés économiques du présent persisteront ».

En 1926, un nouveau code, encore plus libéral, reconnaît la notion de « vie maritale » et confère aux couples dont le mariage a été « enregistré » et aux unions « de fait » les mêmes droits et les mêmes devoirs. Mieux (ou pire !) : le divorce, accordé sur simple demande unilatérale à l'état civil, est notifié, par la poste, sur imprimé spécial, à l'autre conjoint (d'où le nom de « divorce-carte postale » donné à ce type de divorce expéditif). « Au cours de toute révolution, écrivait Engels, la question de "l'amour libre" refait surface. Pour les uns, cette question est affaire de progrès révolutionnaire, une manière de se libérer du carcan des traditions. Pour les autres, ce n'est qu'une "doctrine" bien volontiers acceptée, qui masque commodément toutes sortes de relations faciles entre hommes et femmes. »

En réalité, au lendemain de la Révolution, seule une minorité – les féministes, certains intellectuels et quelques bolcheviks – voit dans la réforme de la législation familiale l'occasion d'un « progrès révolutionnaire ». Alexandra Kollontaï[2], développant une vision radieuse et utopiste des rapports entre les sexes dans une société socialiste, prédit que l'indissoluble mariage « bourgeois », fondé sur la servitude de la femme sera remplacé par l'union libre, fortifiée par l'amour et le respect mutuel de deux membres de l'État ouvrier, égaux dans leurs droits et leurs devoirs. Pour elle, la notion de propriété privée, en dévoyant le mariage, a engendré un amour bourgeois possessif et son cortège de manifestations malsaines : esclavage de la femme, perversion, prostitution. Ces vices disparaîtront de la société prolétarienne où fleurira un amour aux multiples facettes : amour-amitié, amour-passion, amour intellectuel, amour-camaraderie (forme la plus achevée de l'amour).

À peine formulées, les idées d'Alexandra Kollontaï sont déformées, simplifiées, caricaturées. « Les théories de Kollontaï, écrit un publiciste du Parti, ont pour résultat une situation dans laquelle tout adolescent imberbe peut satisfaire ses besoins sexuels et est censé le faire. » D'une pensée parfois contradictoire, souvent utopiste mais complexe et nuancée, l'opinion publique ne retient qu'une soi-disant « théorie de

2. Qui s'était, en 1921, engagée dans une fraction minoritaire du Parti : « l'Opposition ouvrière ».

l'amour libre », justifiant, pour de nombreux jeunes citadins désorientés par la Révolution, les formes les plus égoïstes de satisfaction sexuelle. Des films à succès, montrant des situations scabreuses, et des livres décrivant avec complaisance les aventures érotiques de héros émancipés font le reste. « Depuis quelques années, écrit la *Pravda* le 9 janvier 1927, les questions sexuelles sont devenues le sujet de "conversation" favori parmi la jeunesse des villes. Nos jeunes sont profondément convaincus que le manque de retenue, dans les relations sexuelles comme dans les moindres détails de la vie quotidienne – langage ordurier, logements mal tenus, droit de cracher sur tout et partout –, est un véritable devoir communiste. Toute komsomole, toute étudiante doit accueillir les avances du mâle, sous peine d'être taxée de bourgeoise. Affirmer que l'amour n'est pas une copie exacte de l'instinct animal équivaut à trahir le matérialisme. »

Plusieurs enquêtes, en milieu ouvrier et étudiant, nous révèlent que « l'amour libre » n'est pas seulement un « sujet de conversation » à la mode : 86 % des 1 600 jeunes travailleurs moscovites interrogés par l'équipe du professeur Gelman, en 1923, affirment avoir eu, dans les mois ayant précédé l'enquête, des relations sexuelles « éphémères » avec des partenaires différents ; 63 % des hommes mariés des relations extra-maritales. À Schouia, 62 % des jeunes ouvriers vivant au foyer avaient eu des « relations sans suite » avec des compagnes dont ils ne connaissaient ni le nom ni l'adresse. À Omsk, 74 % des jeunes interrogés faisaient état de liaisons éphémères « en état d'ébriété partielle ou totale ». Toutes ces enquêtes font apparaître de grandes différences d'attitude entre hommes et femmes : 78 % des jeunes femmes interrogées par Gelman affirmaient que « l'amour était la motivation essentielle de leur liaison avec un homme » ; 81 % d'entre elles souhaitaient une « relation prolongée et sérieuse pouvant déboucher sur le mariage ». Enfin, 20 % seulement des femmes mariées reconnaissaient « avoir trompé » leur mari.

Dans la Russie urbaine des années 1920, l'amour libre aboutissait en fait à la trinité « Liberté, Égalité, Maternité ». Maternité ou, plus souvent encore, avortement. Dans les grandes villes, touchées par une crise du logement de plus en plus aiguë, apparaît un phénomène massif de refus des enfants[3]. Tandis que le taux de natalité, dans les grandes villes, chute d'un bon tiers par rapport à la période prérévolutionnaire (à Moscou, il tombe à 15,8 ‰ en 1934, alors qu'il était à 31 ‰ en 1914), le nombre des avortements officiellement enregistrés ne cesse de croître : 6 700 à Leningrad en 1924, 53 000 en 1930, 72 000 en 1934. À Moscou, on compte, en 1934, 155 000 avortements pour 57 000 naissances ; en 1926, la durée moyenne du mariage y est de huit mois. Leningrad, où le nombre des divorces a été multiplié par six entre 1922 et 1928, enregistre cette année-là trois divorces pour quatre mariages. Record absolu pour le quartier ouvrier de Narva : durée moyenne du mariage,

3. D'après une enquête de 1927, réalisée à Moscou, 71 % des femmes expliquaient leur recours à l'avortement par des conditions de vie – et, en premier lieu, de logement – difficiles. 22 % évoquaient leur « situation sentimentale instable » ; 6 % seulement refusaient « le fardeau de la maternité ».

quatre mois[4]. 70 % des divorces sont demandés unilatéralement par les hommes (motif principal : « la grossesse de leur épouse »), 7 % seulement par les femmes. De nombreux pères contestent, devant les tribunaux, leur paternité. Souvent avec succès, car, d'après la loi, l'époux ou le concubin n'est plus le père présumé. Au cours des années 1920, recherches de paternité, affaires de paiement de pensions alimentaires croissent parallèlement au nombre des divorces pour atteindre le chiffre de 200 000 en 1929. Les dizaines de milliers de femmes abandonnées, sans travail ni ressources, avec des enfants à charge, deviennent des proies faciles pour la prostitution. Avec la NEP, la prostitution, un moment en déclin, réapparaît dans les grandes villes – les services de police comptabilisent 32 000 prostituées à Petrograd en 1922, 30 000 à Moscou en 1926. En 1924-1925, la police ferme 2 228 bordels dans plus de 1 000 bourgs et villes de Russie[5]. Chaque cité a ses « quartiers chauds », parfois célèbres, tels, à Moscou, les abords de la place Troubnaïa ou le boulevard Tverskoï et, à Leningrad, la Ligovka (fréquentée par les étudiants et les ouvriers) et les alentours de l'hôtel Evropeiskaïa (pour une clientèle plus aisée). À Mos-

4. Des 1 565 mariages enregistrés dans ce quartier au cours des deux mois de décembre 1928 et janvier 1929, 906 étaient déjà dissous au 1er février.

5. D'après une enquête de 1926, 64 % des prostituées moscovites étaient des jeunes femmes de 18 à 25 ans, issues d'un milieu populaire, abandonnées par leur mari, sans travail ni ressources. Une autre enquête nous révèle que 88 % des 5 300 jeunes filles placées dans des orphelinats moscovites se prostituaient.

cou, en 1926, selon une enquête sur les « budgets ouvriers », 30 % des manœuvres et 47 % des métallurgistes qualifiés, « gagnant plus de 110 roubles par mois », « s'offrent de temps en temps une prostituée ». « L'amour libre » et le « bon vieux lupanar bourgeois » font bon ménage.

Devant une telle situation, les cris d'alarme ne tardent pas. « Le désordre dans la vie privée est générateur d'anarchie sociale », écrit en 1923 Paulina Vinogradskaïa, l'une des responsables de la « section féminine » du Parti. Exprimant les inquiétudes d'une fraction croissante des milieux dirigeants devant les effets « pervers » d'une législation familiale laxiste adoptée dans le grand élan utopiste du communisme de guerre, Vinogradskaïa pose ici ce qui deviendra, quelques années plus tard, le postulat de base de l'ordre moral stalinien. En réalité, ces préoccupations « d'intellectuels » rejoignent celles des paysans, qui constituent l'écrasante part de la population russe. Comme le révèlent les discussions publiques sur la réforme du Code familial en 1926, celle-ci, dans sa grande majorité, condamne sans appel la liberté totale du divorce comme la reconnaissance du mariage *de facto*. « Que deviendrait l'exploitation agricole si n'importe quelle bonne femme pouvait prétendre être l'épouse du patron », disent les paysans, qui redoutent aussi le paiement des pensions alimentaires ou encore les divorces suivis de partages qui affectent non seulement les biens du couple, mais aussi la propriété indivise familiale.

Aussi fondées fussent-elles, les inquiétudes paysannes – qui expriment un point de vue jugé « réactionnaire » – ne pouvaient être prises reprises telles quelles par les autorités. L'offensive contre le « désordre moral » devait venir de l'intérieur même du Parti. Début 1925, la publication des *Entretiens de Lénine avec Clara Zetkin* servit la cause des « conservateurs », très actifs dans les milieux proches des ministères de la Santé et de l'Instruction publique. Lénine, livrant ses sentiments sur les questions de l'amour et de la morale, affirmait son hostilité à la « fameuse théorie selon laquelle, dans la société communiste, la satisfaction des désirs sexuels et amoureux serait chose aussi simple et sans importance que de boire un verre d'eau ». « Cette théorie du verre d'eau, ajoutait Lénine, a rendu nos jeunes complètement fous. » En fait, s'il dénonçait la « putréfaction, la saleté du mariage bourgeois, avec sa morale et ses relations sexuelles fausses et dégoûtantes », Lénine condamnait également le laxisme et le laisser-aller sexuel, conseillant de canaliser le trop-plein d'énergie des jeunes vers des activités sportives, intellectuelles ou politiques.

Forts de la caution morale de l'illustre disparu, les conservateurs ne manquèrent pas de reprendre l'idée de la « sublimation révolutionnaire » de l'instinct sexuel. Tel le professeur Zalkind, fondateur de la Société des psycho-neurologistes marxistes et auteur d'une étonnante théorie de la sexualité. Selon lui, l'activité sexuelle, définie comme un « élément du capital de l'énergie de classe » de l'individu, devait être soigneusement « investie dans des objectifs de classe et non dilapidée au hasard des rencontres ». Et Zalkind d'énoncer douze règles « pour une sexualité saine et équilibrée ». 1) Dans la classe ouvrière, pas de rapports sexuels prématurés. 2) Abstinence sexuelle jusqu'au mariage, qui ne doit pas intervenir avant la complète maturité sociale et biologique de l'individu (22-25 ans). 3) et 4) L'acte sexuel doit être le couronnement d'une profonde sympathie et d'un attachement sincère, de camarade, envers un individu de sexe opposé. 5) Les rapports sexuels doivent être espacés. En effet, la faible fréquence des rapports sexuels a de nombreuses conséquences positives : elle correspond à la nature physiologique de la femme, elle supprime le désir, chez l'homme, de changer fréquemment de partenaire sexuel, elle évite toute fatigue physique et psychologique. 6) Moins de partenaires sexuels ! La recherche continue de nouveaux partenaires mobilise beaucoup d'énergie et suppose une tension de tous les sens dans la lutte contre les « rivaux ». Cette lutte va souvent à l'encontre de la lutte des classes (combien connaissons-nous d'exemples de « rivalités amoureuses » entre des camarades appartenant à la même classe sociale ?). 7) L'amour doit être monogame. 8) Au cours de tout acte sexuel, il faut penser à la procréation. 9) Le choix du partenaire sexuel doit tenir compte des impératifs de classe. Que se passerait-il si le partenaire d'un ouvrier s'avérait être un individu aux idées et d'une classe étrangère au prolétariat ? Une telle liaison ne pourrait être qu'éphémère, reposant sur une attirance sexuelle superficielle, sans aucune base ni justification sociale. L'enfant qui pourrait naître d'une telle liaison serait moralement et socialement déchiré dès son plus jeune âge. 10) Il ne doit pas y avoir de jalousie ! La vie amoureuse étant régie par des considérations de classe, si le départ de mon partenaire sexuel est lié à l'accroissement de son potentiel de classe et si je suis remplacé par un partenaire socialement plus valable, tout sentiment de jalousie est vain et asocial. 11) Pas de perversions sexuelles ! 12) La classe sociale, au nom de l'intérêt révolutionnaire, a le droit d'intervenir dans la vie sexuelle de ses membres. Le sexuel est subordonné au social et doit s'y soumettre.

On n'allait pas en rester là. À partir de 1926, et bien que sous une forme plus nuancée, la critique du « désordre moral » fut développée dans une série de brochures du ministère de la Santé, consacrées à « l'amélioration du mode de vie ». On y dénonçait pêle-mêle les méfaits de l'alcoolisme, du tabagisme et… d'une vie sexuelle désordonnée, alertant les jeunes à propos des maladies vénériennes, contractées « lors de soirées dansantes qui se prolongent indûment et s'achèvent dans le lit de quelque inconnue ». On faisait l'éloge du sport, du « sommeil réparateur qui apaise et calme ceux qui se couchent tôt, dans une pièce propre et bien aérée », des sorties collectives dans les musées, les clubs ou les parcs de culture et de repos. On y vantait les vertus du jeu d'échecs, « activité saine et calmante, autour d'une tasse de thé ». Le commissaire du peuple à la Santé reprit le thème de la transformation de l'énergie sexuelle en énergie créatrice « sur le lieu de travail ou dans le collectif social », observant que « les grands poètes, tel Pouchkine, avaient produit leurs chefs-d'œuvre dans les périodes de forte exaltation amoureuse et d'abstinence sexuelle ».

En 1928, l'Institut de vénérologie de Moscou publia une revue largement diffusée dans les années suivantes. Intitulée *Pour un mode de vie sain*, elle se donnait pour mission d'« informer les jeunes sur les dangers des maladies vénériennes, les problèmes de la prostitution, de la famille, du mariage et de l'éducation sexuelle ». Dans un article consacré aux « Dangers de la croisière fluviale », un médecin n'hésita pas à affirmer que 45 % des passagers étaient contaminés par des femmes au cours des croisières : « Le bateau est un endroit propice aux "brèves rencontres" et un lieu rêvé pour prostituées et semi-prostituées. Ne vous fiez pas aux apparences, toute femme légère peut être porteuse du mal (le "chancre qui tue") », concluait l'auteur, citant l'exemple d'un brave ouvrier, « bien portant, contaminé par une passagère de 1re classe qui l'avait attiré dans sa cabine ».

En avril 1929 parut un numéro spécial destiné aux recrues de l'Armée rouge. Le désordre sexuel y était présenté – fait nouveau, révélateur de la percée des idées conservatrices dans de nouvelles sphères politiques et militaires – comme antipatriotique. « L'absence de retenue en matière sexuelle, la fréquentation de prostituées entraînent une diminution de la capacité combative du soldat. » Et l'auteur de citer d'étonnantes statistiques sur le pourcentage de recrues syphilitiques dans les différentes armées du monde – le brevet de santé sexuelle allant, bien sûr, à l'Armée rouge avec 2,4 % seulement de soldats infectés (contre 6 % dans l'armée américaine, 3,7 % dans l'armée française, etc.).

Dans un autre article, le professeur Bronner, directeur de l'Institut de vénérologie de Moscou, esquissa une histoire « dialectique » de la prostitution en URSS. Pour lui, l'existence d'un secteur privé et la réapparition du chômage avaient fait refleurir, dans les années vingt, une prostitution, « fruit pourri du capitalisme ». Le régime soviétique avait alors permis aux prostituées d'exercer leur métier, « puisqu'il ne pouvait fournir du travail à toutes les femmes ». Cependant, le lancement du Plan quinquennal, le développement de l'industrialisation et le plein-emploi ôtaient toute justification économique à la prostitution, qui devenait un vice : « Les femmes qui choisiraient de vendre leur corps plutôt que de travailler à l'édification du socialisme devront être traitées désormais – comme au temps glorieux du communisme de guerre, où notre mot d'ordre était "Qui ne travaille pas ne mange pas" – comme des déserteurs du travail et enfermées dans des camps de rééducation. »

Les suggestions du professeur Bronner furent apparemment entendues par les autorités. En un an à peine, les prostituées disparurent des trottoirs des grandes villes. Quatre des cinq *prophylactoria* moscovites où elles étaient soignées fermèrent entre 1930 et 1932. « La prostitution a été liquidée », annoncèrent les autorités municipales à une délégation de médecins américains en visite à Moscou en 1932.

Wilhelm Reich, en 1929, observa que le « moralisme bourgeois » avait gagné la plupart des fonctionnaires et des bureaucrates, à tous les niveaux, tandis que l'offensive contre le relâchement des mœurs était relayée par le Parti et les Jeunesses communistes. Soucieuse de faire oublier les scandales (orgies, affaires de viol collectif) dans lesquels avaient trempé certains de ses membres, voire de ses dirigeants, la direction du Komsomol lança une vigoureuse campagne « Pour une nouvelle moralité ». Arme n° 1 : les « conférences sur la culture et le mode de vie ».

Là, les débats « dirigés » condamnaient « l'amour dit libre qui n'est en réalité qu'une libre dépravation », l'anarchie sexuelle qui a ses racines dans l'influence d'une littérature boulevardière et pornographique, la diffusion d'anecdotes immorales, l'engouement pour des danses étrangères et malsaines telles que le fox-trot, la fréquentation de bars et de cafés, etc. Les mesures suivantes furent proposées :

— populariser les idées de Lénine sur la sexualité ;

— organiser des projections de films (*L'Avortement, La Syphilis*) ;

— multiplier les activités et les associations sportives dans le but de canaliser l'énergie sexuelle des jeunes ;

— interdire les anecdotes immorales et les plaisanteries douteuses sur les femmes enceintes ;

— combattre le donjuanisme en organisant des procès-spectacles de don juans notoires et en dénonçant les coureurs de jupons dans les journaux muraux ;

— organiser des descentes dans les foyers, afin de vérifier que la séparation des sexes est bien respectée ;

— prendre des mesures disciplinaires (blâme ou exclusion) envers les jeunes communistes qui persisteraient à fréquenter des prostituées.

Cependant, l'offensive de l'ordre moral butait encore sur un obstacle de taille : la méfiance de l'idéologie vis-à-vis de la famille. On pouvait dénoncer le relâchement des mœurs, exhorter les adolescents à plus de retenue dans leurs relations amoureuses, mais quelle perspective leur offrir ? Fonder un foyer stable ? C'était risquer de se voir taxé de « déviationnisme droitier » et se faire les complices des paysans en réhabilitant la famille à un moment où les tensions entre le pouvoir et la paysannerie – hostile à la législation familiale soviétique – étaient plus fortes que jamais. À la fin des années 1920, bon nombre de publicistes n'hésitaient pas à condamner, comme « petit-bourgeois », « le repli sur son petit ménage » ou « la recherche du confort douillet d'un foyer, qui coupe l'individu de toute participation à la vie sociale ». « Avec l'avènement du socialisme, écrivait en 1929 le sociologue Volfson, l'un des porte-parole du Parti en matière familiale, la famille, comme l'État, sera remisée au musée des antiquités. »

La profonde déstabilisation sociale engendrée par la collectivisation forcée des campagnes, l'exode massif des paysans vers les villes, les migrations incontrôlées de millions de personnes se déplaçant de chantier en chantier au rythme chaotique de l'industrialisation, sauvèrent finalement la famille. Celle-ci apparut comme un îlot de stabilité et un microcosme d'ordre social, à l'heure où le pays ressemblait plus à un campement de nomades qu'à un État policé. En 1932-1933, poussé par la nécessité, le gouvernement prit une série de mesures draconiennes destinées à stabiliser la main-d'œuvre, combattre les migrations « sauvages » et lutter contre « l'anarchie sur le lieu de travail[6] ».

Face à ce souci de restaurer l'ordre dans le corps social, le « désordre dans la vie privée », avec ses

6. Instauration du livret ouvrier, du passeport intérieur, promulgation d'une législation très stricte vis-à-vis de toute infraction à la discipline du travail.

conséquences (divorces à répétition, familles brisées, « pères fuyards » changeant sans cesse de travail et de domicile), devenait intolérable. À l'inverse, une famille stable et solide pouvait être le creuset d'un homme nouveau, discipliné, responsable, attaché à son travail, prêt à orienter son énergie vers la production. Quarante millions de cellules familiales pouvaient se transformer en autant de bastions de l'autorité et du pouvoir. « Le nouveau culte de la famille, écrivait Trotski, s'explique par le désir de la bureaucratie stalinienne d'établir une hiérarchie stable de relations, d'encadrer et de discipliner les jeunes. » Bien sûr, cette famille n'était plus la famille traditionnelle, mais une famille « de type nouveau », la « famille socialiste soviétique ». La famille est morte, vive la famille !

Volfson fit son autocritique et expliqua qu'« en réalité, la famille se renforçait chaque jour en URSS au fur et à mesure que le socialisme volait de succès en succès ». Dans le même temps, une campagne de presse préparait l'opinion publique à ce « virage idéologique » : désormais, grâce à la participation des femmes à la construction du socialisme[7], la création d'un réseau de crèches et la généralisation des cantines, il devenait possible pour tous de concilier « vie professionnelle, responsabilités sociales et vie familiale ». Mieux, ces trois aspects devenaient « indissociables d'une vie pleine et entière ».

« Un mauvais père de famille ne peut être ni un bon travailleur, ni un bon citoyen soviétique, écrivait

---

7. Six millions de femmes furent embauchées dans l'industrie au cours des années 1930.

la *Pravda*. Le travailleur ou le militant qui, lors d'une réunion, prend la défense des droits de la femme et qui, le soir, traite sa femme et ses enfants comme un cochon, n'est ni un travailleur ni un militant, mais un hypocrite et un bigot. Seuls les anarchistes invétérés, les gauchistes petits-bourgeois peuvent prétendre que la famille est une invention petite-bourgeoise. » Il est grand temps, pouvait-on lire dans les *Izvestia* en août 1935, de « mettre hors la loi la frivolité et la légèreté des mœurs [...] L'infidélité conjugale est une grave atteinte à la morale socialiste. » Quant à l'amour libre, la *Pravda* « l'exécutait » en tant qu'« une des armes dérisoires de la bourgeoisie dans sa lutte contre le socialisme » : « Dans son combat désespéré contre le socialisme, la bourgeoisie a tenté d'introduire dans les masses l'idée perfide selon laquelle la famille devait être liquidée et le mariage aboli [...] Elle a lamentablement échoué. » L'avortement, enfin, n'était pas oublié : « Il mutile la femme soviétique, tue la vie à un moment où notre patrie socialiste a besoin de mères saines, d'enfants sains, d'une saine génération de bâtisseurs du socialisme. Nos femmes, citoyennes à part entière du pays le plus libre du monde, ont reçu de la Nature le don d'être mères. Puissent-elles le garder précieusement pour mettre au monde des héros soviétiques ! »

La déclaration de Staline au périodique *Troud* (l'organe des syndicats), le 27 avril 1936, fut le point d'orgue de cette vive campagne profamiliale. Jusqu'alors quasiment absent du débat, il énonça des idées simples. Méfiant – en bon mâle caucasien – vis-à-vis de toute « émancipation » ou « libération » de la femme, mais pragmatique, il considérait avant tout les femmes comme des travailleuses indispensables à la bonne marche de l'économie et des mères capables d'enfanter de futurs travailleurs. Afin qu'elles puissent assumer ce double rôle, il fallait certes les libérer de l'emprise de la famille patriarcale, mais aussi les mettre à l'abri d'une vie déréglée, les décharger de leurs enfants, gardés dans des crèches, et les protéger des conséquences désastreuses d'une législation familiale laxiste. 1936 étant une année de vive tension internationale, Staline prit également conscience de la nécessité de rétablir une forte croissance démographique, compromise par la famine de 1933, les déportations et les migrations liées à la collectivisation. Aussi lança-t-il, le 27 avril : « Nous avons besoin d'hommes. L'avortement, qui détruit la vie, est inadmissible dans notre pays. Donner la vie n'est pas une affaire privée, c'est une affaire de grande importance, qui concerne la société tout entière. »

Le Guide avait parlé. Une série de mesures suivit ses paroles : suppression de l'avortement gratuit, réservé, dès lors, aux seuls cas pathologiques ; mise en place d'un système d'allocations familiales, de primes et d'honneurs exceptionnels dus aux mères de famille nombreuse. Afin de « combattre les comportements légers et irresponsables vis-à-vis de la famille et des obligations familiales », la procédure de divorce fut compliquée. Des pénalités financières (50 roubles pour le premier divorce, 300 roubles pour le troisième) frappèrent les « instables » et les « irresponsables ». Le paiement des pensions alimentaires fut soumis à des règles plus contraignantes. Quelques années plus tard, en 1944, une autre série de décrets viendra aggraver ces mesures. Les « unions de fait » perdirent toute valeur juridique, les enfants naturels furent désavantagés par rapport aux enfants légitimes. Le divorce, rendu plus difficile, n'intervint désormais qu'au terme d'une procédure souvent longue et coûteuse, avec publicité, témoins et preuves si nécessaire.

Les contemporains, puis les historiens, ont cru voir dans ces lois de 1936 une sorte de « Thermidor sexuel ». Certes, le revirement est brutal, et 1936 met définitivement fin à une certaine mystique utopiste et libertaire des relations entre les sexes, née aux lendemains de la révolution d'Octobre. Il reste pourtant que l'ordre moral, préparé de longue date, n'est pas le résultat d'une « offensive monolithique contre les plaisirs de la chair menée par des ascètes révolutionnaires ». Il serait plutôt un des aspects de la gigantesque remise en ordre (et au pas !) du pays entreprise par Staline au début des années 1930. Le moral interfère sans cesse avec l'économique, l'idéologique et le social. Mais, à la différence des grands bouleversements économiques et sociaux – réalisés par la répression – contre la volonté des masses, l'ordre moral, parce qu'il mettait fin à certains excès, a sans doute bénéficié d'un réel consensus, notamment de la part des femmes, premières victimes du désordre moral.

CHAPITRE 7

Archives du communisme : les paysans contre Staline

Les résistances paysannes à la collectivisation forcée des campagnes, au début des années 1930, ont longtemps été l'une des nombreuses « taches blanches » de l'histoire soviétique. La collectivisation, affirmait l'historiographie soviétique, ne s'était heurtée qu'à des épisodes isolés de « terrorisme koulak », ultime manifestation de la lutte désespérée menée par une poignée de « paysans exploiteurs » appartenant aux « classes moribondes ».

L'écrivain communiste Mikhaïl Cholokhov avait donné en 1932, dans un texte d'anthologie, une autre vision, tout aussi partiale, de la résistance paysanne : une furie destructrice vaine, absurde, révélatrice de l'arriération sauvage du moujik :

> On abattait tout : bœufs, moutons, porcs, même les vaches et jusqu'aux bêtes gardées pour la reproduction. Il courait des bruits sinistres. « Faut abattre, c'est plus à nous ! Abattez vite, on va tout confisquer ! Dépêche-toi d'abattre : au kolkhoze, tu ne boufferas plus de viande ! »

> Et l'on abattait. On s'empiffrait. Petits et grands, tous avaient mal au ventre. Dans les isbas, les tables ployaient sous le rôti et le bouilli, les mentons dégoulinaient de graisse, chacun rotait comme à un festin d'enterrement, et l'ivresse de la ripaille embuait tous les yeux[1].

Les archives aujourd'hui partiellement déclassifiées de la police politique soviétique – notamment les rapports quotidiens du département politique secret de l'OGPU sur le déroulement de la collectivisation et de la dékoulakisation – permettent de prendre enfin vraiment la mesure des résistances paysannes : elles furent, en réalité, considérables. Et leurs conséquences, terribles.

Décrétée en décembre 1929, la collectivisation forcée des campagnes devait permettre à l'État de disposer d'un approvisionnement régulier et quasiment gratuit en céréales, productions agricoles et produits de l'élevage pour nourrir les villes et financer, par des exportations massives, l'industrialisation du pays. Elle visait aussi à établir, douze ans après la révolution d'octobre 1917, un réel contrôle administratif et politique sur la paysannerie, et à la contraindre à adopter les « nouvelles valeurs du socialisme ».

Les rares fonctionnaires et membres du Parti présents dans les campagnes furent assistés, pour l'occasion, par des brigades d'ouvriers et d'« activistes » venus des villes. Dans un pays où la fracture restait profonde entre le monde dominant des villes et le monde dominé des campagnes, la collectivisation fut ressentie comme une véritable guerre déclarée

1. M. Cholokhov, *Terres défrichées*, tome I, p. 146.

par l'État communiste contre le mode de vie et la culture paysanne traditionnelle. De nombreuses émeutes furent ainsi provoquées par l'acharnement de l'administration à fermer les églises et à confisquer les cloches, par le vandalisme athée des jeunes communistes, par la propagation de rumeurs apocalyptiques et le spectre d'un « second servage » – un thème récurrent des complaintes paysannes dans les années 1930.

Parallèlement à la collectivisation fut lancée une vaste campagne de « liquidation des koulaks en tant que classe ». Elle se solda par l'arrestation, en deux ans, en 1930 et 1931, de centaines de milliers de paysans et par la déportation de 2 millions d'autres, envoyés dans des « villages spéciaux » de colonisation en Sibérie, dans l'Oural, dans la région d'Arkhangelsk, au Kazakhstan.

Par la dékoulakisation, les autorités espéraient raviver les conflits latents entre paysans pauvres et paysans « aisés » – une aisance toute relative : il suffisait, en général, d'avoir deux chevaux, trois vaches, une machine agricole, d'employer un ou deux ouvriers agricoles pour être classé dans la catégorie infamante des koulaks… Elles y parvinrent parfois : on vit des règlements de comptes et des pillages de biens des paysans aisés.

Le plus souvent cependant, les paysans serrèrent les rangs, firent front et se comportèrent, comme le souligna fort justement le grand historien de la paysannerie soviétique Teodor Shanin, « en entité sociale ayant des intérêts économiques en commun et une identité propre qui s'exprimaient dans des savoirs, des modes d'action et des formes de conscience politique spécifiques débouchant sur une action collective[2] ».

Les résistances paysannes atteignirent leur apogée au mois de mars 1930, durant lequel l'OGPU enregistra plus de 6 500 désordres et manifestations de masse et autres incidents collectifs, et 2 000 « actes terroristes ». Après la « fièvre de mars », l'agitation paysanne se maintint à un haut niveau en avril et mai 1930, avec près de 2 000 manifestations en avril et 1 400 en mai, avant de diminuer très nettement au cours des mois d'été, saison des travaux des champs : 250 manifestations en août, à peine plus de 150 en septembre.

Il y eut au total près de 14 000 tumultes, désordres, manifestations de masse, émeutes et rébellions durant la seule année 1930. Au moins 3 millions de paysans et de paysannes (celles-ci, nous le verrons, jouèrent un rôle spécifique et considérable) y prirent part. Et l'on comprend aujourd'hui que c'est l'ampleur de ces révoltes qui contraignit – fait unique durant l'ensemble de la période stalinienne – le groupe dirigeant au pouvoir à reculer et à proclamer, début mars 1930, une pause dans le rythme effréné de collectivisation décrété à la fin de 1929.

Rejetant sur les dirigeants communistes locaux la responsabilité des « excès » commis au cours des mois précédents, Staline s'éleva, dans un long article publié le 2 mars 1930 dans tous les journaux soviétiques, contre « le vertige du succès ». Il critiqua les « abus » de la dékoulakisation, reconnaissant qu'elle avait tou-

---

2. T. Shanin, *Peasants and Peasant Society*, Oxford, 1987, p. 329.

ché beaucoup de « paysans moyens » et condamna « les nombreuses entorses au principe du volontariat dans l'adhésion des paysans aux kolkhozes ». Mais il ne fit aucune autocritique et ne remit aucunement en question le principe même de la collectivisation.

Les archives confirment que ce recul tactique fut directement motivé par la crainte de voir les émeutes paysannes prendre une extension incontrôlable. Comme le reconnaissait, début avril 1930, un mémorandum secret du Comité central, « si nous n'avions pas immédiatement pris des mesures contre les excès et les violations de la ligne du Parti, nous aurions eu une vague immense d'insurrections paysannes, comme en 1920-1921, la plus grande partie de nos fonctionnaires de base auraient été massacrés par les paysans et la campagne de semailles aurait été compromise ».

En condamnant, dans sa déclaration du mois de mars, les « excès » de la collectivisation et en autorisant temporairement les paysans à quitter les kolkhozes en trois mois, le pourcentage des foyers collectivisés chuta de 58 à 21 %. Staline parvint à détourner la colère paysanne contre les responsables locaux et à libérer la vapeur qui s'était dangereusement accumulée dans le chaudron des campagnes.

À tous égards, l'année 1930, celle du « grand tournant », marque l'apogée des résistances paysannes. Mais les années 1931 et 1932 restent encore agitées : on compte encore quelque 2 000 « manifestations de masse » et environ 7 500 « actes terroristes » par an en 1931 et 1932.

L'ensemble des régions agricoles fut concerné, mais les plus fortes zones de résistance paysanne furent l'Ukraine (38 % de l'ensemble des troubles paysans recensés pour l'URSS), la région centrale des terres noires, les régions de la moyenne et de la basse Volga, le Caucase du Nord. Toutes étaient des zones agricoles riches, où la paysannerie, qui avait faim de terres, s'était fréquemment révoltée contre les grands propriétaires fonciers, mais aussi contre le pouvoir central. On peut même suivre cette continuité – du moins entre les années de la guerre civile, en 1920-1921, et le début des années 1930 – à l'échelle des villages touchés par les troubles, ainsi que la permanence d'un certain nombre de pratiques et de savoir-faire insurrectionnels : mise en place de « groupes de barrage » et de « courriers de liaison » entre les villages insurgés, désignation de « mouchards », organisation de milices intervillageoises, occupation d'emplacements stratégiques.

À la différence, cependant, de ce qui s'était passé durant la guerre civile, les émeutes paysannes ne débouchèrent pas sur des mouvements insurrectionnels de grande ampleur. En 1920-1921, des provinces entières – Tambov, Tioumen, Tobolsk et d'autres encore – étaient devenues des bastions paysans d'où tout pouvoir soviétique avait été banni. Les paysans insurgés du début des années 1920 étaient presque tous armés, la majorité d'entre eux étant des déserteurs de l'Armée rouge ou d'une formation militaire « blanche ». Ils étaient, en outre, souvent encadrés par des dirigeants politisés, socialistes-révolutionnaires, anarchistes, voire bolcheviks ayant rompu avec le Parti.

À l'inverse, les émeutiers paysans de 1930 manquaient d'armes, de réseaux, de leaders. Les armes en circulation dans les campagnes avaient été progressivement récupérées par les autorités au cours des années 1920. Durant les mois qui avaient précédé la collectivisation, l'OGPU avait lancé une vaste offensive policière destinée à neutraliser le plus grand nombre possible de « meneurs » paysans potentiels, désignés dans le jargon policier sous le terme d'« activistes contre-révolutionnaires » : paysans aisés, ex-propriétaires fonciers, membres du clergé, anciens militants socialistes-révolutionnaires, etc. Près de 100 000 d'entre eux avaient été arrêtés en 1929.

Les révoltes proprement dites, c'est-à-dire des manifestations armées dirigées par un « collectif insurrectionnel » appelant à renverser par la force le pouvoir soviétique local et visant à élargir le territoire gagné par les insurgés, restèrent relativement peu nombreuses – 176 au cours de l'année 1930, dont 37 en février, 80 en mars et 24 en avril. Elles furent aussi circonscrites dans le temps, quelques semaines, et dans l'espace, à l'échelle d'arrondissements ou de districts plutôt qu'à celui de provinces entières.

Ces mouvements insurrectionnels culminèrent eux aussi en février-mars 1930. Les révoltes les plus importantes éclatèrent à l'ouest de l'Ukraine. De la mi-février à la mi-mars, une zone de quelque 50 000 km^2 (110 districts), stratégiquement importante, aux frontières de la Pologne et de la Roumanie, échappa au contrôle du pouvoir soviétique. Dans ces régions qui, en 1921-1922, avaient été le dernier bastion de la résistance nationaliste ukrainienne à la soviétisation, les révoltes paysannes prirent souvent une orientation résolument antisoviétique, antirusse et nationaliste. Les paysans insurgés, organisés en conseils élus, exigeaient la dissolution des kolkhozes, l'arrêt immédiat de la dékoulakisation, la réouverture des églises, la liberté des échanges et du commerce. Ils appelaient aussi de leurs vœux une « Ukraine indépendante », scandant le mot d'ordre populaire « *Vce ne vmerla Ukraïna !* » (« L'Ukraine n'est pas encore morte ! »).

Parmi les autres régions gagnées par de véritables mouvements insurrectionnels figuraient les territoires cosaques du Don et du Caucase du Nord, qui avaient eux aussi, dix ans auparavant, opposé une vive résistance à la politique de « décosaquisation » (massacres de masse et déportation des Cosaques, réputés hostiles au régime bolchevique). En janvier-février 1930, plusieurs dizaines de *stanitsy* cosaques, gros bourgs de plusieurs milliers d'habitants, furent le théâtre de révoltes armées.

L'une des plus importantes éclata, début février, dans le district de Salsk. Des foules de paysans armés de faux, de fourches et de haches mirent à sac les soviets ruraux, où avaient été enfermés, dans l'attente de leur déportation, les koulaks arrêtés. En quelques jours, des dizaines de soviets ruraux furent incendiés, et les fonctionnaires soviétiques qui n'avaient pas eu le temps de prendre la fuite, massacrés. Les insurgés élurent des « commissions paysannes » chargées d'assurer la coordination entre les *stanitsy*, de restituer les biens confisqués aux koulaks, de rédiger un programme de revendications. Parmi celles-ci figurait notamment l'exigence d'un « authentique pouvoir des soviets, sans communistes, sans fermes collectives, sans persécution de la Foi ».

D'importantes révoltes, impliquant chacune plusieurs milliers de participants, éclatèrent aussi au Kazakhstan, dans les districts de Kzyl-Orda, d'Irgiz, de Kustanaï et d'Aktioubinsk ; au Daguestan, en Tchétchénie, en Azerbaïdjan (dans les districts de Nukha et de Zakatalsk). Dans ces régions périphériques, l'emprise du pouvoir soviétique restait fragile. Là, les affrontements entre des bandes fortes de plusieurs milliers d'insurgés et les troupes de l'OGPU, appuyées par des unités de l'Armée rouge, se transformèrent en véritables batailles rangées, avec des centaines de victimes dans les rangs des insurgés. Comme du temps de la guerre civile, plusieurs petites villes furent momentanément investies par des détachements de paysans armés. On signalait aussi la résurgence de grandes bandes, fortes de centaines de cavaliers, qui prenaient pour cible les bâtiments publics et pourchassaient les fonctionnaires soviétiques isolés.

Le phénomène du banditisme rural connut, à nouveau, un essor remarquable. Les rapports de l'OGPU en font état dès le mois de mars 1930 : les mots d'ordre de ces « rebelles primitifs[3] », qui se présentaient volontiers comme des « vengeurs » luttant contre le « pouvoir soviétique des expropriateurs et des voleurs », faisaient, comme lors de certaines grandes révoltes paysannes de la guerre civile, référence à l'« imposture » du pouvoir soviétique : « Vive l'authentique pouvoir soviétique sans commu-

3. Cette notion a été développée par Eric Hobsbawm dans son ouvrage classique sur le « banditisme social » : *Bandits*, Penguin, 1969, trad. fr., La Découverte, 1999.

nistes ! », « Vive le vrai pouvoir des soviets ! ». Ils en appelaient aux « valeurs éternelles de la communauté paysanne solidaire et unie » face à l'agression du pouvoir étranger de la ville.

Ce phénomène du banditisme rural allait perdurer jusqu'au milieu des années 1930. Jamais en manque de recrues, il se nourrissait de la croyance, très largement attestée, que le système kolkhozien était éphémère : en témoignaient les innombrables rumeurs sur la dissolution prochaine des kolkhozes, sur l'imminence d'une invasion polonaise en Ukraine occidentale, d'une invasion japonaise en Sibérie, et sur l'écroulement inévitable du régime. Des attentes millénaristes ont toujours accompagné l'éclosion et le développement du banditisme rural.

Dès 1931, conséquence directe de la politique de collectivisation forcée du cheptel et de sédentarisation des éleveurs nomades mise en œuvre par les autorités, le Kazakhstan fut frappé par une terrible famine qui, en deux ans, emporta entre 1 200 000 et 1 400 000 personnes, soit près d'un tiers de la population kazakhe. C'est là que le phénomène du banditisme rural prit, en 1931-1932, sa plus grande extension. Les rapports de l'OGPU signalent plus d'une centaine d'attaques de bandes fortes de quelques centaines à quelques milliers d'assaillants contre des entrepôts de viande et des silos le long de la ligne de chemin de fer stratégique du Turksib, reliant le Kazakhstan à la Sibérie occidentale.

Mis à part ces épisodes spectaculaires, mais néanmoins toujours localisés dans l'espace et le temps, l'essentiel de la résistance paysanne se traduisit par des milliers de manifestations, marches de protestation, tumultes, meetings improvisés, attroupements de courte durée devant les bâtiments publics, qui mobilisaient de quelques centaines à quelques milliers de personnes. Contrairement à l'image complaisamment propagée, bien avant la période soviétique, de la « révolte paysanne insensée et cruelle » (Pouchkine), ces actions ne débouchaient que rarement sur des actes de violence.

Outre ces actes de protestation collective, les documents de l'OGPU recensent près de 14 000 « actes de terrorisme » commis individuellement ou en petits groupes au cours de la seule année 1930. Il s'agissait principalement d'incendies de bâtiments collectifs ou de maisons appartenant à des fonctionnaires soviétiques (l'incendie avait été, de tout temps, une forme de règlement de comptes fréquente dans les villages russes bâtis en bois), de tentatives de meurtre, de passages à tabac, d'assassinats. Selon les statistiques de l'OGPU, quelque 10 000 « représentants du pouvoir soviétique », « activistes » et paysans acquis au système kolkhozien furent victimes, en 1930, d'un « acte terroriste ». Environ 1 200 d'entre eux furent tués, plus de 8 000 blessés.

Peut-on dresser une typologie des causes de ces troubles et révoltes ? Les rapports de terrain, télégrammes, notes, comptes rendus détaillés sur tel ou tel incident, permettent à l'historien – malgré leurs évidentes limites, celles du prisme bureaucratique – d'aller plus loin dans une étude des résistances paysannes et des formes les plus diverses de protestation et d'insubordination, des stratagèmes de survie ou de contournement, ces « armes des faibles » admirablement décrites, pour un tout autre contexte, par James Scott[4].

Les rapports de l'OGPU, qui parfois reproduisent des tracts trouvés sur place ou des pétitions, éclairent les revendications paysannes les plus fréquemment mises en avant : dissolution des kolkhozes, restitution de tout ce qui avait été confisqué par le « pouvoir des voleurs », retour de déportation des « dékoulakisés », refus de « diviser les paysans en classes, les koulaks n'existant plus depuis longtemps », mais aussi, surtout dans la phase la plus active de la résistance, au début de l'année 1930, élections libres aux soviets ruraux, liberté du culte et du commerce, réouverture des églises.

Le refus d'entrer au kolkhoze fut, en 1930, la première cause des troubles paysans : plus de la moitié des incidents (7 400 sur 14 000). La solidarité des villageois avec les « koulaks » et autres « éléments antisoviétiques » persécutés constitua la deuxième cause de ces troubles paysans (plus de 2 300 incidents). Près de 1 500 tumultes paysans furent provoqués par l'acharnement de l'administration à fermer les églises et à confisquer les cloches, et par le vandalisme antireligieux d'« activistes » des Jeunesses communistes, dont l'un des divertissements préférés était de tirer à la carabine sur les icônes. Enfin, les problèmes de ravitaillement furent à l'origine de plus de 1 200 incidents.

À mesure que le système kolkhozien s'implantait et se consolidait (21 % de foyers collectivisés en juil-

4. J. Scott, *Weapons of the weak. Everyday forms of peasant resistance*, New Haven, Yale University Press, 1985.

let 1930, 57 % un an plus tard, 80 % fin 1933), les causes des troubles évoluèrent. On se révoltait moins souvent contre l'entrée, toujours contrainte mais que l'on espérait temporaire, au kolkhoze, contre la fermeture de l'église (sur ce terrain, après la grande offensive anticléricale du printemps 1930, les autorités ont battu en retraite) ou pour défendre son voisin « dékoulakisé ». En 1931-1932, les campagnes de collecte de céréales et de viande, les difficultés alimentaires passèrent au premier plan. On se battait désormais contre la confiscation, par les organismes de collecte d'État, d'une part croissante de la récolte ou de la dernière vache. On manifestait pour exiger du pain. On tentait de s'emparer des blés stockés dans les entrepôts des kolkhozes et les silos d'État. On se livrait à des détournements et à des vols systématiques de la récolte « collective », dans une conjoncture économique de plus en plus dégradée, marquée par des disettes, annonciatrices, dans certaines régions, de famine. Pour le pouvoir, l'affrontement direct, où « l'ennemi » – le koulak – s'exposait, se transformait progressivement en une « guerre de sape », expression favorite de Staline, menée par des pans entiers de la société paysanne.

La place exceptionnelle des femmes dans les manifestations et les troubles paysans est soulignée par les rapports de l'OGPU. Les autorités expliquaient ce phénomène par le fait que les paysannes, une masse particulièrement « sombre » et « attardée », étaient aisément manipulées par les koulaks. Une lecture attentive des incidents rapportés montre, en réalité, que les paysannes tiraient souvent profit de cette interprétation officielle pour manifester – souvent avec leurs enfants – avec l'assurance d'une relative impunité, due à leur prétendue « inconscience politique ». La « responsabilité alimentaire » des mères de famille, concernées au premier chef par la collectivisation de la seule vache pourvoyeuse de lait ou par la confiscation des dernières réserves de céréales, qui menaçaient la survie du foyer, explique sans doute aussi l'exceptionnelle participation des femmes aux manifestations paysannes. C'est un phénomène que l'on retrouve dans nombre d'émeutes paysannes et autres « troubles frumentaires » dans des pays et à des époques les plus divers.

À partir de 1932, lorsque le vol de la récolte « kolkhozienne » devint l'une des formes majeures d'insubordination sociale dans les campagnes – mais aussi une stratégie de survie, les kolkhoziens ne recevant qu'une rémunération dérisoire, voire rien, pour leur travail dans les champs collectifs –, les femmes, les enfants et les personnes âgées figurèrent au premier rang des « coiffeurs ». Ainsi appelait-on dans le peuple, non sans dérision, ces « voleurs » d'un genre particulier, qui coupaient les épis et les cachaient dans leurs poches et leurs vêtements.

Comme le montrent les statistiques judiciaires concernant les personnes condamnées au titre de la redoutable loi du 7 août 1932, qui sanctionnait d'une peine de dix ans de camp et, dans certains cas, de la peine de mort le « vol de la propriété sociale », les femmes ne bénéficièrent, contrairement à ce qu'espérait le « petit peuple », d'aucune indulgence particulière de la part des tribunaux et des juridictions spéciales de la police politique.

Autre forme d'insubordination et de résistance, plus surprenante : les refus de coopérer opposés par une partie de l'encadrement administratif des kolkhozes, des petits fonctionnaires ruraux, voire des membres du Parti dans les campagnes. Proches de leurs administrés, issus souvent du même milieu rural, les cadres des kolkhozes furent le corps le plus rétif de la nouvelle bureaucratie soviétique. Lorsque la pression sur les kolkhozes dépassait un certain seuil, les refus de coopérer se multipliaient. Largement attestés, ces refus ne sont pas faciles à interpréter : quelle était la part de l'indiscipline, de l'incompétence, de l'ignorance de ce que la hiérarchie attendait précisément de la « base », de la solidarité effective avec le « petit peuple », de l'opposition déterminée aux injonctions venues d'« en haut » ?

La situation des petits fonctionnaires ruraux était d'autant plus inconfortable qu'ils étaient tantôt stigmatisés comme fauteurs d'« excès » ou de « déviations », tantôt accusés de « rester à la traîne » et d'être « contaminés par l'opportunisme, le suivisme et les états d'esprit koulaks ». Chargés, après la première grande étape de la dékoulakisation (février-mai 1930), de rechercher les koulaks non encore démasqués, ils adoptèrent le discours qui prévalait dans les villages : « Le koulak a été liquidé en tant que classe. Il n'existe plus. Nous n'avons plus de koulaks chez nous ! »

La situation continua à se dégrader en 1931 et plus encore en 1932, lorsqu'un grand nombre de comités de district du Parti, sans parler des organisations communistes de base, des soviets ruraux et des administrations de kolkhozes et de sovkhozes, notamment en Ukraine et dans les riches plaines du

Caucase du Nord, refusèrent d'entériner les plans, de plus en plus lourds, de livraisons à l'État de céréales et d'autres produits de l'agriculture et de l'élevage, qui acculaient des dizaines de millions de paysans à la disette, voire à la famine. En 1932, plus d'un tiers des directeurs de kolkhoze furent révoqués et souvent condamnés pour s'être « livrés à des activités anti-étatiques de sabotage des collectes d'État ».

La grave crise de l'été 1932 sur le « front des collectes » et la manière dont elle fut gérée par Staline constituent déjà un autre chapitre, le plus dramatique, de l'histoire de l'affrontement entre le pouvoir stalinien et une large partie de la paysannerie, notamment ukrainienne mais pas exclusivement. Elle fait partie intégrante de l'histoire de la famine de 1932-1933, la dernière grande famine européenne, au cours de laquelle quelque 6 millions de paysans périrent des suites de la politique prédatrice du pouvoir soviétique sur la production agricole[5].

« L'harmonisation des conditions de vie de la population rurale avec celles des citadins, la liquidation des différences sociales, économiques et culturelles entre la ville et la campagne constitueront l'un des résultats les plus grandioses de la collectivisation, condition indispensable à l'instauration du socialisme dans notre pays », proclamait en 1930 une résolution du XVIe congrès du Parti communiste soviétique.

En réalité, la collectivisation forcée des campagnes fut une véritable guerre déclarée par l'État soviétique

5. *Cf.* N. Werth, « Comment Staline a affamé l'Ukraine », voir chapitre suivant.

contre toute une nation de petits exploitants. Et les paysans, comme en témoigne la vigueur de la résistance, ne s'y trompèrent pas, contraignant Staline à un recul tactique en mars 1930. Plus de 2 millions de paysans déportés, des centaines de milliers morts en déportation, des centaines de milliers envoyés en camp de travail, au moins 6 millions morts de faim : ces quelques chiffres donnent la mesure de la tragédie humaine que fut, derrière le slogan « Liquidons les koulaks en tant que classe ! », ce « grand assaut » contre la paysannerie tout entière.

Loin de se borner à l'hiver 1929-1930, cette guerre dura au moins jusqu'au milieu des années 1930. Pour les paysans, la collectivisation forcée, l'expropriation de leurs pauvres moyens de production – un cheval, une ou deux vaches – du jour au lendemain devenus « propriété sociale » du kolkhoze, s'apparentaient à un « second servage ». Pour les dirigeants staliniens, il s'agissait bel et bien d'une victoire dans la guerre contre les masses sombres d'un monde paysan arriéré qui, dix ans auparavant, avait contraint Lénine à reculer et à proclamer la trêve de la NEP[6], au lieu d'entrer directement en communisme.

En 1935, l'État préleva directement, à des prix dérisoires, plus de 40 % de la production agricole du pays soit, proportionnellement, trois fois plus qu'en 1927, la production agricole livrée alors par les paysans étant, de surcroît, achetée au prix du marché. Comme

6. Ayant constaté l'échec du « communisme de guerre », Lénine admit : « Le passage immédiat aux formes purement socialistes dépasse nos forces ». La Nouvelle Politique économique fut lancée en mars 1921.

l'écrivait, en septembre 1935, Lazar Kaganovitch, l'un des plus proches collaborateurs de Staline, à Sergo Ordjonikidze, le commissaire du peuple à l'Industrie lourde et, à ce titre, l'un des principaux bénéficiaires du formidable pompage des ressources agricoles au profit de l'industrialisation accélérée du pays, « nous avons définitivement gagné la guerre sur le front des collectes agricoles, la victoire est à nous, une victoire fantastique, la victoire du stalinisme ». Victoire du stalinisme, défaite de la paysannerie.

Sur le long terme, cette victoire du régime ne fut-elle pas une victoire à la Pyrrhus ? Ayant rompu le lien fondamental entre le paysan et la terre qu'il exploitait pour vivre, le régime soviétique n'est pas parvenu à intéresser le kolkhozien à son travail. Privé d'initiatives et de responsabilités, mal ou pas payé, considéré comme un citoyen de deuxième catégorie, attaché administrativement au kolkhoze, le kolkhozien n'a guère fait d'efforts pour produire plus sur une terre qui ne lui appartenait plus. Cette indifférence profonde, bien plus que les aléas de la météorologie, a conduit, à partir des années 1970, l'agriculture soviétique dans un marasme dont elle ne s'est jamais relevée. Et qui a contribué à la crise finale du régime.

CHAPITRE 8

Comment Staline a affamé l'Ukraine

Parmi les « taches blanches » de l'histoire soviétique a longtemps figuré la grande famine de 1932-1933, qui fit – nous le savons aujourd'hui avec certitude – entre six et sept millions de victimes. Cette catastrophe, à la fois conséquence immédiate du nouveau système d'« exploitation militaro-féodale » (selon l'expression de Nikolaï Boukharine) de la paysannerie, mis en place lors de la collectivisation forcée en 1930-1932, et illustration tragique de la formidable régression sociale qui accompagna l'assaut donné aux campagnes par le pouvoir soviétique, a été, durant des décennies, totalement occultée.

Par le régime soviétique, d'abord, pour lequel, de Staline à Brejnev, la collectivisation restait un jalon capital sur la voie de la « modernisation » et du « socialisme ». À la différence de la famine de 1921-1922, reconnue par les autorités soviétiques qui firent largement appel à l'aide internationale, celle de 1932-1933 fut toujours niée par le régime, qui parvint à étouffer les rares rumeurs qui filtrèrent à l'étranger sur cette tragédie. Notamment avec l'aide de « témoignages », comme celui du député radical Édouard Herriot qui, voyageant en Ukraine en été 1933, n'y vit que « des jardins potagers de kolkhozes admirablement irrigués et cultivés. Voici, chargées de raisins, les vignes du plant français. Les récoltes décidément sont admirables ; on ne sait où loger les blés. [...] J'ai traversé l'Ukraine. Eh bien ! je vous affirme que je l'ai vue tel un jardin en plein rendement. » Et l'ambassadeur de France à Moscou, qui accompagnait Édouard Herriot, de télégraphier à Paul-Boncourt, ministre des Affaires étrangères, cette preuve irréfutable que les rumeurs entendues n'étaient que « racontars colportés par les ennemis du régime » : « Notre auto a manqué d'écraser des poules de plus de quatre mois. [...] Si vraiment des millions d'hommes étaient morts de faim dans ces contrées, les malheureux eussent mangé leurs poules avant de songer à se nourrir de cadavres. » Cet aveuglement était indubitablement conforté par des considérations politiques précises, notamment, de la part des dirigeants français alors au pouvoir, par le souci de ne pas rompre le processus de rapprochement esquissé avec l'Union soviétique face à une Allemagne devenue plus menaçante à la suite de la récente arrivée au pouvoir d'Adolf Hitler.

Néanmoins, un certain nombre de hauts dirigeants politiques de pays qui entretenaient alors des rapports diplomatiques avec l'URSS – notamment l'Allemagne et l'Italie – eurent connaissance, avec une remarquable précision, de la famine de 1932-1933. Les rapports des diplomates italiens en poste à Kharkov, à Odessa, à Novorossijsk, récemment mis à jour et publiés par Andrea Graziosi[1], montrent que Mussolini, qui lisait ces textes avec soin, était parfaitement informé de la situation, mais ne s'en servit pas pour sa propagande anticommuniste. Au contraire, l'été 1933 fut marqué par la signature d'un traité de commerce italo-soviétique, suivie de celle d'un pacte d'amitié et de non-agression. Niée, sacrifiée sur l'autel de la raison d'État, la vérité sur la famine, évoquée dans des publications à faible tirage des organisations ukrainiennes à l'étranger, ne commença à s'imposer qu'à partir de la seconde moitié des années 1980, à la suite de la publication d'une série de travaux et de recherches, tant par des historiens occidentaux que par des chercheurs de l'ex-Union soviétique. On ne peut comprendre la famine de 1932-1933 sans analyser les nouveaux rapports entre l'État soviétique et la paysannerie, issus de la collectivisation forcée des campagnes.

Le « grand tournant » commence, au cours de l'hiver 1929-1930, par la « liquidation des koulaks en tant que classe ». On sait aujourd'hui que plus d'un million huit cent mille paysans, le plus souvent les plus actifs et les plus entreprenants, furent déportés en 1930-1931, dans des conditions effroyables, vers le Grand Nord, la Sibérie et l'Oural. Après la dékoulakisation vint la collectivisation. Or collectiviser, c'est casser un système de production et un mode de vie avant même d'en édifier un nouveau. En 1930, le

1. Andrea Graziosi, « Lettres de Kharkov : la famine en Ukraine et dans le Caucase du Nord à travers les rapports des diplomates italiens. 1932-1934 », *Cahiers du monde russe et soviétique*, XXX (1-2), janvier-juin 1989.

kolkhoze[2] n'est souvent qu'une église désaffectée ou une grange confisquée où les « activistes » venus de la ville entassent stocks de blé, outils et bétail, désormais « mis en commun ».

La première année de collectivisation se déroule dans l'improvisation et l'enchevêtrement de deux désordres. Celui de l'hiver 1929-1930, lorsqu'il s'agit, pour les autorités locales, de battre des « records de collectivisation », en faisant entrer de force, en trois jours, des villages entiers dans des kolkhozes qui n'existent pas encore. Celui du printemps 1930, quand, après la publication (2 mars 1930) de l'article de Staline, « Le vertige du succès », dénonçant « les nombreuses entorses au principe du volontariat dans l'adhésion des paysans aux kolkhozes », les paysans se croient autorisés à reprendre possession de leurs biens. Durant le seul mois de mars, ils sont plus de cinq millions à réclamer leur bétail « collectivisé », leurs outils ou leur blé confisqués quelques semaines auparavant, à exiger la réouverture des églises ou le retour des déportés, à quitter les kolkhozes. Ce tumulte engendre des troubles, des émeutes, des insurrections. Les rapports de l'OGPU en recensent, pour la seule année 1930, plus de 14 000.

La campagne qui a le plus à perdre – celle des gros bourgs de l'Ukraine ou des « terres noires », des villages cosaques du Caucase du Nord – est en état de guerre. De véritables expéditions militaires, auxquelles participent les troupes spéciales de l'OGPU,

2. Le kolkhoze est une exploitation agricole collective dans laquelle la terre, les bâtiments d'exploitation, le matériel et une partie du bétail sont mis en commun.

ont progressivement raison d'un monde paysan cloisonné et divisé. Mais l'alerte a été chaude, et pour le régime, les paysans, insurgés ou récalcitrants, sont indubitablement des « ennemis » potentiels, et traités comme tels. Aux expéditions punitives, chargées de rétablir l'ordre et la paix civile, succède bientôt un régime d'occupation, fait de harcèlements administratifs quotidiens envers une population rurale sous haute surveillance. Dans les campagnes collectivisées, le rôle du kolkhoze est stratégique. Il a pour fonction d'assurer à l'État des livraisons fixes de produits agricoles, par une ponction de plus en plus forte sur la récolte « collective ». Dans ce kolkhoze, où le paysan ne se sent plus maître de sa terre, où cheptel et outils « n'appartiennent plus à personne », les petits vols se multiplient, les rares machines tombent en panne, le bétail, mal soigné, dépérit. Où s'arrête la négligence, où commence la malveillance ? La suspicion est générale, les contrôles se renforcent. Chaque automne, la campagne de collecte apparaît comme une véritable épreuve de force entre l'État et une paysannerie qui tente de garder pour elle une part de la récolte.

L'enjeu est de taille : pour l'État, le prélèvement ; pour le paysan, la survie. Plus la région est fertile et plus elle sera ponctionnée. En 1930, l'État collecte 30 % de la production agricole en Ukraine, 35 % dans les riches plaines du Kouban (Caucase du Nord), 33 % de la récolte du Kazakhstan. En 1931, ces pourcentages augmentent pour atteindre respectivement 41,5 %, 38,5 %, 39,5 %. Un tel prélèvement ne peut que désorganiser totalement le cycle productif : il suffit de rappeler que, sous la

NEP[3], les paysans ne commercialisaient que 15 à 20 % de leur récolte, réservant 12 à 15 % pour les semences, 25 à 30 % pour le bétail, et le reste pour leur propre consommation. Entre les paysans, décidés à user de tous les stratagèmes pour conserver une partie de leur récolte, et les autorités locales, obligées de remplir, à tout prix, un plan de plus en plus irréaliste – en 1932, le plan des collectes fut supérieur de 32 % à celui de 1931 –, le conflit est inévitable.

La campagne de collecte de 1932 prend un départ très lent. Dès que l'on commence à battre la nouvelle moisson, les kolkhoziens s'efforcent de consommer et de mettre de côté ce qu'ils peuvent. Un « front de résistance passive » se forme, conforté par l'accord tacite et réciproque qui va du kolkhozien au brigadier, du brigadier au comptable, du comptable au directeur du kolkhoze, paysan récemment promu, du directeur au secrétaire local du Parti. Pour tenter de briser ce front, l'État promulgue la fameuse « loi scélérate » du 7 août 1932, qui permet de condamner à dix ans de camp ou à la peine de mort « tout vol ou dilapidation de la propriété socialiste ».

En quatre mois, 103 000 personnes – en grande majorité des kolkhoziens – sont condamnées en vertu de cette loi. Plus d'un tiers des dirigeants des kolkhozes sont arrêtés, la plupart pour s'être « livrés à des

3. La « Nouvelle Politique économique » (NEP) fut un ensemble de mesures (dénationalisation du commerce intérieur et des petites entreprises industrielles, remplacement de la réquisition des produits agricoles par un impôt en nature) prises par Lénine à partir de mars 1921.

activités antiétatiques de sabotage des collectes ». Les brigades chargées de la collecte montent de véritables opérations punitives, notamment dans les régions productrices de céréales, pour « prendre le blé ». Ces réquisitions s'accompagnent d'exactions, de violences – voire de tortures –, d'arrestations massives de kolkhoziens.

Malgré ces mesures, le blé ne « rentre pas ». À la mi-octobre 1932, le plan de collecte pour les principales régions productrices de céréales n'est rempli qu'à 15-25 %. Le 22 octobre 1932, le Politburo décide donc d'envoyer en Ukraine et dans le Caucase du Nord deux commissions extraordinaires – l'une dirigée par Viatcheslav Molotov, l'autre par Lazar Kaganovitch – dans le but d'« accélérer les collectes ». Le 2 novembre, la commission de Lazar Kaganovitch (dont fait partie Iagoda, le chef de la police politique, l'OGPU) arrive à Rostov-sur-le-Don. Elle convoque une réunion de tous les responsables de sovkhoze[4] et des secrétaires de district du Parti de la région du Nord-Caucase, au terme de laquelle est adoptée la résolution suivante : « À la suite de l'échec particulièrement honteux du plan de collecte des céréales, obliger les organisations locales du Parti à casser le sabotage organisé par les éléments koulaks contre-révolutionnaires, anéantir la résistance des communistes ruraux qui ont pris la tête de ce sabotage. »

Pour un certain nombre de districts inscrits au « tableau noir » (selon la terminologie officielle), les mesures suivantes sont prises : retrait de tous les pro-

4. Les sovkhozes sont des fermes « pilotes » appartenant à l'État soviétique.

duits des magasins, arrêt total du commerce, fermeture de tous les marchés, suppression de tous les crédits et remboursement immédiat des crédits en cours, imposition exceptionnelle sur les paysans « individuels » (les quelque 20 % de paysans pas encore collectivisés), arrestation de tous les « saboteurs », « éléments étrangers » et « contre-révolutionnaires » suivant une procédure accélérée, sous l'égide de l'OGPU. En cas de poursuite du « sabotage », la population est passible de « déportation massive vers les régions septentrionales du pays ».

Au cours du seul mois de novembre 1932, 43 % des communistes du Nord-Caucase sont exclus du Parti, 5 000 arrêtés. Selon les données de l'OGPU, plus de 15 000 kolkhoziens sont arrêtés au cours de ce premier mois de « lutte contre le sabotage » dans cette région hautement stratégique du point de vue de la production agricole. En décembre commencent les déportations massives de population des villages cosaques qui ont « continué à saboter le plan de collecte ». En Ukraine, la commission Molotov prend des mesures identiques : inscription au « tableau noir » des districts où le plan de collecte n'a pas été rempli (avec toutes les conséquences précédemment décrites), purge des organisations locales du Parti, arrestations massives non seulement de kolkhoziens, mais aussi des cadres des kolkhozes, soupçonnés de « minimiser la production ». Bientôt, ces mesures sont étendues à d'autres régions productrices de céréales, notamment les régions de la Volga (basse et moyenne Volga). Tandis que la collecte progresse (en Ukraine, le pourcentage de « réalisation du plan de collecte » passe de 39 à 65 % entre fin octobre et fin décembre 1932), les autorités centrales maintiennent leur pression. Une résolution commune du Comité central et du Conseil des commissaires du peuple, en date du 14 décembre 1932, appelle à « l'extermination des saboteurs de la collecte, notamment de ceux qui, leur carte du Parti en poche, trompent le gouvernement, font capoter les instructions du Parti. [...] Pour ces ennemis, une répression implacable – dix ans de camp de concentration ou la peine de mort ».

Ces mesures répressives peuvent-elles avoir un résultat ? Non, souligne, dans un rapport particulièrement perspicace, le consul italien de Novorossijsk :

> L'appareil soviétique excessivement armé et puissant se trouve dans l'impossibilité de chercher la solution et la victoire dans une ou plusieurs batailles rangées ; l'ennemi n'est pas massé, il est dispersé, la bataille cherchée est provoquée en vain et on s'épuise en une série sans fin de minuscules opérations : ici un champ n'est pas sarclé, là quelques quintaux de blé sont cachés ; sans compter un tracteur inopérant, un deuxième volontairement détraqué, un troisième en vadrouille au lieu de travailler... Et de constater ensuite qu'un entrepôt a été dévalisé, que les livres de compte, petits ou grands, sont mal tenus ou falsifiés, que les directeurs des exploitations agricoles, par peur ou par malveillance, ne déclarent pas la vérité dans leurs rapports... Et ainsi de suite, à l'infini, et toujours à nouveau dans cet immense territoire ! On ne réussit pas plus à trouver un ennemi compact, à l'écraser dans une action de grande envergure et à régler ainsi la question. Même dans ce cas, l'ennemi, il faut aller le chercher maison par maison, village par village. C'est comme porter de l'eau dans un baquet percé !

Pour vaincre « l'ennemi », une seule solution : l'affamer.

Les premiers rapports sur les dangers d'une « situation alimentaire critique » pour l'hiver 1932-1933 parviennent à Moscou dès l'été 1932. En août 1932, de retour d'Ukraine, Molotov rapporte au Politburo qu'il existe « une réelle menace de famine même dans les districts où la récolte a été excellente ». Néanmoins, il propose de « remplir coûte que coûte le plan de collecte ». Ce même mois d'août, le président du Conseil des commissaires du peuple du Kazakhstan, Issaev, informe Staline de l'ampleur de la famine dans cette république. Plusieurs millions de personnes sont déjà touchées. Au cours de l'automne, les rapports se font plus précis sur l'imminence d'une famine qui touchera l'Ukraine, le Kazakhstan, le Nord-Caucase, mais aussi une partie des régions de la Volga.

Même des staliniens endurcis tels que Stanislas Kossior, premier secrétaire du Parti communiste d'Ukraine, Mikhaïl Khataevitch, premier secrétaire du Parti de la région de Dniepropetrovsk, ou Boris Cheboldaev, premier secrétaire du Parti de la région du Nord-Caucase, demandent à Staline et à Molotov de diminuer le plan de collecte. « Pour qu'à l'avenir, la production puisse augmenter conformément aux besoins de l'État prolétarien, écrit Khataevitch à Molotov en novembre 1932, nous devons prendre en considération les besoins minimum des kolkhozes et des kolkhoziens, faute de quoi il n'y aura plus personne pour semer et assurer la production. » Ce à quoi Molotov répond : « Votre position est profondément incorrecte, non bolchevique. Nous autres bolcheviks, nous ne pouvons pas mettre les besoins de l'État – besoins définis précisément et à plusieurs reprises par des résolutions du Parti – à la dixième ou même à la seconde place. »

Recevant, en décembre 1932, Rodion Terekhov, secrétaire du Parti de la région de Kharkov, Staline lui dit : « On m'a fait savoir que vous étiez bon orateur, mais je vois que vous êtes aussi bon conteur. Vous avez composé une fable au sujet d'une prétendue famine, vous pensiez sans doute me faire peur, mais ça n'a pas marché. Vous devriez plutôt laisser tomber vos activités de secrétaire régional et de membre du Comité central d'Ukraine et travailler pour l'Union des écrivains. Vous écrirez des fables et les imbéciles vous liront. » Quelques jours plus tard, Terekhov, comme de très nombreux cadres du parti ukrainien, est démis de ses fonctions. La conduite des opérations de collecte en Ukraine est confiée à un proche de Staline, Pavel Postychev.

Ayant été contraints de livrer – sous la menace, voire la torture – toutes leurs maigres réserves, n'ayant ni les moyens ni la possibilité d'acheter quoi que ce soit, des millions de paysans des régions agricoles les plus riches de l'Union soviétique sont ainsi livrés à la famine et n'ont d'autre issue que de partir vers les villes. Face à cette fuite pour la survie, le gouvernement, qui vient d'introduire (27 décembre 1932) le passeport intérieur et l'enregistrement obligatoire pour les citadins, dans le but de limiter l'exode rural, de « liquider le parasitisme social » et de « combattre l'infiltration des éléments koulaks dans les villes », édicte une circulaire (22 janvier 1933) qui condamne à une mort programmée des millions d'affamés. Signée par Staline et Molotov, elle ordonne aux autorités locales et, en particulier, à l'OGPU d'interdire « par tous les moyens les départs massifs des paysans d'Ukraine et du Nord-Caucase vers le nord et vers les villes. Après arrestation des éléments contre-révolutionnaires, les autres fuyards seront ramenés sur leur lieu de résidence », poursuit la circulaire, qui explique ainsi cet exode massif : « Le Comité central et le Conseil des commissaires du peuple ont les preuves que cet exode en provenance d'Ukraine, de même que l'exode de l'an dernier, est organisé par les ennemis du pouvoir soviétique, les socialistes-révolutionnaires et les agents polonais dans un but de propagande, afin de discréditer, par l'intermédiaire des paysans fuyant vers les régions de l'URSS au nord de l'Ukraine, le système kolkhozien en particulier et le système soviétique en général. »

Au début du mois de mars 1933, un rapport de l'OGPU précise qu'en un mois, 219 460 personnes ont été interceptées dans le cadre des opérations destinées à empêcher l'exode des populations affamées vers les villes ; 186 588 d'entre elles ont été « ramenées dans leur région de départ », les autres arrêtées et jugées. La vente des billets de train a été suspendue en Ukraine pour les paysans qui voudraient quitter leur village, des instructions strictes ont été données aux directeurs d'usine et de chantier, leur interdisant d'embaucher des paysans. Mais le rapport reste muet sur l'état des personnes expulsées hors des villes.

Sur ce point, voici le témoignage du consul italien de Kharkov, Sergio Gradenigo :

Depuis une semaine seulement, un service pour recueillir les enfants abandonnés a été organisé. En effet, en plus des paysans qui affluent vers la ville parce qu'ils n'ont plus aucun espoir de survie à la campagne, il y a les enfants qu'on amène ici et qui sont ensuite abandonnés par les parents, lesquels s'en retournent au village pour y mourir. Ces derniers espèrent qu'en ville quelqu'un prendra soin de leur progéniture. […] Depuis une semaine, on a mobilisé des *dvorniki* [concierges] en blouse blanche qui patrouillent la ville, recueillent les enfants et les amènent au poste de police le plus proche. […] Vers minuit, on commence à les transporter en camion à la gare de marchandises de Severo Donetz. C'est là qu'on rassemble aussi les enfants trouvés dans les trains, les familles de paysans, les personnes isolées plus âgées, ratissées en ville pendant la journée. Il y a du personnel médical […] qui fait la « sélection ». Ceux qui ne sont pas encore enflés et offrent une chance de pouvoir se remettre sont dirigés vers les baraques de Holodnaïa Gora, où dans des hangars, sur la paille, agonise une population de près de 8 000 âmes, composée essentiellement d'enfants. […] Les personnes enflées sont transportées sur un train de marchandises à la campagne et abandonnées à 50-60 km de la ville en sorte qu'elles meurent sans qu'on les voie. Il arrive souvent que le train soit complet deux ou trois jours après la fermeture des wagons. Il y a quelques jours, un employé des chemins de fer passant près d'un de ces wagons a entendu crier ; il s'est approché et a entendu un malheureux, à l'intérieur, qui le suppliait de le libérer parce que l'odeur des cadavres était devenue insupportable. Le wagon ouvert, il s'avéra être le seul encore vivant ; alors on l'enleva et on le mit à mourir dans un autre wagon où les personnes enfermées étaient encore en vie. À l'arrivée sur les lieux de déchargement, on creuse de grandes fosses et on enlève tous les morts des wagons.

Dans les campagnes, la mortalité atteint des sommets au printemps 1933. À la faim s'ajoute le typhus ; dans des bourgs de plusieurs milliers de personnes, les survivants se comptent par dizaines. Des cas de cannibalisme sont rapportés dans les rapports de l'OGPU, comme dans ceux des diplomates en poste à Kharkov :

> On ramasse à Kharkov chaque nuit près de 250 cadavres de personnes mortes de faim ou du typhus. On a remarqué qu'un très grand nombre d'entre eux n'avait plus de foie : celui-ci paraissait avoir été retiré par une large entaille. La police finit par cueillir quelques-uns des mystérieux « amputeurs » qui avouèrent qu'avec cette viande, ils confectionnaient la farce des *pirojki* [petits pâtés] qu'ils vendaient ensuite sur le marché du matin.

En avril 1933, l'écrivain Mikhaïl Cholokhov, de passage dans un bourg du Kouban, écrit deux lettres à Staline exposant en détail la manière dont les autorités locales avaient extorqué – sous la torture – toutes les réserves des kolkhoziens, réduits à la famine, et demande au Premier secrétaire d'envoyer une aide alimentaire. Staline fait parvenir un peu d'aide, mais confirme, sur le fond, la justesse de la « punition » infligée aux « paysans saboteurs », qui, explique-t-il, menaient une « guerre de sape » contre le pouvoir soviétique *(cf. document)*. Pendant que des millions de paysans meurent de faim, le gouvernement soviétique continue d'exporter du blé à l'étranger « pour les besoins de l'industrialisation » : 1,8 million de tonnes en 1933.

Les archives démographiques et les recensements de 1937 et de 1939, tenus secrets jusqu'à ces dernières années, permettent d'évaluer l'ampleur de la famine de 1933. Géographiquement, la « zone de la faim » couvre l'ensemble de l'Ukraine, une partie de la zone des Terres noires, les riches plaines du Don, du Kouban et du Caucase du Nord, une grande partie du Kazakhstan. Près de quarante millions de personnes sont touchées par la famine ou la disette. Dans les régions les plus atteintes, comme dans les zones rurales autour de Kharkov, la mortalité a été multipliée par dix, entre janvier et juin 1933, par rapport aux moyennes normales (100 000 décès en juin 1933 dans la région de Kharkov, contre 10 000 en janvier). Encore faut-il noter que de très nombreux décès n'ont pas été enregistrés. Les zones rurales sont, bien sûr, plus durement frappées que les villes, mais celles-ci ne sont pas épargnées : Kharkov perd, en un an, 120 000 habitants, Krasnodar 40 000, Stavropol 20 000. En dehors de la « zone de la faim », les pertes démographiques, dues en partie à la disette, ne sont pas négligeables : dans les zones rurales de la région de Moscou, la mortalité augmente de 50 % entre janvier et juin 1933 ; dans la ville d'Ivanovo – théâtre de plusieurs émeutes et grèves de la faim en 1932-1933 –, la mortalité progresse de 35 % au cours du premier semestre 1933. Pour l'année 1933, et pour l'ensemble du pays, on observe un surplus de décès supérieur à six millions. Le taux de mortalité en 1933 atteint 71,6 ‰ (contre 29,5‰ en 1932). L'immense majorité de ce surplus de décès étant dû à la famine, on peut valablement estimer à six millions de victimes environ le bilan de cette tragédie. La paysannerie d'Ukraine a payé le plus lourd tribut : au moins quatre millions de morts. Un million trois cent mille morts au Kazakhstan, notamment parmi la population nomade privée, depuis la collectivisation de la majeure partie de son bétail. Un million de morts dans le Nord-Caucase (plaine du Kouban), les régions de la Volga et la région centrale des terres noires – les greniers à blé de l'URSS.

Dès avril-mai 1933, alors même que la famine sévit encore (elle atteint son apogée en juin), les autorités sont confrontées à un problème majeur : comment assurer, dans les régions touchées, les travaux des champs pour la récolte future ? L'aide gouvernementale, très insuffisante et bien trop tardive, n'est parcimonieusement distribuée qu'afin « de stimuler la sortie au travail des kolkhoziens affamés ». La main-d'œuvre rurale étant décimée ou affaiblie, les autorités mobilisent les citadins par centaines de milliers, souvent de la manière la plus expéditive : d'immenses rafles sont organisées par l'OGPU, et toute la population valide est envoyée, pour plusieurs semaines, aux travaux des champs.

Le 20 juillet 1933, le consul italien de Kharkov écrit :

> La mobilisation des forces citadines pour les travaux des champs a pris des proportions énormes. [...] Cette semaine, 20 000 personnes au moins ont été envoyées chaque jour à la campagne pour une période de deux à trois semaines. [...] La réquisition des hommes s'apparente à la traite des Noirs. Avant-hier, on a cerné le

> bazar, pris tous les gens valides, hommes, femmes, adolescents et adolescentes, et on les a emmenés à la gare, encadrés par la GPU, et expédiés aux champs. [...] Partout où il y a une queue, la GPU guette et intervient dès qu'elle voit que les gens « exportables » sont en nombre suffisant.

L'arrivée massive de ces citadins dans les campagnes crée des tensions ; les paysans incendient les baraquements où logent les « mobilisés » ; ceux-ci sont mis en garde par les autorités de ne pas s'aventurer dans les villages, « peuplés de cannibales ».

Néanmoins, grâce à des conditions météorologiques exceptionnelles, à la mobilisation de toute la main-d'œuvre citadine disponible, à l'instinct de survie des rescapés qui, consignés dans leurs villages, n'ont d'autre choix que de travailler cette terre qui ne leur appartient plus ou de mourir, les régions frappées par la famine de 1932-1933 donnent, à l'automne 1933, une récolte honorable. Le plan de collecte est déclaré rempli, les villes et l'armée sont ravitaillées, les kolkhoziens reçoivent en moyenne, après avoir restitué à l'État l'avance de semences qui leur avait été faite au printemps, cédé aux organismes de collecte la quantité de blé imposée (à six roubles le quintal, un prix dérisoire, inférieur de cinquante à cent fois au prix du marché), donné 20 % de la récolte aux stations de machines et de tracteurs, un kilo de blé par journée de travail ! Quelques mois plus tard, en janvier 1934, s'ouvre le XVIIe congrès du Parti, entré dans l'Histoire sous le nom de « congrès des vainqueurs ». Le « socialisme » y est déclaré « édifié » dans le « premier pays socialiste au monde ».

Cinq ans avant la « Grande Teneur » de 1937-1938, la grande famine de 1932-1933, apogée de la guerre anti-paysanne engagée en 1929 par l'État stalinien, apparaît comme un épisode décisif dans la mise en place d'un système répressif expérimenté tour à tour, et selon les opportunités politiques de l'heure, contre tel ou tel groupe social. Avec son cortège de violences, de tortures, de mise à mort programmée de populations entières, la grande famine traduit une formidable régression, à la fois politique et sociale. On voit se multiplier tyranneaux et despotes locaux, prêts à tout pour extorquer aux paysans leurs dernières provisions, et la barbarie s'installer : rafles, banditisme, exactions érigées en pratique quotidienne, enfants abandonnés, cannibalisme, « baraques de la mort », exacerbation des tensions entre citadins et ruraux... Comme l'écrivait avec perspicacité Sergo Ordjonikidze à Serge Kirov en janvier 1934, « nos cadres qui ont connu la situation de 1932-1933 et qui ont tenu le coup [...] sont vraiment trempés comme l'acier. Je pense qu'avec eux on bâtira un État comme l'Histoire n'en a jamais connu ».

Faut-il voir dans cette famine, comme le font aujourd'hui certains publicistes et historiens ukrainiens, un « génocide du peuple ukrainien » ? Il est indéniable que la paysannerie ukrainienne a été la principale victime de la famine de 1932-1933 en Ukraine (plus de 90 % des victimes). Par ailleurs, il est vrai que durant ces années, l'appareil politique ukrainien mis en place au cours des années 1920 est profondément épuré. Le 7 juillet 1933, Mykola Skrypnik, l'un des fondateurs du parti communiste d'Ukraine, est acculé au suicide, après avoir été accusé d'être devenu un « instrument d'éléments nationalistes bourgeois ». Cette année-là, l'OGPU lance une véritable chasse aux « organisations contre-révolutionnaires nationalistes bourgeoises » au sein des cellules du Parti en Ukraine. Néanmoins, la répression par la famine touche – proportionnellement – presque autant les contrées cosaques du Nord-Caucase et du Don, et bien plus encore, le Kazakhstan, où un tiers de la population autochtone kazakhe meurt de famine ou d'épidémie. En réalité, dans ces régions – Ukraine, pays cosaque, Kazakhstan, voire certains districts des régions de la Volga et des Terres noires, ou de Sibérie occidentale –, la famine n'est que l'ultime épisode d'un affrontement qui remonte aux années de la guerre civile.

On constate, en effet, une remarquable superposition des zones de forte résistance paysanne aux réquisitions de 1918-1920, à la collectivisation de 1929-1930 et des zones touchées par la famine : des 14 000 émeutes et révoltes paysannes recensées par l'OGPU en 1930, plus de 85 % ont eu lieu dans les régions « punies » par la famine de 1932-1933. Ce sont les régions agricoles les plus riches et les plus dynamiques, celles qui avaient à la fois le plus à donner à l'État et le plus à perdre du système d'extorsion de la production agricole mis en place au terme de la collectivisation forcée des campagnes, qui ont été les plus touchées par la dernière grande famine européenne.

Document

De passage dans le Kouban, l'écrivain Mikhaïl Cholokhov, auteur du *Don paisible*, écrit le 4 avril 1933 à Staline :

« Camarade Staline !

« Le district Vechenski, comme beaucoup d'autres districts du Nord-Caucase, n'a pas rempli le plan de livraison de céréales non pas à cause de quelque "sabotage koulak", mais à cause de la mauvaise direction locale du Parti. [...] En décembre dernier, le Comité régional du Parti a envoyé, pour "accélérer" la campagne de collecte, un "plénipotentiaire", le camarade Ovtchinnikov [...] qui a pris les mesures suivantes : 1) prendre toutes les céréales disponibles, y compris "l'avance" donnée par la direction des kolkhozes aux kolkhoziens pour l'ensemencement de la récolte future ; 2) répartir les livraisons dues par chaque kolkhoze à l'État par foyer.

« Quels ont été les résultats de ces mesures ? Quand ont commencé les réquisitions [...] les paysans se sont mis à cacher et à enterrer le blé. Maintenant, quelques mots sur les résultats chiffrés de toutes ces réquisitions. Céréales "trouvées" : 5 930 quintaux. [...] Et voici quelques méthodes employées pour obtenir ces 593 tonnes : – La méthode du froid. [...] On déshabille le kolkhozien et on le met "au froid", tout nu, dans un hangar. Souvent, on mettait les kolkhoziens "au froid" par brigades entières. – La méthode du chaud. On arrose les pieds et les rebords des jupes des kolkhoziennes de kérosène et on y mettait le feu. Puis on l'éteignait. [...]

« Dans le kolkhoze Napolovski, un certain Plotkine, "plénipotentiaire" du Comité de district, forçait les kolkhoziens interrogés à s'allonger sur un poêle chauffé à blanc, puis il les "déchauffait" en les enfermant nus dans un hangar. [...]

« Dans le kolkhoze Lebiajenski, on alignait les kolkhoziens le long d'un muret, on simulait une exécution. [...]
« Je pourrais multiplier à l'infini ce genre d'exemples. Ce ne sont pas des "abus", non, c'est la "méthode" courante de collecte du blé. [...] S'il vous semble que ma lettre est digne de retenir l'attention du Comité central, envoyez donc ici de véritables communistes qui auront le courage de démasquer tous ceux qui ont porté dans ce district un coup mortel à la construction kolkhozienne. [...] Vous êtes notre seul espoir. « Votre Mikhaïl Cholokhov. »

La réponse de Staline à Mikhaïl Cholokhov, le 6 mai 1933 :
« Cher camarade Cholokhov,
« J'ai bien reçu vos deux lettres [Cholokhov a écrit une seconde lettre à Staline le 16 avril 1933]. L'aide que vous avez demandée a été accordée. J'ai envoyé le camarade Chkiriatov pour démêler les affaires dont vous me parlez. Je vous demande de l'aider. Voilà. Mais, camarade Cholokhov, ce n'est pas tout ce que je voulais vous dire. En effet, vos lettres donnent un tableau que je qualifierai de non objectif, et, à ce propos, je voudrais vous écrire quelques mots. Je vous ai remercié pour vos lettres qui révèlent une petite maladie de notre appareil, qui montrent qu'en voulant bien faire, c'est-à-dire désarmer nos ennemis, certains de nos fonctionnaires du Parti s'en prennent à nos amis et peuvent même devenir franchement sadiques. Mais ces remarques ne signifient pas que je sois d'accord EN TOUT avec vous. Vous voyez UN aspect des choses, et vous ne le voyez pas mal. Mais ce n'est QU'UN aspect des choses. Pour ne pas se tromper en politique – et vos lettres, ce n'est pas de la littérature, c'est de la pure politique –, il faut savoir voir L'AUTRE aspect de la réalité. Et l'autre aspect, c'est que les respectés laboureurs de

votre district – et pas seulement du vôtre – faisaient grève, faisaient du sabotage et étaient prêts à laisser les ouvriers et l'Armée rouge sans pain ! Le fait que ce sabotage était silencieux et apparemment pacifique (sans effusion de sang), ce fait ne change rien au fond de l'affaire, à savoir que les respectés laboureurs menaient une guerre de sape contre le pouvoir soviétique. Une guerre à mort, cher camarade Cholokhov !

« Bien sûr, ces spécificités ne peuvent justifier les abus qui ont été, selon vous, commis par nos fonctionnaires. Et les coupables devront répondre de leur comportement. Mais il est clair comme le jour que nos respectés laboureurs ne sont pas des brebis innocentes, comme on pourrait le penser en lisant vos lettres.

« Allez, portez-vous bien. Je vous serre la main.

« Votre J. Staline. »

Pour en savoir plus

A. Blum, *Vivre et mourir en URSS, 1917-1991*, Paris, Plon, 1994.

R. Conquest, *Harvest of Sorrow. Soviet Collectivization and the Terror Famine*, New York, Oxford University Press, 1986.

M. Dolot, *Les Affamés. L'holocauste masqué Ukraine 1929-1932*, Paris, Ramsay, 1986.

A. Graziosi, « Lettres de Kharkov : la famine en Ukraine et dans le Caucase du Nord à travers les rapports des diplomates italiens, 1932-1934 », *Cahiers du monde russe et soviétique*, XXX (1-2), janvier-juin 1989.

E. Ossokina, « Jertvy Goloda 1932-1933 : Skol'ko Ikh ? » (« Les victimes de la famine de 1932-1933 : combien ? »), *Istoria SSSR*, 1991 n° 5.

N. Ivnitskii, « Soverchenno Sekretnyi Golod » (« Une famine strictement secrète »), *Moskovskie Novosti*, n° 25, 1993.

CHAPITRE 9

Y a-t-il eu génocide en Ukraine ?

Les relations entre les deux « frères aînés slaves », les Russes et les Ukrainiens, sont tendues depuis l'implosion de l'URSS. Si les tensions politiques entre la Russie et l'Ukraine sont de notoriété publique (la Russie n'accepte pas l'orientation proeuropéenne de l'Ukraine, une Ukraine totalement dépendante du pétrole et du gaz russes), les tensions sur le « front de l'histoire » le sont moins. Or elles sont centrales et parfois acerbes, comme nous avons pu le constater lors d'un colloque récent à Kiev, les 26-27 novembre 2009, qui a rassemblé historiens russes et ukrainiens.

Les débats les plus « chauds » ont tourné autour du « *Holodomor* », la grande famine de 1932-1933. Rappelons l'origine sémantique de ce terme apparu au début des années 1990. Il est composé de deux éléments : *golod* (« faim ») et *mor*, racine du verbe *moryty* qui signifie « épuiser », « exténuer », « laisser souffrir sans intervenir ». Le terme *holodomor* traduit donc l'intention de tuer par la faim, même s'il n'induit pas directement l'idée d'une extermination de masse, encore moins d'un génocide sur une base ethnique. Mais aujourd'hui, avec sa majuscule, il a pris en Ukraine le sens « commun » de génocide du peuple ukrainien.

En novembre 2006, le Parlement ukrainien a voté une loi qui déclare dans son article 1 : « Le "Holodomor" est un génocide envers le peuple ukrainien », en référence explicite à la définition du génocide de la Convention du 9 décembre 1948 de l'ONU. Il est en outre spécifié à l'article 2 que « la négation publique de l'"Holodomor" est un affront à la mémoire des victimes, une atteinte à la dignité du peuple ukrainien ». À une très courte majorité, les députés ont cependant rejeté la proposition du gouvernement de pénaliser, sur le modèle de la loi Gayssot en France, la négation de l'« Holodomor ».

Lors de ce débat, la minorité russophone, représentée par le Parti des régions et le Parti communiste, s'est fortement opposée à cette qualification de la famine de 1932-1933, la considérant plutôt comme une sorte de « dégât collatéral » d'une collectivisation indispensable pour industrialiser l'URSS et éliminer les ennemis du régime : les « paysans riches » ou « koulaks », *kourkoul* en ukrainien.

Pour la majorité gouvernementale du président Viktor Iouchtchenko, au contraire, la famine-génocide du « Holodomor » constitue le dispositif central de la nouvelle identité nationale ukrainienne post-soviétique. Depuis 1991, les divers gouvernements ukrainiens ont, en effet, entrepris la construction d'un État-nation centré sur l'ukrainité, et notamment sur la victimisation de l'ethnie ukrainienne, sujette à d'innombrables oppressions par le passé – tout particulièrement de la part de l'ethnie russe.

On le sait, toute collectivité en cours de reconstruction identitaire a besoin de se redéfinir, de redéfinir la mémoire collective et nationale dans laquelle elle s'enracine, de revoir son passé, en choisissant un certain nombre d'événements historiques qui vont asseoir le nouveau mythe national. Aujourd'hui, ce mythe national se construit en priorité autour de la victimisation du peuple ukrainien. Et, dans ce dispositif, le « Holodomor » joue un rôle majeur.

Les historiens ukrainiens ne sont pas dupes de cette instrumentalisation politique du « Holodomor » et de l'inflation galopante du nombre « officiel » des victimes qu'on trouve dans les médias : 7, 10, 12 millions alors que les historiens et les démographes s'accordent sur une mortalité d'environ 3-3,5 millions durant la famine, ce qui représente tout de même 11 à 15 % de la population ukrainienne de l'époque ! Ils font remarquer que les recherches aujourd'hui extrêmement dynamiques sur la famine de 1932-1933 n'ont rien d'une « commande », puisqu'elles ont débuté bien avant que les politiques ne se saisissent du sujet.

La reconstitution, désormais parfaitement documentée, des processus politiques à l'origine de cette terrible famine montre que Staline avait, dans sa politique de réquisition impitoyable de produits agricoles, tout particulièrement ciblé l'Ukraine. D'une part, parce que c'était la région agricole la plus riche du pays ; d'autre part, parce que la paysannerie ukrainienne avait opposé la plus forte résistance à la collectivisation forcée des campagnes lancée en 1930.

Briser la paysannerie ukrainienne par la famine, c'était aussi briser le seul mouvement nationalpaysan capable de tenir tête au régime. Dans le même mouvement, Staline décima les élites ukrainiennes, qu'elles fussent communistes ou non : plus de 200 000 arrestations en quelques mois. Un formidable dispositif répressif et policier fut mis en place à partir de l'automne 1932 : les brigades spéciales de la police politique ne se bornaient pas à réquisitionner les récoltes, elles confisquaient aux paysans ukrainiens leurs dernières provisions alimentaires. À partir de janvier 1933, un véritable blocus des campagnes affamées est organisé : les routes et les gares sont gardées par des cordons de la police politique qui empêchent les affamés de quitter leur village. En Ukraine, la famine fut donc intentionnellement aggravée dans le but d'éliminer en partie à la fois les paysans, colonne vertébrale de la nation ukrainienne, qui continuaient de résister à la collectivisation, et les élites nationales.

Si la famine de 1932-1933 est aujourd'hui non seulement largement popularisée en Ukraine, mais élevée au rang de « génocide du peuple ukrainien », en Russie, au contraire, le silence est de mise. Silence sur la famine qui, dès 1931, a frappé le Kazakhstan, à la suite d'une politique volontariste non seulement de collectivisation du cheptel, mais de sédentarisation des nomades, faisant 1,4 million de morts sur une population kazakhe de moins de 4 millions. Silence aussi sur les famines qui, au cours des années suivantes, frappent les régions de la Volga, la région centrale des Terres noires, l'Oural du Sud, la Sibérie occidentale (plus de 600 000 morts pour ces régions) et surtout les riches terres céréalières du Kouban, au pied du Caucase – au moins 400 000 morts, pour la plupart des Cosaques d'origine ukrainienne. Ce silence assourdissant n'est évidemment pas sans rapport avec la campagne actuelle de « revalorisation » du régime stalinien en général et de Staline en particulier, promu dans les manuels scolaires au rang de « manager efficace » ayant fait de l'URSS la seconde superpuissance mondiale.

Pour autant, quelques rares historiens perpétuent la grande tradition de l'école soviétique des « historiens agrariens », illustrée notamment par V. Danilov, récemment disparu. Ces historiens russes récusent la dimension nationale de la famine et sa spécificité ukrainienne. Pour eux, la Grande Famine fut une tragédie de l'ensemble de la paysannerie soviétique, sacrifiée sur l'autel de l'industrialisation accélérée du pays.

Ces historiens mettent en avant le fait que les taux de mortalité étaient, ponctuellement, aussi élevés dans les villages ukrainiens que dans les villages russes de la Volga, que les « brigades de collecte » y agissaient tout aussi durement, que les responsables politiques locaux étaient tout aussi déterminés à remplir sans pitié le « plan agricole » que leurs homologues en Ukraine. Surtout, disent-ils, « aucun document ciblant les Ukrainiens en tant qu'Ukrainiens n'a été trouvé dans les Archives présidentielles ». Et c'est bien là que le bât blesse : autant les archives, toutes les archives, sont ouvertes à l'ensemble de la communauté historienne en Ukraine, autant seuls les historiens prêts à pourfendre les thèses ukrainiennes sont autorisés à consulter les « dossiers spéciaux » de Staline relatifs à la famine conservés aux Archives présidentielles à Moscou...

CHAPITRE 10

URSS : être communiste sous Staline

À la mi-juillet 1941, trois semaines après l'invasion de l'URSS par Hitler, des unités de l'armée allemande entrèrent à Smolensk, vieille cité russe, capitale provinciale de la région Ouest. Dans la confusion générale, les autorités locales n'eurent pas le temps d'évacuer toutes les archives du Parti, qui tombèrent aux mains des officiers des renseignements allemands. Ceux-ci effectuèrent au hasard un choix de plus de 500 dossiers, contenant près de 200 000 pages de documents, qu'ils envoyèrent, pour examen, en Allemagne. C'est là qu'en 1945, ils tombèrent aux mains des Américains et furent expédiés à Washington, où ils sont désormais conservés.

Ces 500 dossiers, malgré leur classement tout à fait désordonné et leurs nombreuses lacunes, sont des documents uniques sur la vie d'une région soviétique de 1920 à 1940. Une mine d'autant plus précieuse pour l'historien que les archives soviétiques de cette époque sont restées à ce jour obstinément closes. Les historiens soviétiques eux-mêmes n'ont pas accès aux dossiers les plus importants du Parti, ceux de la collectivisation ou des purges.

Les archives de Smolensk nous révèlent ce qu'était la vie quotidienne sous Staline. Documents du Parti, elles nous présentent les procès-verbaux des réunions de cellules, les dossiers individuels d'admission – ou d'exclusion – de communistes, la correspondance des secrétaires du Parti à tous les échelons, de la cellule au comité régional. Mais puisque le Parti était la source de toute autorité dans la région et qu'il contrôlait l'ensemble des activités, les archives nous renseignent donc aussi sur la collectivisation et la vie paysanne, l'éducation et la censure, la religion, les syndicats ouvriers.

Dans les années 1950, un universitaire américain, Merle Fainsod, écrivit, à partir de ces archives, un livre abondamment cité par les soviétologues : *Smolensk à l'heure de Staline* (Fayard, 1967). Fainsod y présentait les structures du Parti communiste. Il décrivait le contrôle exercé par le Parti sur les divers aspects de la vie régionale. Mais, privilégiant l'appareil stalinien, l'historien américain ne s'intéressait guère aux militants de base, à la « piétaille » de ce qu'il appelait abusivement « l'armée d'occupation intérieure » du Parti communiste.

Or une étude menée à partir de séries inédites de ces archives (en particulier, les étonnants dossiers d'admission) permet de dessiner le profil des militants de base du Parti dans les années 1930. Pourquoi, comment adhérait-on au Parti communiste ? La connaissance de la mentalité du militant communiste ouvre des perspectives nouvelles : elle révèle, en effet, une convergence entre l'idéologie stalinienne des dirigeants du Parti et l'idéologie populaire des militants de la base de l'appareil. Seule cette convergence permet d'expliquer la formation en URSS, dans les années trente, du parti « stalinien » et l'apparition, à l'intérieur de ce parti, d'un consensus bien plus redoutable que tout « système policier » à l'époque des purges et des procès de Moscou.

« Je suis né paysan pauvre »

Jusqu'en 1917, le Parti avait été, selon les vœux de Lénine, une « avant-garde » : des militants peu nombreux, un parti clandestin ou semi-clandestin, composé de révolutionnaires aguerris, voire professionnels, qui savaient que militer signifiait parfois arrestation, emprisonnement, exil.

Après la victoire des bolcheviks en 1917, beaucoup d'adhérents se précipitèrent au Parti. Lénine, conscient du fait que nombre d'entre eux désiraient adhérer « parce que le vent avait tourné » (c'était le cas de nombreux fonctionnaires de l'ancien régime qui conservaient leur poste en prenant la carte), essaya de limiter le nombre des communistes : on purgea les « éléments étrangers » en 1921. Après la mort de Lénine et durant les années où se joua sa succession (1924-1929), les vannes se rouvrirent et les effectifs du Parti dépassèrent le million d'adhérents. Arrivé au pouvoir, Staline, qui prétendait maîtriser, grâce au plan, l'économie du pays, voulut maîtriser aussi l'évolution du Parti. Il lança donc des plans concernant ses effectifs et sa composition sociale : à telle date, le Parti devait compter tel pourcentage d'ouvriers, de paysans ou d'employés. Les jeunes postulants au Parti nés quelques années après la révolution ne pouvaient faire état d'aucun service héroïque dans la clandestinité du « bon vieux temps », ce fut donc leur origine sociale qui devint le critère décisif. Ouvriers et paysans pauvres entraient prioritairement au Parti. L'admission n'était plus, bien souvent, qu'une procédure bureaucratique, obéissant à ses codes et à ses règles, à ses rites de passage. Ceux-ci étaient au nombre de quatre. Avant d'avoir sa carte du Parti en poche, il fallait d'abord écrire un long curriculum vitae qui devait « faire ressortir les détails de la vie du postulant, son origine sociale précise, sa fortune, les activités diverses exercées dans le domaine social et politique, et les motivations qui le poussent à entrer au Parti communiste ».

Étonnants documents que ces autobiographies, écrites dans une orthographe et une syntaxe approximatives ! Conscients du fait qu'ils seront recrutés d'abord en fonction de leur origine sociale, les postulants essayent de se situer dans l'une des catégories définies par le régime. Mais combien, surtout dans une province rurale, peuvent se prévaloir d'une « bonne » origine sociale, véritablement prolétarienne ? Chacun, pour avoir de meilleures chances d'entrer au Parti, insiste sur sa pauvreté : « Mon père était cordonnier, je tiens à dire qu'il travaillait tout seul, sans apprenti, sans exploiter qui que ce soit, comme un véritable prolétaire. C'était pas souvent qu'il y avait autre chose sur la table que du pain noir et de la soupe au chou. »

Quant aux paysans, ils tentent de se ranger, non sans quelques acrobaties parfois, dans la classe des paysans pauvres : « Je suis né paysan pauvre et je l'ai été jusqu'à l'âge de dix ans, lorsque mon père, en 1909, a acheté des terres. Il est alors passé dans le groupe des paysans moyens, ce que je n'ai jamais caché. [...] Pendant la révolution, l'exploitation de mon père est toujours demeurée une exploitation moyenne, et même qu'en 1923 mon père n'avait pas de cheval, et celui qu'il possède aujourd'hui ne vaut guère plus de cinquante à soixante roubles. Si la Commission s'inquiète du fait que mon père, avec l'aide de la Banque paysanne, avait acheté, en 1909, vingt-sept hectares, en s'endettant pour quarante-neuf ans, sachez qu'une bonne partie de ces terres est formée de marécages et que notre famille comptait toujours plus de douze personnes. En 1918-1919, sept personnes sont mortes chez nous... Aujourd'hui, on aurait eu pas moins de dix-huit personnes sur dix-huit hectares. Nous sommes donc des paysans pauvres ou tout au plus des paysans moyens. »

Cette dernière formule permet de comprendre l'un des problèmes fondamentaux du pouvoir soviétique dans les campagnes : dans une société rurale en pleine mobilité, comment définir le paysan pauvre, le paysan moyen, le paysan riche ? Faut-il tenir compte du nombre d'hectares, du cheptel, des bouches à nourrir ? Résultat final d'une définition vague et imprécise : des centaines de milliers de paysans moyens pris pour des paysans riches seront déportés lors de la collectivisation, des milliers de communistes ruraux seront « purgés » pour avoir sous-estimé leur position sociale.

Les jésuites au secours des communistes

Pour mieux convaincre de sa pauvreté, on n'hésite pas à donner un inventaire détaillé de ses biens : « J'ai un cheval, deux vaches, une maison avec un toit de chaume, un hangar, une remise, une *bania* (sorte de sauna), deux fourches, deux faux, deux râteaux, une herse, six poules… »

On note, chez les employés et les fonctionnaires, un fort complexe d'infériorité sociale qu'ils essayent de compenser en se trouvant des origines ouvrières : « On m'a dit que j'avais peu de chances d'être acceptée au Parti, parce que j'étais une employée et que j'avais une instruction secondaire. Or, je le répète, je n'ai pas d'instruction secondaire… Je ne veux pas dire que je me considère comme une personne très utile pour le Parti, mais juste parce que je suis une employée, ça me fait de la peine de penser que je ne suis pas à la hauteur des autres… Bien sûr, il y en a qui diront que du moment que je m'active et que je participe au travail social, c'est le principal. Mais je vous dis que je ne veux pas être en dehors du Parti… Je vous rappelle que je suis fille d'un ouvrier agricole, que mon père est aujourd'hui paysan pauvre, qu'avant il était ouvrier et que je me suis frayée avec peine la voie jusqu'à cet emploi à dix-sept roubles cinquante par mois – avant, j'étais ouvrière agricole, bergère, et je gagne aujourd'hui honnêtement et durement mon morceau de pain. »

La question de l'origine sociale, on le voit, est fondamentale, et les postulants au Parti en ont bien conscience. Cependant, dans une société aussi mobile que la société soviétique des années 1920-1930, il était souvent difficile de classer chaque individu dans l'une des quatre catégories sociales définies par le régime : ouvriers, paysans, employés, divers. Aussi voit-on se développer une étonnante « casuistique communiste » à propos de l'appartenance sociale de chaque postulant ou membre du Parti. « À quelle catégorie doit-on rapporter le cas suivant ? Un marin, travaillant dans la Marine militaire, a acquis la profession d'ouvrier motoriste qualifié. En entrant au Parti, alors qu'il servait dans la Marine, il indique qu'il est ouvrier, bien qu'il soit issu d'un milieu paysan. A-t-il raison ? Oui, il devra être classé comme ouvrier, d'après la règle énoncée à l'alinéa 3, page 28 des Instructions pour remplir la carte du parti : "Les soldats sont classés dans le groupe social auquel ils appartenaient avant leur service, sauf dans le cas où, au cours de leur service, ils auraient acquis une formation professionnelle". »

Le refuge des pauvres et des opprimés

Lorsqu'on n'a pas une « bonne » origine sociale, on peut partiellement compenser ce défaut en participant aux innombrables « organisations de masse », par l'intermédiaire desquelles le régime s'efforce de secouer l'apathie et d'éduquer un peuple plus habitué à obéir qu'à participer. C'est dans ces organisations – l'armée, les Jeunesses communistes, la Ligue des athées – que sont recrutés de nombreux membres du Parti : prendre une part active à ces « activités sociales » témoigne, en effet, de la capacité du postulant à dépasser ses « instincts petits-bourgeois de repliement sur soi ». Certains présentent un bilan impressionnant : « Je suis membre du soviet local, responsable du cercle des athées, membre de l'organisation "Pour la bonne marche de la campagne de semailles du printemps", attaché de direction au travail politique, membre du groupe de cavalerie légère [groupe de la Jeunesse communiste], chargé de contrôler et de "faire des descentes" dans les établissements publics afin de déceler toute irrégularité ou malversation, aide-metteur en scène du cercle théâtral politique, responsable du "coin rouge" de la bibliothèque de village. » D'autres affichent des activités sociales plus modestes : « Je lis chaque jour le journal, écrit avec fierté un paysan, et il m'arrive même parfois d'en lire deux, *La Vérité paysanne* et *Le Laboureur de Pskov*. »

Pourquoi entre-t-on au parti ? Quinze, vingt ans après la révolution, le militant de base tient un discours qui, selon l'expression de Marc Ferro, s'est « figé à la trame théorique et institutionnelle de l'époque de fondation ».

Le Parti est toujours considéré comme le refuge des pauvres et des opprimés : « Je sais que ce sont les bolcheviks qui défendent les paysans pauvres et les ouvriers agricoles – justement, comme je suis un ouvrier agricole, ma place est à vos côtés… » « En tant que paysan pauvre, je suis à fond pour le pouvoir des soviets et le parti des bolcheviks. Voyant l'exploitation de la part des riches, je veux mettre toute mon énergie à la défense des droits soviétiques. » Jusqu'à la collectivisation, le souvenir de la distribution des terres est bien présent : « Le Parti m'a donné des biens, un cheval, une vache, une maison, une étable : quels jours heureux j'ai connus depuis l'arrivée du pouvoir soviétique ! Combien de joies il m'a apportées ! » Mais on n'oublie pas de préciser que c'est grâce à son propre travail que l'on a progressé : « Toute ma fortune, je l'ai obtenue, bien sûr, grâce à l'aide des soviets, mais sans exploiter personne et en n'utilisant que ma propre force de travail. »

On peut imaginer le déchirement que provoquera chez ces communistes ruraux la collectivisation : ils ont adhéré au Parti qui leur a donné la terre, et voici qu'ils doivent renoncer à leur lopin et entrer au kolkhoze !

Au Parti – et ce thème revient constamment –, on s'instruit, on s'éduque : « J'apprendrai beaucoup de choses, je ne ferai pas les erreurs que j'ai faites auparavant. » « Je veux être communiste pour passer mon temps à lire des livres et des journaux. » Et surtout, on apprend à ne pas oublier que la lutte des classes continue : « J'ai appris beaucoup de choses – que les masses paysannes et ouvrières n'avaient pas exterminé tous leurs ennemis, que chaque opprimé qui venait d'être libéré devait étudier –, c'est la plus belle chose qui soit – qu'il ne fallait pas oublier que la liberté, on la devait au pouvoir des ouvriers et des paysans, qu'il fallait lutter contre tous les ennemis, tous les capitalistes. »

C'est une idée profondément ancrée chez les communistes de la base que celle d'un parti révolutionnaire toujours en lutte contre les ennemis de classe.

Cette conception du Parti explique le succès de la théorie stalinienne d'après laquelle « plus on avance dans la construction du socialisme, et plus la lutte des classes s'intensifie », théorie qui va servir à justifier les purges et la terreur des années 1930.

Notons toutefois que ce « discours révolutionnaire » n'est, pour de nombreux postulants, qu'une façade qui masque des buts plus prosaïques : « Il y a toute une série de gens, éléments étrangers au Parti, écrit un ouvrier, qui veulent se trouver rapidement une bonne petite place au chaud, et ils font le raisonnement suivant : maintenant le pouvoir soviétique est bien installé, se maintient déjà depuis plusieurs années, même des gouvernements étrangers commencent à le reconnaître, il n'y a plus à craindre qu'il sera renversé et que les communistes seront poursuivis, alors pourquoi ne pas devenir communiste pour avoir les meilleures places, ne pas faire la queue à la Bourse du travail, ou obtenir une bourse d'études ? »

« La lumière de ma triste vie »

Derrière l'image d'un parti révolutionnaire se profile l'image d'un parti de « planqués », envahi par des « éléments étrangers ». Le militant de base, tout en espérant parfois tirer quelques avantages de son adhésion, est le premier à dénoncer la bureaucratisation, la « magouille ». Dans ces conditions, les purges (le terme est significatif) décidées périodiquement par les instances dirigeantes, apparaissent à la majorité des militants comme nécessaires, indispensables.

Les postulants ont-ils une idée précise de la politique du Parti ? Pour la majorité d'entre eux, connaître le programme et les statuts du Parti est une base politique plus que suffisante : « Je me sens prêt à rejoindre vos rangs, car j'ai assimilé les statuts et le programme. » « Je me sens préparé, je me sens proche du Parti, je suis bouillonnant d'activité. » Un autre veut devenir communiste parce qu'il a « compris que la voie des membres du Parti est la plus juste du monde entier. » « Seul le Parti réalise ce qu'a dit le grand Lénine. » Le but du Parti se résume invariablement en ces deux propositions : construire le socialisme, rendre les gens heureux. « J'ai compris que le but du Parti, c'est la construction du socialisme dans notre pays. Je veux participer à la marche vers le socialisme, notre avenir radieux, et aller la main dans la main avec tous les communistes. »

Souvent, les « choses de la politique » sont encore plus vagues : « En entrant au Parti, je veux avoir la possibilité de mener plus énergiquement les tâches prévues par le pouvoir soviétique. » L'entrée au Parti prend, chez certains, une dimension existentielle : « Le but de mon existence, je le vois dans les rangs des communistes où je pourrai rendre les gens heureux. » « Seule la pensée que mes enfants et moi-même serons dans les rangs du prolétariat en lutte éclaire ma difficile et triste vie. » « C'est terrible quand on se sent si proche du Parti et qu'il ne semble pas vouloir vous accepter. Ça me tue, ça tue toute initiative en moi. » Les lettres les plus pathétiques proviennent d'anciens communistes qui désirent réintégrer le parti : « En 1924, une vie difficile et une santé chancelante m'ont obligé [*sic*] à me marier, et, à cause de ces quelques malheureuses minutes que je suis resté dans une église, j'ai été rejeté dans les ténèbres, tué politiquement. Je ne pouvais pas me rendre compte alors que ça pouvait se passer ainsi et que je venais de commettre un si grand crime. Je me suis repenti et je me repens et je demande à ma cellule et à mes chers camarades de me reprendre dans leurs rangs. »

Démasquer les ruses de l'ennemi de classe

Le curriculum vitae s'achève toujours par une promesse d'allégeance complète à toutes les décisions du parti : « Je serai un travailleur actif, et je m'engage à exécuter fermement et sans broncher tous les ordres du parti. » « Je ferai tout ce que le pouvoir soviétique me dira de faire. » « Je marcherai la main dans la main avec tous mes camarades pour accomplir scrupuleusement les tâches qui nous permettront de construire le socialisme dans notre pays et d'exterminer tous les contre-révolutionnaires. »

Le second rite de passage est l'obtention de trois recommandations de la part de « parrains politiques » membres du Parti. Quelles sont les qualités d'un futur communiste ? Il doit, bien sûr, être de bonne origine sociale (ouvrier ou paysan pauvre), obéissant et discipliné. « Je peux affirmer que B. Drozdetski est une personne réservée, disciplinée, qui accomplira sans broncher toutes les directives politiques. » « Je suis sûr qu'il fera scrupuleusement tout ce que le Parti lui dira de faire. » Obéissant, il devra « lutter contre l'influence rétrograde, les superstitions, les pressions exercées par sa famille ; un mauvais communiste est celui qui cède à l'influence de son milieu familial. » Mais, en même temps, il devra être respecté par son entourage. « Kaminski pourra faire un bon communiste, car il mène bien son exploitation (mais le danger n'est-il pas qu'en s'enrichissant, il ne devienne un “élément étranger au Parti” ?). » La considération va de pair avec une certaine modestie, une retenue et une simplicité qui doivent permettre au futur communiste de lier facilement contact avec les autres : « Doubinski vient d'une famille modeste et ça se sent. Il répond toujours en toute simplicité à toutes les questions qu'on lui pose. » Enfin, la considération s'acquiert à partir du moment où l'on n'est pas trop porté sur la bouteille : « Je le recommande, car il ne boit pas trop et je ne l'ai jamais vu ivre. » Quant aux idées politiques du candidat, les recommandations restent bien discrètes : « Je n'ai jamais rien noté d'antisoviétique chez lui, [...] il se tient sur la plate-forme des soviets, il lit souvent le journal et je sais qu'il a lu le tome deux de l'histoire du Parti. Je peux dire qu'en gros, il s'y connaît sur les principales questions politiques. »

Troisième étape pour entrer au Parti : « l'examen de passage » devant la cellule locale. Cet examen devient de plus en plus difficile, et prend, à partir des années trente, un caractère d'enquête tatillonne et policière, où tous les détails de la vie privée du postulant sont épluchés. Après un discours préliminaire du secrétaire de cellule mettant l'accent sur les qualités qu'on attend d'un communiste, le postulant était soumis à un feu roulant de questions. Une première série de questions portait sur la formation politique, conçue, semble-t-il, comme la capacité de répondre à un certain nombre de « colles ».

— Quelle est la différence entre le statut et le programme du parti ? »

— Quand est mort Lénine ? »

— Qui est Staline ? »

— Combien de républiques y a-t-il en URSS ? »

— Que veut dire URSS ? »

— Pourquoi faut-il collectiviser l'agriculture ? »

— Quand a été fondé le Parti ? »

— Date du deuxième congrès ? »

— Quelles sont les différences entre mencheviks et bolcheviks ? »

Outre ces « colles », on pouvait poser des questions qui engageaient plus directement le postulant, mais les réponses restaient bien prudentes !

— Que penses-tu des déviations de droite et de gauche ? – Elles sont toutes deux mauvaises. »

— Que penses-tu de la collectivisation ? – C'est une bonne chose. »

— Qu'as-tu fait personnellement pour la collectivisation ? – En tant qu'employé, j'en ai expliqué le sens aux paysans. »

— Qu'as-tu fait pour la liquidation des koulaks en tant que classe ? – Je les ai critiqués, et il m'est même arrivé de les dénoncer… là où il fallait [notez l'euphémisme]. »

Le niveau politique restait bien insuffisant, notaient les secrétaires de cellule qui se plaignaient souvent qu'« avec les connaissances politiques de nos communistes aujourd'hui, beaucoup n'arrivent pas à démasquer les ruses de l'ennemi de classe ». Comment en aurait-il été autrement avec cette conception de la formation politique et lorsque l'on sait que 8 % seulement des membres du Parti avaient une instruction secondaire en 1930 ?

Le NKVD veille

L'essentiel de « l'examen de passage » porte cependant sur la vie privée du postulant, son origine sociale. D'innombrables questions se rapportent aux « points faibles » des candidats au Parti. Premier point faible : l'alcoolisme (l'une des principales causes d'exclusion du Parti) :

« Bois-tu de la vodka ? Combien de fois par mois ? – Je bois un peu, tout seul, une ou deux fois par semaine. »

— Que penses-tu de l'alcoolisme ? Penses-tu liquider ce phénomène ? – Sans aucun doute, un communiste peut facilement en venir à bout. »

— Penses-tu qu'on puisse être un bon communiste tout en continuant à boire ? – Je ne vois pas pourquoi pas. »

Second point faible : l'influence de la famille, notamment sur l'attitude du candidat vis-à-vis de la religion. « Que pense ta famille des cérémonies religieuses ? Penses-tu avoir définitivement liquidé toute superstition, tout fatras religieux ? As-tu baptisé tes enfants ? Quand as-tu mis les pieds dans une église pour la dernière fois ? Il paraît qu'à l'enterrement de ta mère, tu as fait venir le pope. Est-ce vrai ? »

Mais la grande majorité des questions ont trait au milieu du postulant, à ses proches, à tous ceux qui, d'une manière ou d'une autre, pourraient insidieusement l'influencer. Le communiste, surtout lorsqu'il est novice, est un élément fragile dans un environnement hostile et étranger.

— Est-ce que des membres de ta famille ont été arrêtés ou privés du droit de vote ? »

— Connais-tu bien ton mari ? Est-il sincère avec toi ? »

— Comment comptes-tu faire passer la ligne du Parti dans ta vie sexuelle [*sic*] ? »

— Dis-nous sincèrement quels sont les, sentiments de ton mari envers la politique du Parti et le pouvoir soviétique. »

— Pourquoi ton mari ne participe-t-il pas à des activités sociales et se tient-il à l'écart ? »

— Depuis quand tes parents sont-ils entrés au kolkhoze ? »

— Sais-tu pourquoi l'oncle de ton mari a été arrêté ? »

Il faut traquer tous les « éléments louches » qui, à la faveur de l'entrée d'un de leurs proches au Parti, peuvent s'y insinuer : « En ce qui concerne le mari d'Ivanova, dans la mesure où il est plus développé qu'elle, et où il a mené une activité contre-révolutionnaire dans l'Armée rouge, il pourra facilement utiliser la présence d'Ivanova dans nos rangs pour y faire passer subrepticement ses vilaines idées. Il ne faut pas admettre Ivanova au Parti. » Dans un climat de suspicion croissante et après chaque « purge » du parti, le passé le plus lointain de chaque postulant est passé au peigne fin : « As-tu des preuves de ta participation à la lutte contre Kornilov en 1917 ? » « Qu'as-tu fait en 1918 quand tu as disparu de l'Armée rouge dans la région de Smolensk ? »

À l'issue de l'examen, on risque non seulement de ne pas être admis au Parti, mais aussi de voir son dossier transmis au redoutable NKVD pour des faits remontant à une vingtaine d'années.

> Kozlov a déserté l'Armée rouge en 1918, juste au moment où, dans sa région, il y avait des bandes de socialistes-révolutionnaires. Il apparaît que ses parents furent activement mêlés à ces événements. Considérant que Kozlov cache la vérité, n'est pas sincère, s'embrouille dans ses réponses, on ne peut que conclure que Kozlov lui-même faisait partie de ces bandes. Par conséquent, la cellule du parti demande aux organes du NKVD d'enquêter plus à fond sur cet individu.

Où arrêter cette enquête ? Il n'y a plus de bornes ! En cherchant toujours plus loin dans le temps et l'entourage du communiste, on finira par trouver quelque élément qui puisse justifier son exclusion ou le refus d'admission.

L'encre spéciale du Comité central

Accepté par la cellule, l'élu doit encore se soumettre à une dernière formalité : attendre un mois après la publication (dans le journal local) de la liste des candidats au Parti. Pendant ce temps, quiconque connaît le candidat peut écrire au journal et manifester ses doutes sur la valeur du futur communiste. Tout peut être à refaire. Et les lettres ne manquent pas ! Elles mettent parfois en cause les « qualités morales » du candidat : « Avant, Kozlov était gardien d'église. Aujourd'hui, c'est le premier voyou, rouspéteur et querelleur du village. Il y a deux ans, devant tout le village, il s'est battu avec le maréchal-ferrant, saoul lui aussi, qu'il a assommé avec une brique… Et c'est cet homme que vous voulez faire entrer au parti ? » Mais, le plus souvent, les lettres lancent des accusations vagues, à travers lesquelles transparaît la grande obsession collective de l'époque : l'espionnite.

> J'ai lu que Gogol était sur la liste. […] Si je me souviens bien, il a été, en 1923 ou 1924, arrêté par le GPU et le bruit a couru que c'était à cause d'une histoire de bande d'espions, et ce type a longtemps été en prison, puis a été libéré. Son frère a été soupçonné d'espionnage ou d'autre chose dans ce genre. […] Je vous écris, car je le connais bien, c'était mon voisin et je me souviens qu'il considérait le pouvoir soviétique comme quelque chose de passager et de primitif. »

Le dernier obstacle franchi, le postulant reçoit enfin sa carte de candidat au parti (il ne devient membre à part entière qu'au bout d'un ou deux ans). Précieuse carte ! Que de précautions pour la remplir. « Elle sera remplie à l'aide d'une encre spéciale envoyée par le Comité central, soigneusement et sans ratures. » Quel malheur si on l'égare !

> Le camarade Selvinov, en perdant sa carte dans un tramway, a commis une faute très grave, a eu une attitude désinvolte envers sa carte qui est peut-être aujourd'hui utilisée par un ennemi du peuple. [...] Tenant compte du fait qu'il s'est toujours montré discipliné, qu'il a largement contribué à faire de sa brigade de maçons une unité exemplaire, il ne sera pas exclu pour cette fois du parti s'il lui est donné un blâme sévère avec inscription au dossier.

À quoi aboutit cette longue et stricte procédure d'admission au Parti ? Dans l'esprit des dirigeants, à la création d'une élite. Mais quelle élite ? Staline répétait souvent que les membres du Parti n'avaient pas besoin d'être des théoriciens et de comprendre toutes les finesses du marxisme-léninisme, mais devaient être de bons « praticiens », de fidèles exécutants de la « ligne générale ». C'est bien ainsi qu'il apparaît, ou plutôt qu'il s'efforce d'être, ce futur communiste : prêt à remplir sans broncher les ordres du parti, à pourfendre tous les ennemis du régime, discipliné et réservé, d'origine modeste mais respecté, travailleur et sobre, au passé et aux relations irréprochables, palliant son manque de formation politique par un grand enthousiasme à construire le socialisme : tel est le communiste modèle de l'époque stalinienne. La difficile procédure d'admission a renforcé chez lui le profond sentiment d'appartenir au monde des élus, de faire partie de ceux qui marchent dans le sens de l'Histoire, incarnée par le parti-État. Elle a favorisé chez ces militants une sorte d'absolutisme populaire : « Qui n'est pas avec nous est contre nous. »

Absolutisme populaire déjà présent en octobre 1917 – comme l'ont montré les archives rassemblées par Marc Ferro – dans les résolutions de militants inconnus de la base proposant, sans attendre les ordres d'en haut, la fermeture des « journaux bourgeois », l'interdiction des partis autres que le parti bolchevik. Prendre en compte cet absolutisme populaire révélé par une meilleure connaissance des hommes qui constituent le Parti à la base et observer sa convergence avec l'absolutisme stalinien, telle semble bien être aujourd'hui la démarche nécessaire à une meilleure compréhension du « phénomène stalinien ».

Pour en savoir plus

Il n'existe dans aucune bibliothèque française, même de microfilms, des archives de Smolensk. Cette collection de documents, sous le titre « Archives du parti communiste unifié (bolchevik), District de Smolensk, groupe des archives 1056 », se trouve maintenant au Centre fédéral des archives à Washington. Elle compte 536 dossiers. Des microfilms sont disponibles à la bibliothèque de l'université de Columbia, New York. Le seul ouvrage publié, à partir des archives de Smolensk, est celui de Merle Fainsod, *Smolensk à l'heure de Staline,* Paris, Fayard, coll. « L'Histoire sans frontières », 1967. Pour le présent article ont été exploités les dossiers 103, 107, 109, 213, 298, 331, 348 et 386.

Il existe, en revanche, un grand nombre d'ouvrages, en langues anglaise et russe essentiellement, sur le parti communiste soviétique. Parmi les plus importants, citons :

Thomas Harold Rigby, *Communist party membership in the USSR*, Princeton, 1968.

Leonard Schapiro, *The Communist Party of the Soviet Union,* New York, 1960.

Il est dommage que, dans tous ces ouvrages, l'étude du parti s'identifie, faute de sources nouvelles, à celle de la grande histoire, de l'histoire politique.

Enfin, un ouvrage sur le parti bolchevique, ses militants, qui renouvelle la vision des débuts du système politique et social en URSS, est celui de Marc Ferro : *Des Soviets au communisme bureaucratique*, Paris, Gallimard, coll. « Archives », 1980.

CHAPITRE 11

La vérité sur la Grande Terreur

Vingt ans après la révolution d'Octobre, le régime soviétique perpétra le plus grand massacre d'État jamais mis en œuvre en Europe en temps de paix : en seize mois, d'août 1937 à novembre 1938, environ 750 000 citoyens soviétiques furent exécutés après avoir été condamnés à mort par un tribunal d'exception à l'issue d'une parodie de jugement. Soit près de 50 000 exécutions par mois, 1 600 par jour. Durant la Grande Terreur[1], un Soviétique adulte sur cent fut exécuté d'une balle dans la nuque. Dans le même temps, près d'un million de Soviétiques étaient condamnés à une peine de dix ans de travaux forcés et envoyés au Goulag.

Comment expliquer cette débauche de terreur ? Qui en furent les victimes ? Est-il légitime de qua-

1. Cette expression a été popularisée par Robert Conquest dans son ouvrage pionnier *The Great Terror*, traduit en français en 1968 chez Stock. En URSS, cet épisode était évoqué sous le terme péjoratif de « *Iejovschina* », le « règne de Iejov », du nom du commissaire du peuple à l'Intérieur de septembre 1936 à novembre 1938.

lifier ce crime de masse, comme on le fait généralement, de « grandes purges » ? Quinze ans après l'ouverture des archives soviétiques, il est enfin possible de prendre la mesure exacte de ce que fut réellement la Grande Terreur des années 1937-1938 en URSS.

Les procès de Moscou, un événement écran

Disons-le d'emblée : les procès de Moscou, qui ont mis en scène les dirigeants bolcheviques déchus accusés des pires crimes de trahison et d'espionnage, tout comme le Rapport secret de Nikita Khrouchtchev au XXe congrès du PCUS, qui a lancé, en 1956, la déstalinisation, ont, chacun à leur manière, été de formidables « événements écrans ». En effet, les procès de Moscou, parodies de justice largement couvertes par les médias tant soviétiques qu'occidentaux, ont durablement masqué l'autre face, cachée et inavouée, de la Grande Terreur, celle des « opérations répressives secrètes de masse », dévoilées seulement après la chute de l'URSS et l'ouverture des archives soviétiques, au début des années 1990.

Quant au Rapport secret, qui donnait en 1956 une vision très partielle et sélective des crimes de Staline, il a longtemps fait croire que la répression avait été dirigée principalement contre les cadres communistes du Parti, de l'économie et de l'armée[2].

2. Cf. N. Werth, « Révélations et silences d'un "rapport secret" », voir chapitre 17.

En réalité, la Grande Terreur fut d'abord et avant tout une immense opération d'ingénierie et de « purification » sociale visant à liquider définitivement tous les éléments jugés « étrangers » ou « nuisibles » à la nouvelle société socialiste en cours d'édification. Ce que l'accès à des fonds d'archives jusque-là inaccessibles – fonds du Politburo, fonds Staline, archives centrales de la Sécurité d'État – a permis d'éclairer.

Les seize mois de la Grande Terreur concentrent, à eux seuls, les trois quarts des condamnations à mort prononcées entre la fin de la guerre civile (1921) et la disparition de Staline (1953) par une juridiction d'exception. Il s'agit bien d'un moment paroxystique, sans égal durant l'ensemble de la période soviétique, qui résulte de la convergence, dans un contexte de grandes tensions internationales, de deux lignes répressives : l'une, politique, dirigée contre les élites ; l'autre, sociale et, dans une certaine mesure, ethnique.

Les purges des élites n'ont représenté qu'une petite fraction, 7 % environ de la répression. Ce qui était en jeu là, c'était le remplacement d'une élite par une autre, plus jeune, souvent mieux formée, politiquement plus obéissante, façonnée dans l'esprit stalinien des années 1930. On estime aujourd'hui à une centaine de milliers environ le nombre de cadres communistes arrêtés, dont un peu plus de la moitié furent exécutés. Parmi les plus emblématiques – et les mieux connues – de ces purges figure celle de l'Armée rouge : 35 000 officiers arrêtés, dont un tiers environ furent exécutés. Ses conséquences désastreuses se révélèrent dès la guerre soviéto-finlandaise de 1939-1940.

Autre purge particulièrement dommageable pour le pays, celle des cadres des administrations économiques et des grandes entreprises d'État, accusés de saboter la production : environ 25 000 furent arrêtés, dont plus de la moitié exécutés. Enfin, celle des cadres politiques régionaux et locaux : 45 000 arrêtés, dont la moitié environ exécutés, accusés de « déviation droitière », de « trotskisme » ou de « nationalisme » ukrainien, ouzbek, géorgien, arménien, turkmène, panturc, etc.

La répression des élites représenta la face publique de la terreur, dont la manifestation la plus éclatante fut les procès politiques à grand spectacle : les fameux « procès de Moscou » de 1936, 1937 et 1938, mais aussi les centaines de procès publics, à vocation pédagogique, de dirigeants communistes locaux. « Formidable mécanisme de prophylaxie sociale[3] », ces parodies de justice, accompagnées d'innombrables meetings, désignaient à la vindicte populaire des boucs émissaires responsables des difficultés rencontrées dans la « construction du socialisme » et des dysfonctionnements endémiques d'une industrialisation chaotique.

Première cible : les « ex-koulaks »

Dans le même temps, les groupes opérationnels du NKVD mettaient en œuvre les « opérations répressives de masse ». Ces opérations secrètes, planifiées

3. A. Kriegel, *Les Grands Procès politiques dans les systèmes communistes*, Gallimard, 1972, p. 45.

et centralisées – une dizaine au total – étaient décidées et mises au point, au plus haut niveau, par Staline et son commissaire du peuple à l'Intérieur, Nikolaï Iejov.

C'est Staline qui lança, le 2 juillet 1937, la première de ces « opérations », celle qui, dans le langage codé des fonctionnaires du NKVD, visait la « ligne koulak ». Au nom du Comité central, Staline adressa ce jour-là une directive secrète à tous les dirigeants régionaux du parti leur demandant de lui envoyer, dans un délai de cinq jours, une estimation du nombre de « koulaks » et d'« éléments socialement nuisibles » fichés dans leur région.

Ces individus, répartis en deux catégories arbitraires selon leur degré de dangerosité sociale supposée, feraient l'objet d'une « procédure administrative simplifiée devant une troïka[4] » : les plus « hostiles » seraient fusillés, les autres envoyés en camp pour une peine de dix ans.

Le lancement de cette opération ne survenait évidemment pas *ex abrupto*. Depuis des années, le NKVD traquait plusieurs catégories de citoyens. Étaient particulièrement visés les « koulaks » ou, plus exactement, les « ex-koulaks », paysans hostiles à la collectivisation forcée des campagnes. Plusieurs millions d'entre eux avaient été, en 1930-1932, expropriés et déportés en Sibérie, dans l'Oural, au Kazakhstan. Mais un grand nombre d'entre eux avaient fui leur lieu d'assignation à résidence.

---

4. Il s'agissait d'une commission extrajudiciaire de trois membres, composée du chef régional du NKVD, du premier secrétaire régional du Parti et du procureur de région.

Après que tous les dirigeants régionaux du Parti, dont Nikita Khrouchtchev, premier secrétaire de l'organisation du Parti communiste de Moscou, eurent donné leurs estimations chiffrées et que les groupes opérationnels du NKVD eurent achevé, dans le plus grand secret, les préparatifs – quasi militaires – de l'opération, Nikolaï Iejov signa, le 30 juillet 1937, l'ordre opérationnel du NKVD n° 00447 « Sur la répression des ex-koulaks, criminels et autres éléments antisoviétiques ».

C'est de cet ordre secret que résulte le plus gros contingent des victimes de la Grande Terreur : 767 000 personnes arrêtées, dont 387 000 furent fusillées, d'après les statistiques officielles du NKVD.

Pas moins de huit catégories, aux contours très flous, d'individus étaient ciblées. Chaque région se voyait attribuer des quotas d'individus à fusiller (« 1re catégorie ») et d'individus à interner en camp pour une durée de dix ans (« 2e catégorie »). Les dossiers devaient être instruits à charge, hors de toute défense de l'accusé ; les sentences, rendues à huis clos, seraient sans appel et immédiatement exécutoires.

Toutes les opérations de répression devaient débuter entre le 5 et le 15 août 1937 et être achevées dans un délai de quatre mois. En réalité, elles durèrent quinze mois. Les quotas initiaux de 2e catégorie (193 500) furent multipliés par deux. Quant aux quotas de 1re catégorie, à fusiller (76 000), ils furent multipliés par cinq !

Faire du chiffre

Souvent nommés depuis peu et soucieux de faire du zèle, les dirigeants régionaux du Parti et du NKVD multiplièrent les demandes d'« augmentation des quotas », et ce dès les premiers jours de l'opération, soumettant ainsi leurs subordonnés sur le terrain à des pressions toujours plus grandes pour « faire du chiffre ».

Staline ou Iejov ne refusaient jamais d'accorder les « suppléments » demandés. Il suffisait d'une courte résolution du Politburo, voire d'une seule ligne manuscrite griffonnée par Staline sur le télégramme même envoyé par le responsable régional : « D'accord pour une augmentation de quota jusqu'à 8 000 », était-il répondu au chef du NKVD de la région d'Omsk en août 1937 ; « Accorder un supplément de quota de 6 000 en 1re catégorie pour la région de Krasnoïarsk ». À côté de la signature de Staline, on trouve parfois celle de Molotov, alors chef du gouvernement soviétique, futur ministre des Affaires étrangères de l'URSS et « héritier » de Staline, qui sera l'un des principaux dirigeants du PCUS lors du XXe congrès…

Il arrivait aussi que Staline et Iejov prennent l'initiative d'augmenter les quotas de répression d'une manière plus globale. Le 15 octobre 1937, ils « distribuèrent » à 58 régions et républiques fédérées de nouveaux quotas pour pas moins de 120 320 « éléments à réprimer ». En février 1938, Staline accorda le plus important « supplément » jamais attribué jusqu'alors à une seule république ou région : 30 000 pour l'Ukraine.

Il n'était pas trop difficile de fournir les premiers contingents de victimes, qui correspondaient plus ou moins aux personnes fichées par les services de police. Mais lorsque les listes furent éclusés, les agents du NKVD durent recourir à d'autres méthodes pour remplir les quotas. On fit des rafles sur les marchés et dans les gares, lieux fréquentés par toute une population marginale, souvent en infraction au regard d'une des innombrables lois sanctionnant la « spéculation », la mendicité ou le « parasitisme ». On éplucha les listes d'imposition ou de privation des droits civiques. On arrêta des individus dont les noms avaient été obtenus de détenus soumis à la torture...

Au bout du compte, les victimes de la plus importante des « opérations de masse » déclenchée par l'ordre n° 00447 furent recrutées dans des catégories très diverses. Les « ex-koulaks » d'abord : sous ce terme fourre-tout, on trouvait aussi bien d'anciens paysans dékoulakisés et déportés au début des années 1930 que des « paysans individuels[5] » qui continuaient, envers et contre tout, à refuser d'entrer au kolkhoze, ferme collective, ou bien des kolkhoziens qui avaient manifesté trop ouvertement leur hostilité au système.

Le terme de « criminels », lui, servait à désigner, certes, des délinquants, petits et grands, mais aussi de jeunes « hooligans » d'extraction ouvrière, arrêtés pour avoir proféré, souvent en état d'ébriété, quelque

5. On appelait ainsi les paysans qui continuaient à refuser d'entrer au kolkhoze. Ils représentaient encore, au milieu des années 1930, environ 6 à 7 % de l'ensemble de la paysannerie, soit 7 à 8 millions de personnes.

propos antisoviétique, ainsi que des « spéculateurs », le plus souvent ex-commerçants ou artisans vivotant de la revente, à la sauvette, de marchandises déficientes, des marginaux...

Enfin, sous l'étiquette « autres éléments contre-révolutionnaires », qui constituait la troisième colonne des tableaux statistiques régulièrement compilés par les services du NKVD pour mesurer l'« état d'avancement » de l'opération n° 00447, on trouvait pêle-mêle des membres du clergé orthodoxe – plusieurs dizaines de milliers d'entre eux furent exécutés –, des « gens du passé » (*byvchie*, terme ô combien significatif) : ex-fonctionnaires ou officiers de l'ancien régime, ex-propriétaires fonciers ou anciens industriels et anciens membres de partis politiques non bolcheviques encore en liberté.

Les ennemis « nationaux »

Parallèlement à l'« opération koulak », Staline et Iejov lancèrent une dizaine d'autres « opérations de masse », dites « opérations nationales ». Le 25 juillet 1937 débuta l'« opération allemande » (ordre opérationnel du NKVD n° 00439) visant « les agents allemands, saboteurs, espions et terroristes travaillant pour le compte de la Gestapo notamment dans les entreprises industrielles stratégiques ». En quinze mois, pas moins de 57 000 « agents et espions » furent arrêtés, dont 42 000 furent condamnés à mort et exécutés, les autres étant « traités en 2e catégorie » de dix ans de camp.

Le 11 août 1937, Nikolaï Iejov envoya à tous les dirigeants régionaux du NKVD une nouvelle directive, l'ordre n° 00485, qui lançait l'« opération polonaise », la plus importante des « opérations nationales », qui allait se solder par l'arrestation, en quinze mois, de 144 000 personnes, dont près de 80 % furent condamnées à la peine capitale. Parmi les minorités nationales, la diaspora polonaise paya, de loin, le plus lourd tribut à la Grande Terreur : un cinquième des quelque 700 000 citoyens soviétiques d'origine polonaise recensés en URSS en 1937 furent condamnés, et la plupart exécutés.

Staline en personne suivit et encouragea vivement l'« éradication définitive des espions polonais ». Sur le premier rapport que lui envoya Iejov concernant le déroulement de l'opération, Staline écrivit : « Cam. Iejov ! Voilà qui est excellent ! Continuez à creuser, fouiller, nettoyer et éradiquer toute cette saleté polonaise. Liquidez-la complètement au nom des intérêts de l'URSS. »

Entre septembre et novembre 1937, le NKVD déclencha six autres « opérations nationales » : l'opération de Harbin[6] (33 000 condamnés, 21 000 exécutés), l'opération lettone (22 360 condamnés, dont 16 600 exécutés), l'opération finlandaise

6. Du nom de cette ville de Mandchourie qui avait abrité une importante colonie d'expatriés soviétiques, travaillant comme employés de la Compagnie des chemins de fer de Chine orientale, gérée par les Soviétiques. Après la vente de cette compagnie au Japon, la plupart d'entre eux revinrent en URSS. Pour les autorités soviétiques, ils représentaient un vivier idéal d'« espions et de terroristes à la solde des services secrets japonais ».

(7 000 condamnés, dont plus de 5 700 exécutés), l'opération grecque (11 300 condamnés, dont 9 500 exécutés), l'opération estonienne (5 700 condamnés, dont 4 700 exécutés), l'opération roumaine (6 300 condamnés, dont 4 000 exécutés). Selon les statistiques centrales du NKVD, de juillet 1937 à novembre 1938, 335 513 personnes furent condamnées par des juridictions d'exception dans le cadre des « opérations nationales ». Sur ce nombre, 247 157, soit près des trois quarts, furent exécutées.

Le déclenchement des « opérations nationales » était directement lié à l'obsession de Staline et des autres dirigeants soviétiques d'une « cinquième colonne » qui aurait recruté ses éléments dans le vivier des diasporas[7]. L'« opération koulak » marquait l'aboutissement d'une gestion policière du social visant à éradiquer les « éléments nuisibles » parmi les ennemis « traditionnels » du pouvoir bolchevique depuis 1917 : les « koulaks », les membres du clergé, les élites de l'ancien régime, les membres des partis non bolcheviques. Les « opérations nationales » indiquaient un changement, qui allait s'affirmer avec force au cours des années suivantes : l'ennemi était désormais ethniquement – et non plus socialement – ciblé.

Dans leur organisation, leur mise en œuvre, leurs cibles, les « opérations nationales » différaient, sur bien des points, de l'« opération koulak ». Elles ne

7. Staline interprétait les défaites des républicains espagnols par leur inaptitude à se défaire des « espions » infiltrés dans leurs rangs. Le thème de la « cinquième colonne » se diffusa alors parmi les hauts responsables soviétiques.

fixaient pas de quotas, mais indiquaient des catégories de personnes à arrêter. Ainsi, dans le cadre de l'« opération polonaise », étaient particulièrement visés les ex-prisonniers de guerre polonais restés en URSS, les réfugiés polonais, les éléments « nationalistes » des régions et districts de l'URSS où était installée une forte communauté polonaise, mais aussi toute personne ayant un lien quelconque avec un citoyen polonais.

À la différence des dossiers passant par la « ligne koulak », qui ne nécessitaient aucune confirmation de la part de Moscou, les verdicts émis par les *dvoïki* (juridictions d'exception composées d'un haut responsable du NKVD et du procureur de région), dans le cadre des « opérations nationales », devaient être confirmés, à Moscou, au plus haut niveau, par la commission spéciale conjointe du NKVD et du procureur général de l'URSS, présidée par Nikolaï Iejov et Andreï Vychinski.

Chaque affaire était résumée dans une brève notice de quelques lignes donnant une information minimale sur l'état civil du condamné, le chef d'accusation et le verdict. Ces notices étaient tapées à la machine, dans chaque direction régionale du NKVD, et collées dans un album spécial. Quand il était rempli, un album comptait de 400 à 600 notices, il était envoyé à Moscou, où de hauts responsables du NKVD émargeaient chaque notice, confirmant ainsi – sauf exception rarissime – le verdict. Exceptionnellement, quand ils en avaient le temps, Nikolaï Iejov et Andreï Vychinski parcouraient eux-mêmes les albums.

Le terrible bilan

Grâce aux recherches d'une équipe d'historiens de l'association Mémorial[8], qui ont eu accès aux fonds statistiques centraux du NKVD, on dispose aujourd'hui d'une première esquisse de la géographie et de la sociologie des victimes de la Grande Terreur. Si l'on prend en compte l'ensemble des opérations répressives de masse, il apparaît qu'aucune région n'échappa à la terreur, même si certaines furent plus frappées que d'autres. L'Ukraine (plus de 250 000 condamnés, dont 127 000 exécutés), la Sibérie (plus de 180 000 condamnés, dont 120 000 exécutés), l'Extrême-Orient soviétique (90 000 condamnés, dont 52 000 exécutés), l'Oural (88 000 condamnés, dont 45 000 exécutés) fournirent les plus gros contingents de victimes.

De fait, depuis le début des années 1930, l'Ukraine, rebelle à la tutelle de Moscou, aux réquisitions agricoles, avait déjà été ciblée comme « ennemie » et frappée par une terrible famine, dont la politique stalinienne était directement responsable. Quant aux trois autres régions, elles étaient devenues de véritables « régions poubelles » vers lesquelles avaient été déportés, depuis le début des années 1930, des millions de parias sociaux.

Pour autant, les deux villes-capitales Moscou (plus de 70 000 condamnés, dont 29 000 exécutés), et

8. Créée au moment de la perestroïka, cette association a pour but de sauvegarder la mémoire des répressions staliniennes et de lutter pour les droits de l'homme.

Leningrad (68 000 condamnés, dont 35 000 exécutés) ne furent guère épargnées. Pas plus que des petits chefs-lieux de province paisibles.

Il reste beaucoup de recherches à mener sur la sociologie des victimes de la Grande Terreur. Les catégories figurant dans les statistiques du NKVD ne sont, on le sait, guère fiables. Afin de montrer à leur hiérarchie qu'ils avaient rempli leurs quotas non seulement « quantitativement », mais aussi « qualitativement », en ciblant et en arrêtant les « ennemis de classe », les responsables du NKVD n'hésitaient pas à « tricher » avec l'origine sociale des individus arrêtés, gonflant le nombre de « koulaks », de « gens du passé », d'« éléments déclassés et criminels », minimisant celui des « ouvriers », « kolkhoziens » ou employés arrêtés.

Aussi imparfaites fussent-elles, les statistiques du NKVD montrent néanmoins clairement que la Grande Terreur a frappé des gens très divers. Mais ceux qui prédominent, en dehors des cibles « traditionnelles », ce sont les « petites gens ». En particulier, tous ceux que les immenses bouleversements de la « révolution stalinienne » des années 1930 – industrialisation accélérée, collectivisation forcée, suppression du secteur privé – avaient marginalisés.

Un crime resté secret

La Grande Terreur prit fin comme elle avait débuté : sur une résolution secrète de Staline, datée du 17 novembre 1938. Envoyé à un nombre restreint de hauts responsables du parti et du NKVD, ce texte abolissait toutes les *troïki* et *dvoïki* et stoppait immédiatement les « opérations répressives de masse ». Y étaient critiqués les « défauts majeurs » et les « dérapages » du NKVD, expliqués ainsi : des « ennemis du peuple » s'étaient « faufilés » dans le NKVD avec pour objectif de soustraire cette institution au contrôle vigilant du Parti, d'y développer leur « travail de sape antisoviétique ».

Quelques jours plus tard, Nikolaï Iejov démissionna de toutes ses fonctions. La *Pravda* annonça laconiquement qu'il avait été relevé de ses fonctions pour raisons de santé : il fut arrêté peu de temps après, condamné et exécuté. Mais les ennemis n'avaient pas désarmé. Le NKVD, dirigé par le nouveau commissaire du peuple, Lavrentii Beria, continuait de monter la garde…

Les opérations répressives de masse avaient été secrètes. Leur fin devait le rester aussi. Les « défauts » imputés au NKVD, conformément à la règle majeure de fonctionnement du système, la *konspiratsia* (« le secret »), n'avaient à être ni discutés ni divulgués en dehors du premier cercle des dirigeants.

Convergence de plusieurs logiques répressives, la Grande Terreur fut assurément un événement unique, d'une violence paroxystique, dans la période soviétique de l'histoire russe – même si ce crime de masse fut largement dépassé, en nombre de victimes, par d'autres formes de violence d'État, en particulier celles qui conduisirent aux famines de 1932-1933 et leurs 6 et 7 millions de victimes.

La Grande Terreur ne fut pas simplement le résultat d'une purge politique, plus dure que les précédentes. Elle fut, avant tout, le point d'aboutissement d'une série de campagnes et de pratiques policières de plus en plus radicales engagées contre les « éléments socialement nuisibles » depuis des années. Son point de départ ne fut pas l'assassinat de Sergueï Kirov. Ce fut la collectivisation forcée, et la déportation consécutive de millions de paysans.

Comme l'écrivit Boris Pasternak, dans son roman *Le Docteur Jivago*, la cruauté sans précédent de la Grande Terreur était inscrite dans la brutalité de la « décennie maudite » – les années 1930. Une décennie marquée par un mélange explosif de modernisation et de régression. D'un côté, une forme très particulière de modernité incarnée par un État industriel, bureaucratique et policier ; de l'autre, des phénomènes traduisant une profonde régression politique et sociale, une brutalisation générale marquée par une extension sans précédent d'un système de travail forcé, le Goulag, par des disettes et des famines.

Dans le prolongement de la collectivisation forcée et de la dékoulakisation, la direction stalinienne lança, à partir de 1933, une vaste offensive visant à discipliner, organiser, identifier, mieux contrôler la société de « sables mouvants[9] » issue des immenses bouleversements des années précédentes. Ce projet ambitieux débouchait sur un problème crucial : que faire des marginaux et des déviants sociaux, des « gens du passé » et des « éléments socialement nuisibles » ?

9. Cette caractérisation de la société soviétique des années 1930 est de Moshe Lewin (*La Formation du système soviétique*, Gallimard, 1986).

Sans doute pourrait-on esquisser des parallèles entre la grande campagne d'éradication définitive de tous ces « éléments » lancée à l'été 1937 en Union soviétique et le programme d'élimination, dans un « but eugénique », des malades mentaux, inauguré peu de temps après par le régime nazi. Assurément, avant le déclenchement de la Seconde Guerre mondiale, le NKVD avait pris, dans la pratique du crime de masse, une très large avance.

Cependant, dans la mesure où ces opérations répressives de masse menées dans le plus grand secret étaient totalement inconnues des dignitaires nazis, l'analyse que nous venons de proposer de cet épisode ne saurait, en aucune façon, valider les conclusions avancées par l'historien allemand Ernst Nolte dans *La Guerre civile européenne* – à savoir la relation de cause à effet des pratiques criminelles staliniennes sur la radicalisation de la terreur nazie, ouvrant la voie à la Solution finale.

CHAPITRE 12

Les 900 jours de Leningrad

Il y a soixante-quinze ans, en septembre 1941, débutait « le plus long et le plus meurtrier siège jamais subi par une ville moderne » (Harrison Salisbury) : le siège de Leningrad, seconde ville soviétique par sa population, mais première par sa charge symbolique. L'ancienne capitale de l'Empire russe, Saint-Pétersbourg, était, en effet, la ville où avait triomphé la « grande révolution socialiste d'octobre » en 1917. Plus de 2,5 millions de Léningradois se retrouvèrent encerclés par les armées allemandes. Le blocus de la ville ne fut définitivement levé qu'en janvier 1944.

À lui seul, le siège de Leningrad cristallise la spécificité de la guerre à l'Est : une guerre d'extermination. Il était impensable que Leningrad fût, à l'instar de Paris, déclarée « ville ouverte » pour permettre à ses habitants de fuir. Selon Hitler, le « berceau du bolchevisme » devait disparaître. Un ordre du quartier général de Hitler, en date du 7 octobre 1941, signé du général Jodl, spécifiait qu'aucune capitulation ne serait acceptée. La Wehrmacht n'avait pas les moyens de nourrir la population de la ville. Elle devait périr.

Selon le plan Barbarossa établi par l'état-major de la Wehrmacht, quatre groupes d'armées devaient mener le *Blitzkrieg* contre l'URSS et contraindre l'Armée rouge à capituler avant l'hiver 1941. Le groupe de Finlande avait pour objectifs Mourmansk et le contrôle des côtes de la mer Blanche. Le groupe Nord, commandé par le général Leeb, était chargé d'avancer sur Leningrad. Le groupe Centre, le plus important, devait marcher sur Moscou. Le groupe Sud, enfin, avait pour mission d'occuper l'Ukraine.

Une population prise au piège

Comme partout ailleurs, l'avancée des Allemands vers Leningrad est fulgurante. En deux semaines, les armées soviétiques « de l'axe nord-ouest », commandées par le maréchal Vorochilov, membre du Politburo et l'un des plus proches collaborateurs de Staline, sont mises en déroute dans les Républiques baltes. Le 8 juillet, les Allemands occupent Pskov, à 200 kilomètres de Leningrad. Lorsque les troupes allemandes lancent leur « offensive finale » sur Leningrad, le 10 août, la situation devient catastrophique et la ville se fait, en quelques semaines, encercler. Au sud-ouest, la première ligne de défense sur le fleuve Louga est rapidement percée ; le 21 août, la voie ferrée qui relie Moscou à Leningrad est coupée. Au sud, la situation n'est pas moins désespérée pour les Soviétiques, qui parviennent cependant à conserver une tête de pont à Oranienbaum, alors que les Allemands atteignent le golfe de Finlande. Au même moment, plus à l'est, les troupes allemandes parviennent jusqu'à la rive méridionale du lac Ladoga et prennent Schlisselburg. C'est dans ce contexte d'extrême danger que Jdanov, premier secrétaire du Parti communiste de Leningrad, Vorochilov et Popkov, le président du soviet de la ville, lancent le 21 août un appel à la défense de la ville par le peuple lui-même. Les Léningradois, jusque-là privés de toute information fiable sur l'ampleur de la déroute de l'Armée rouge, prennent conscience de la gravité de la situation. Mais il est déjà trop tard pour quitter la ville soumise, dès le 4 septembre, à des raids de l'aviation allemande.

Le 13 septembre, Merkoulov, le numéro deux du NKVD, la police politique, arrive spécialement de Moscou avec un mandat ultra-secret du Comité d'État à la Défense donnant instruction aux autorités de Leningrad de faire sauter les ponts, les usines et les édifices publics jugés stratégiques au cas où l'ennemi enfoncerait la dernière ligne de barrage dans les faubourgs sud de la ville. Deux jours plus tôt, le général Joukov a été nommé à la tête du front de Leningrad. Remplaçant un Vorochilov désemparé, il parvient *in extremis* à stabiliser le front à quelques kilomètres au sud de la ville. Mais celle-ci est totalement coupée du reste du pays, exception faite de communications très hypothétiques par le lac Ladoga.

Début septembre, la situation de l'approvisionnement à Leningrad est déjà catastrophique. La rapidité de l'avancée allemande a pris de court les autorités, qui n'ont mis en place un système de cartes de rationnement que le 18 juillet, au 27e jour de la guerre. Les vivres dont dispose la ville représentent à peine

35 jours de stocks pour le blé et la farine, 30 jours pour la viande, 45 jours pour les matières grasses.

Pour faire durer ces maigres réserves, les rations journalières sont diminuées à trois reprises entre le 2 septembre et le 13 novembre 1941. Pour les ayants droit de « 1re catégorie » (ouvriers, techniciens, ingénieurs), la ration journalière de pain passe de 600 à 300 grammes par jour. Pour les employés et les autres professions non manuelles (« 2e catégorie »), elle est réduite de 400 à 150 grammes. Enfin, pour les « adultes inactifs » et les enfants de moins de 12 ans (« 3e catégorie »), elle est abaissée de 300 à 150 grammes. Ces maigres rations ne permettent pas de prolonger longtemps les stocks. Des produits de remplacement sont largement utilisés : la cellulose, une pâte de coton spécialement traitée ou du soja entrent dans la composition du « pain » distribué.

Afin d'atténuer la pression, les autorités organisent – bien tardivement, après le fiasco d'une première évacuation d'enfants, envoyés en juillet vers des zones au sud-ouest de Leningrad bientôt occupées par les Allemands – l'évacuation par avion ou par bateau d'environ 80 000 Léningradois « prioritaires » : ouvriers qualifiés de certaines usines stratégiques d'armement, élites scientifiques et intellectuelles, membres des familles de la nomenklatura. Cette route « de la vie » que constitue le lac Ladoga est également utilisée pour acheminer quelques médiocres ressources dans la ville assiégée. On édifie à la hâte, à Osinovets, un petit port qui peut recevoir, fin septembre 1941, une douzaine de bateaux de ravitaillement par jour. Mais cette ligne de communication est menacée en permanence par l'aviation allemande. De fait, les quantités de vivres acheminés par cette voie sont ridiculement faibles au regard des besoins de la population.

L'hiver meurtrier

L'arrivée précoce de l'hiver interrompt la navigation sur le lac à partir du début du mois de novembre. Le seul moyen de communication avec l'extérieur reste la voie aérienne ; toutefois, le ravitaillement par ce moyen se révèle peu efficace. À partir du 22 novembre, le lac est à nouveau praticable grâce à une épaisse couche de glace. Toute la difficulté consiste à convoyer, par camion et sur des routes exécrables, le ravitaillement depuis la voie de chemin de fer Vologda-Leningrad, qui passe à une vingtaine de kilomètres au sud du lac, jusqu'au bord du lac ; puis, de là, à travers le lac gelé et enneigé, jusqu'à Osinovets, relié par une voie de chemin de fer à Leningrad.

Le 20 novembre, les normes de rationnement sont, pour la cinquième fois, réduites. Quant aux autres tickets de rationnement (sur la viande, les produits laitiers, les graisses, le sucre), ils ne sont désormais qu'exceptionnellement honorés, à l'issue de longues heures d'attente, commencées dans la nuit, devant des magasins vides. À partir de la seconde quinzaine de novembre, la mortalité due à une « dystrophie alimentaire » – euphémisme employé par l'administration pour désigner la mort par la faim – explose.

On estime à 700 000 environ le nombre de Léningradois décédés durant la période la plus terrible du blocus – entre septembre 1941 et juillet 1942. À la torture de la faim s'ajoute celle du froid. Chichement alloué par les comités d'immeuble, le stock de bois est rapidement épuisé. La distribution d'électricité et de gaz est coupée, pour les particuliers, dès la mi-novembre. La ville est plongée dans l'obscurité. Seuls des bâtiments officiels, les locaux de la défense civile et un certain nombre d'administrations continuent à être éclairés quelques heures par jour. L'arrivée des grands froids, début décembre, a pour conséquence de faire sauter les canalisations gelées, privant les habitants de toute eau potable.

À la mi-décembre, les entreprises doivent fortement ralentir, voire suspendre leur production faute d'énergie. Les tramways – principal mode de transport public – cessent de fonctionner, ce qui contraint les Léningradois à faire des kilomètres à pied pour se rendre à leur travail ou aux rares points de distribution de pain. Les pénuries de carburant ayant quasiment stoppé tout trafic de véhicules à moteur, la luge, tirée par ceux qui sont encore valides, devient le moyen de locomotion privilégié des plus affaiblis.

Pour espérer sortir de cette situation désespérée, il n'y a que trois solutions : forcer le blocus par une contre-offensive militaire, évacuer un maximum de Léningradois, amener dans la ville davantage de ravitaillement et de matières premières. La première échoue à la mi-décembre 1941, faute de capacités militaires suffisantes : à ce moment-là, la priorité du haut commandement de l'Armée rouge est de repousser les Allemands le plus loin possible de Moscou. La deuxième met du temps à se mettre en place : l'évacuation des enfants, des retraités, des « inactifs » et des mères de famille non occupées à la production ne débute que fin janvier. En trois mois, plus de 450 000 Léningradois sont évacués en convois de camions par la route « de la vie » du lac Ladoga gelé. L'aviation allemande bombarde les convois, causant de nombreuses victimes ; quant aux survivants, beaucoup d'entre eux sont si épuisés qu'ils meurent peu de temps après avoir atteint Vologda, l'un des grands centres d'acheminement des évacués de Leningrad. Une seconde « vague d'évacuation » – cette fois, par bateau – débute à la mi-mai 1942, après quelques semaines d'interruption, due à la fonte de la glace sur le lac Ladoga. Au cours de l'été 1942, plus d'un demi-million de personnes supplémentaires, principalement des femmes, des enfants et des personnes âgées ou invalides, sont évacuées, soulageant d'autant la pression sur le reste des assiégés. Il ne subsiste plus à Leningrad, en septembre 1942, que 800 000 personnes. L'objectif du comité d'évacuation de la ville – « faire de Leningrad une ville de front composée d'un minimum indispensable de population productive et économiquement indépendante » – est rempli.

Le troisième impératif pour tenir le siège est d'acheminer nourriture et matières premières à Leningrad. Après la reprise de Tikhvine par l'Armée rouge, le 9 décembre 1941, plusieurs semaines ont été nécessaires pour remettre en état la voie ferrée endommagée par les Allemands et permettre aux convois ferroviaires de s'approcher au plus près de la ville assiégée, jusqu'à Voïbokalo d'où, par une mauvaise route, puis à travers le lac gelé, les camions vont pouvoir amener leur chargement jusqu'à Osinovets, puis jusqu'à Leningrad. Aussi précaire et dangereuse soit-elle, cette route « de la vie » assure un ravitaillement minimal aux civils. Le 24 décembre 1941, après cinq baisses successives des rations depuis septembre, les autorités procèdent à une première augmentation. Un mois plus tard, les rations augmentent légèrement à nouveau. Insuffisants à enrayer l'affaiblissement des organismes, ces quelque 50 grammes quotidiens de plus jouent surtout sur le moral des assiégés.

Malgré une troisième légère amélioration du ravitaillement à partir de janvier-février 1942, les décès atteignent leur pic précisément durant ces deux mois. Plusieurs études récentes ont montré qu'au cours de l'hiver, la mortalité a davantage touché la population mâle, tous âges confondus ; des morts souvent soudaines, par arrêt cardiaque, qui surviennent dans la rue (selon les statistiques policières, on ramasse près de 5 000 cadavres de gens morts de faim dans la rue au cours des seuls mois de janvier et février 1942), sur le lieu de travail ou au domicile. À partir du printemps, la tendance s'inverse : les femmes, qui semblent avoir mieux résisté durant l'hiver, meurent désormais en plus grand nombre, même si globalement, dès avril-mai, la mortalité diminue rapidement (43 000 morts enregistrées en mai, 25 000 en juin, 15 000 en juillet, 7 500 en août 1942), à mesure que la part de ravitaillement disponible pour les survivants augmente.

Comment rendre compte ici, en quelques mots, de ce que la grande poétesse de Leningrad, Olga Bergoltz, a appelé « la stratégie de la micro-vie » ?

> Ce qui nous maintient en vie, ce sont ces gestes de la micro-vie : puiser un seau d'eau sur la Gorokhovaïa ; puis compter chacune des marches que l'on monte, les

jambes en coton, jusque chez soi ; puis faire chauffer, sur des bûchettes, une casserole de lavasse ; puis sucer enfin, aussi longuement que possible, son quignon de pain – voici ce qui nous détourne et nous sauve de nos pensées, de nos sentiments et, pour nombre d'entre nous, tout simplement de la folie.

Si l'on quitte le domaine de l'intime pour des stratégies de survie plus tangibles, la plus immédiatement visible est la mise en culture, à partir du printemps 1942, de tous les espaces verts de la ville et des friches industrielles, transformés en immenses potagers. L'attribution de ces lopins et leur répartition font l'objet d'âpres marchandages qui mettent en avant des priorités évidentes (hôpitaux, orphelinats, écoles maternelles), mais révèlent aussi des rapports de force et des privilèges établis avant guerre : ainsi les grandes usines stratégiques sont-elles bien mieux loties que les petites entreprises.

Pas tous égaux devant la famine

D'une manière générale, le collectif constitue, durant le blocus, une véritable « enclave de survie ». Tant que l'on parvient à se rendre à l'école, au bureau, à l'institut, à l'usine, on maintient le lien social et l'on peut espérer bénéficier de petits avantages (ne serait-ce que d'un peu de chauffage, de quelques médicaments, d'un ersatz de restauration collective). En conséquence, les Léningradois ne sont pas tous égaux face à la famine. Ceux qui participent directement à la production, qu'ils soient ouvriers, techniciens, cadres ou ingénieurs, sont mieux nantis que ceux qui travaillent dans des bureaux ou des administrations. En outre, les membres de la nomenklatura, des élites politique, économique, scientifique ou intellectuelle, bénéficient de nombreux privilèges cachés : colis, cantines « fermées », accès à des biens de consommation introuvables.

On sait encore peu de choses sur la manière dont ces circuits de distribution privilégiés ont continué à fonctionner durant le blocus. Ce qui apparaît plus clairement est que certains lieux de travail ont assuré à leurs salariés de meilleures chances de survie. Il n'est guère étonnant de constater que le taux de mortalité a été trois fois moins élevé que la moyenne parmi les ouvriers et les employés de l'usine Baltika, qui fournissait Leningrad en pain, et que presque tous ceux qui travaillaient à l'usine de fabrication de margarine ont survécu… Ainsi, travailler à l'usine – malgré des journées de travail de onze heures – offre maints avantages, outre l'inscription dans la « 1re catégorie » en matière de ravitaillement. Nombre de firmes disposent de stocks de matières premières comestibles en situation extrême telles que la caséine industrielle, l'albumine ou la dextrine. Les entreprises les plus importantes et les plus stratégiques, qui travaillent pour la Défense, ont aussi des contacts étroits avec les militaires et, par leur intermédiaire, avec les circuits d'approvisionnement prioritaires de l'armée. Elles comprennent, en outre, des dortoirs aménagés près des ateliers (ce qui évite aux ouvriers la fatigue des déplacements à pied jusqu'à leur lieu de travail), infirmeries et cantines, où l'on peut toujours espérer obtenir un bol de lavasse chaude en plus de la ration réglementaire de pain, distribuée sur place et non à l'issue d'heures d'attente dans la rue, par un froid glacial.

Le NKVD traque les démoralisés

Pour tenter de survivre, les Léningradois affamés ont aussi recours à d'autres expédients, illégaux mais tolérés : le troc au marché noir. La place aux Foins redevient le lieu de tous les trafics. On y échange de tout contre un peu de nourriture : au cœur de l'hiver 1941-1942, un manteau en fourrure s'échange contre une livre de pain, un tapis persan contre deux petites tablettes de 25 grammes de chocolat, une montre en or contre cinq ou six pommes de terre.

« Tous n'étaient pas des braves » : ainsi le journaliste Harrison Salisbury a-t-il intitulé l'un des chapitres de sa monumentale étude, parue en 1969, sur le siège de Leningrad. Depuis, un certain nombre de travaux ont exploré la face longtemps cachée, sombre, parfois atroce, de l'épopée léningradoise. La plus remarquable enquête est celle de l'historien russe Nikita Lomaguine, *Neizvestnaïa Blokada* (« Le blocus inconnu »), publiée en 2002 et réalisée principalement à partir des rapports confidentiels du NKVD de Leningrad adressés chaque semaine à Moscou. Ces rapports analysent l'état d'esprit de la population de Leningrad, mais donnent aussi des informations précises sur l'état du ravitaillement, l'évolution de la mortalité, la criminalité, les « manifestations hostiles » et les « actes contre-révolutionnaires », les déviances et, tout spécialement, sur les cas de nécrophagie et de cannibalisme.

Dans la ville assiégée, la police politique continue à surveiller et encadrer la population, par l'intermédiaire de ses agents appointés (un peu plus de 1 200 fin 1942), mais aussi et surtout des quelque 10 000 « responsables politiques d'immeuble », autorisés à effectuer à tout moment du jour et de la nuit des contrôles d'identité et des perquisitions dans les appartements. Une dizaine de milliers d'informateurs renseignent aussi le NKVD, ne manquant pas de relever et de transmettre tout propos jugé séditieux. Le courrier est ouvert, et toute lettre faisant mention d'« informations négatives » de quelque nature que ce soit, aussitôt confisquée. Selon les sources policières, le moral de la population, marqué par un réel élan patriotique et un certain optimisme durant les premières semaines de la guerre, commence à se dégrader à partir de la seconde quinzaine d'août 1941.

Un nombre croissant de Léningradois s'interrogent sur l'impréparation du pays à l'attaque allemande, sur l'erreur politique et stratégique commise par Staline de s'allier avec Hitler en août 1939. On peut entendre dire que « les Allemands sont trop forts », qu'ils sont « très corrects et ne s'en prennent qu'aux Juifs et aux communistes », ou que, s'ils prennent Leningrad, « ce ne sera pas pire que sous les communistes ». Ces « rumeurs défaitistes » s'amplifient au cours des semaines suivantes. C'est dans les longues files d'attente devant les magasins vides que les informateurs du NKVD récoltent, auprès des ménagères, leur principale moisson de « propos défaitistes et contre-révolutionnaires ». Le leitmotiv est toujours le même : « À quoi bon défendre la ville ? On va crever de faim. Si les Allemands viennent, peut-être nous nourriront-ils ? Il faut déclarer Leningrad ville ouverte. »

Il est difficile de savoir dans quelle mesure ces propos sont représentatifs de l'état d'esprit de la population, mais il semble que ces opinions négatives soient restées très minoritaires. Les 10 000 informateurs du NKVD ne rapportaient qu'une centaine de propos de ce genre par jour. Quant à la proportion de lettres contenant des « informations négatives » saisies par la censure, elle oscille entre 2 et 6 %. On a trouvé la trace de plusieurs dizaines de « tracts » écrits à la main et collés sur des façades d'immeuble (« À bas la guerre ! À bas le communisme ! », « Du pain et la paix ! ») et de trois ou quatre refus collectifs (impliquant quelques dizaines d'ouvriers ou, plus exactement, d'ouvrières) d'effectuer des heures supplémentaires. Malgré le maigre « tableau de chasse » du NKVD, la répression est sévère : un rapport, daté du 25 octobre 1941, fait état de 3 374 « éléments contre-révolutionnaires » arrêtés à Leningrad depuis le début de la guerre.

À partir de janvier-février 1942, le NKVD se concentre sur la lutte contre les vols de denrées alimentaires et de cartes de rationnement, le marché noir et les trafics en tout genre qui prospèrent à mesure que les pénuries s'aggravent. Les statistiques sont éloquentes : plus de 20 000 affaires de « spéculation » jugées durant le blocus. Et les peines radicales : les tribunaux prononcent, entre l'été 1941 et l'été 1943, toutes affaires confondues

(« contre-révolutionnaires » et droit-commun), plus de 5 000 condamnations à mort.

Un phénomène particulièrement atroce fait l'objet d'une mention spéciale dans chaque rapport envoyé par Koubatkine, le chef régional du NKVD, aux plus hauts dirigeants du pays : le cannibalisme et la nécrophagie. Les premiers cas apparaissent en décembre 1941. En six mois, la police arrête près de 2 000 personnes ayant consommé de la chair humaine, dont des centaines ont tué au préalable leur victime. Des gangs de revendeurs de chair humaine sont démantelés. Ces consommateurs, sévèrement punis (un tiers d'entre eux sont fusillés, les autres condamnés à de longues peines de camp), sont tous – fait remarquable – des citadins de fraîche date, des paysans, hommes et femmes, ayant fui la collectivisation forcée, des individus déracinés installés à la périphérie de la ville. Ces cohortes de nouveaux prolétaires sont l'autre face – cachée – de la seconde ville soviétique au sortir de cette décennie d'extraordinaires bouleversements économiques et sociaux qu'ont été les années 1930 en URSS.

Mille actes de résistance

Dans Leningrad assiégée, il y a aussi la face lumineuse de la résistance. Une résistance sublimée dans les admirables poèmes d'Olga Bergoltz ou la grandiose *Symphonie n° 7* de Dmitri Chostakovitch, jouée le 9 août 1942 à la Philharmonie de Leningrad. Mais cet esprit de résistance s'est surtout exprimé à travers mille petites actions au quotidien : traverser toute la ville à pied, le ventre vide, par – 20 °C, pour tenir son poste de travail à l'usine ; nettoyer, au printemps 1942, les rues de tous les immondices et les cadavres accumulés durant l'hiver meurtrier ; et bien d'autres encore, relatées par les survivants à Alexander Werth, le premier journaliste occidental autorisé à se rendre (en septembre 1943) à Leningrad depuis le début du siège.

Les terribles épreuves endurées par les Léningradois et la fierté d'avoir « tenu » renforcèrent un particularisme déjà présent bien avant la guerre. Un particularisme – fort peu apprécié par Staline – fondé sur l'orgueil d'habiter dans une ville plus ouverte sur le monde, plus intellectuelle, plus frondeuse que « Moscou la marchande », « Moscou la parvenue » promue en 1918 au rang de capitale. En 1949, Staline fit fermer le musée dédié à la défense de Leningrad et à l'héroïsme des *blokadniki* (un néologisme apparu durant le blocus pour désigner les assiégés de Leningrad) que la municipalité avait ouvert peu de temps auparavant. Avant d'éliminer la plupart des dirigeants du Parti communiste de Leningrad qui avaient été aux commandes durant le siège.

Pour en savoir plus

John Barber, Andrei Dzenikevitch (eds), *Life and Death in Besieged Leningrad*, Basingstoke, Palgrave, 2005.

Nikita Lomaguine, *Neizvestnaia Blokada* (Le blocus inconnu), Saint Pétersbourg-Moscou, Ed. Neva/olma Press, 2 vol., 2002.

Alexander Werth, *Leningrad 1943*, Paris, Tallandier, Texto, 2013.

CHAPITRE 13

Pourquoi les Soviétiques ont-ils gagné la guerre ?

La « Grande Guerre patriotique » a été, au cours de la dernière décennie, relativement délaissée par les historiens, qui ont davantage exploré les années 1920 et 1930. Sans doute ont-ils été découragés par la masse immense d'une littérature hagiographique vantant les exploits des anciens combattants, d'une littérature militaire décrivant par le menu le déroulement des campagnes.

L'abondante documentation archivistique aujourd'hui disponible tout comme les rares études récentes sur les années 1941-1945 permettent cependant d'ouvrir de nombreuses pistes de recherche sur une période riche en contrastes et en paradoxes. Et de comprendre, au-delà des mythes et sans tabous, pourquoi les Soviétiques ont gagné la guerre contre les nazis.

Le choc du Blitzkrieg

« Dans toute une série d'entreprises de la capitale, rapportait le 6 septembre 1941 Nikolaï Mikhaïlov, responsable du département Instruction et organisation du comité régional du Parti de Moscou, un certain nombre d'ouvriers diffusent des rumeurs provocatrices et des humeurs défaitistes. [...] Le communiste Novikov nous a informés qu'au dépôt n° 39 un des ouvriers lui avait demandé : "Quelles nouvelles du front à la radio ?" Quand Novikov s'est mis à lui raconter les atrocités commises par les fascistes sur la population civile et les soldats de l'Armée rouge blessés, l'ouvrier Minime a déclaré, devant les autres ouvriers présents : "Les bêtes sauvages, ce ne sont pas les fascistes. Ce sont vous, les communistes. Bientôt ils vous régleront votre compte"[1]. »

Dans quelle mesure les « humeurs défaitistes » que révèlent nombre de « rapports sur l'état de l'arrière » aujourd'hui partiellement déclassifiés étaient-elles généralisées ? Faute d'études globales, il est assurément impossible de répondre définitivement sur la réaction des Soviétiques à la débâcle des premiers mois de la guerre.

On relèvera néanmoins un premier paradoxe : la société soviétique était psychologiquement préparée à la guerre, mais elle fut totalement prise de court par l'ampleur du désastre de l'été 1941.

---

1. Archives centrales des mouvements sociaux de Moscou 3/52/68/255-260.

Au cours des années 1930, les thèmes du « danger de guerre », de l'« encerclement capitaliste », de l'URSS « forteresse assiégée », avaient été au cœur de la propagande du pouvoir et avaient constitué la justification principale à la politique brutale visant à transformer rapidement la société et l'économie. L'URSS devait, à marche forcée, se moderniser afin de briser enfin le « syndrome de la Russie battue » qu'avait, dans un discours fameux, développé Staline, le 4 février 1931 :

> Ralentir signifie se laisser distancer, et ceux qui se laissent distancer sont battus... L'histoire de la Russie montre qu'elle a de tout temps été battue à cause de son arriération. Elle a été battue par les khans mongols, elle a été battue par les beys turcs, elle a été battue par les féodaux suédois, elle a été battue par les capitalistes anglo-français... Elle a été battue par tout le monde, à cause de son arriération... Nous avons cinquante ou cent ans de retard sur les pays capitalistes. Il faut combler ce retard en dix ans. Sinon, ils nous écraseront.

De fait, la société soviétique était, bien avant le 22 juin 1941, une société « mobilisée ». Et pas seulement du point de vue militaire. En juin, août et octobre 1940, plusieurs décrets avaient parachevé l'entreprise de « mobilisation du travail » et de pénalisation des comportements sociaux. Les salariés n'avaient plus le droit de changer de poste de leur propre gré ; ils pouvaient, à n'importe quel moment, être transférés dans n'importe quelle usine, dans n'importe quel lieu de l'Union soviétique.

Tout « abandon du poste de travail » était assimilé à une désertion ; toute absence injustifiée, commençant par un simple retard supérieur à vingt minutes, entraînait des poursuites judiciaires. En outre, la durée hebdomadaire du travail passait à quarante-huit heures par semaine. La production de rebuts, inévitables dans les conditions de fonctionnement de l'industrie soviétique, et les chapardages sur le lieu de travail furent désormais passibles de trois ans de camp.

En un an (juillet 1940-juin 1941), plus d'un million et demi de personnes furent condamnées en vertu de ces « lois scélérates ». Particulièrement impopulaires, celles-ci aggravèrent fortement, à la veille de l'invasion allemande, les tensions entre la société et le régime.

Les succès foudroyants du *Blitzkrieg* furent systématiquement minimisés par les autorités, voire passés sous silence. L'arrière dut se contenter de communiqués officiels, que chacun tentait de « déchiffrer entre les lignes », et de rumeurs qui en disaient long sur les aspirations populaires et les frustrations accumulées depuis des années. Une des rumeurs les plus répandues dans les campagnes au cours des premières semaines de la guerre, notamment en Ukraine et dans les régions occidentales les plus exposées à l'envahisseur, avait trait à la dissolution imminente des kolkhozes : les Allemands, disait-on, permettraient aux paysans de quitter les exploitations collectives et de reprendre une vache par famille. Ils ne maltraitaient que « les dirigeants, les communistes et les Juifs ». Dans le chaos de la retraite et de l'exode, de nombreux kolkhozes proches des zones du front proclamèrent leur autodissolution.

Un recueil de documents publié récemment sur l'« esprit public » à Moscou durant les premiers mois de la guerre souligne aussi le désarroi des habitants face à l'avancée allemande[2]. Les habitants de la capitale semblent avoir été divisés en trois groupes : les « patriotes », un « marais » largement majoritaire réceptif à toutes les rumeurs, et les « défaitistes », qui affirmaient que la victoire des Allemands débarrasserait le pays, une fois pour toutes, des « Juifs et des bolcheviks ».

L'esprit de résistance patriotique ne l'emporta, semble-t-il, que fin septembre-début octobre 1941, à mesure que la menace ennemie se rapprochait de la capitale et que se diffusaient les nouvelles sur la barbarie nazie. De manière significative, on continuait de prêter davantage attention aux exemples d'atrocités colportés de bouche à oreille qu'aux informations officielles stigmatisant la « bête fasciste ».

Alors que les unités avancées de la Wehrmacht atteignaient les faubourgs de Moscou (13-15 octobre 1941), de nombreux cadres et nomenklaturistes communistes quittaient la capitale. Mais la majorité des Moscovites ne cédaient pas à la panique. Leur attitude influa-t-elle sur la décision de Staline de ne pas abandonner la capitale ?

Une chose est sûre : malgré la persistance du ressentiment populaire envers les privilèges et la couardise de certains officiels – ressentiments qui dégénérèrent, fin octobre, en émeutes dans la ville

---

2. K.I. Bukov, M. Gorinov, A.N. Ponomarev (éd.), *Moskva Voennaya : memuary i arkhivnye dokumenty, 1941-1945* (« Moscou en guerre. Mémoires et archives, 1941-1945 »), Moscou, 1995.

industrielle d'Ivanovo lors du démontage des usines et de l'évacuation vers l'est des cadres dirigeants[3] –, le défaitisme ne se remit jamais de la bataille de Moscou de novembre-décembre 1941, qui marqua l'échec du *Blitzkrieg* et constitua le premier tournant décisif de la guerre à l'Est.

Une remarquable reconversion économique vers l'effort de guerre

Un rapport secret des services de sécurité du Reich du 17 août 1942 sur « Les représentations de la population allemande concernant la Russie » reconnaissait que « dès les premiers mois de la guerre contre l'URSS s'est généralisé le sentiment selon lequel nous aurions été victimes d'une grande illusion. La masse formidable d'armements, sa qualité technique, la gigantesque industrialisation du pays ont causé un immense étonnement... Nos soldats n'ont pas manqué de rapporter combien le contraste était grand entre la pauvreté et l'aspect primitif de la population et le côté grandiose des immenses complexes industriels à l'américaine, des centrales électriques, etc. Ils se disent : Comment les bolcheviks ont-ils pu réaliser tout cela ? N'y a-t-il pas des éléments positifs dans le système ?"[4]. »

Assurément, l'un des aspects les plus troublants de la guerre à l'Est fut l'extraordinaire capacité des

3. Sur ces événements, cf. N. Werth, G. Moullec, *Rapports secrets soviétiques, 1921-1991*, Paris, Gallimard, 1994, p. 230-238.

4. Bundesarchiv Koblenz. Reichssicherheits- hauptamt, R 58/174. Meldungen aus dem Reich Nr.309.17.8.1942. S.5-6.

Soviétiques, dans la débâcle des premiers mois, à évacuer, puis à reconvertir vers la production militaire, un nombre considérable d'entreprises. En cinq mois (juillet-décembre 1941), le Conseil de l'évacuation, mis sur pied deux jours après l'invasion allemande, parvint à déplacer vers l'est 1 530 grandes entreprises industrielles, au terme d'opérations titanesques d'une grande complexité : par exemple, 8 000 wagons furent nécessaires pour transférer l'usine d'acier fin Zaporojstal de Dniepropetrovsk, en Ukraine, à Magnitogorsk, au-delà de l'Oural. À la fin de 1942, plus de 2 600 entreprises avaient été évacuées.

Le remontage, dans l'Oural, en Sibérie, au Kazakhstan, d'usines reconverties et réassemblées – ainsi l'usine métallurgique Kirov de Leningrad et celle de moteurs Diesel de Kharkov fusionnèrent avec l'usine de tracteurs de Tcheliabinsk pour fabriquer des chars – s'effectua dans des conditions très dures pour la main-d'œuvre évacuée. Plus de dix millions de personnes déplacées furent logées dans des baraquements de fortune, astreintes à des journées de travail de douze à quatorze heures dans une situation de sous-nutrition et de disette.

On fit largement appel aux femmes et aux adolescents tout juste sortis des écoles techniques pour combler le manque de bras résultant de la mobilisation de près de vingt millions d'hommes dans l'année et de l'occupation par l'ennemi d'immenses territoires peuplés de dizaines de millions de Soviétiques. De 1940 à 1944, la part de la main-d'œuvre féminine dans la production industrielle passa de 37 % à 60 %.

Les détenus du Goulag furent aussi mis à contribution : plusieurs centaines de milliers d'entre eux, parfois libérés avant l'expiration de leur peine, à l'exception des « politiques », furent affectés aux usines d'armement ; plus d'un million passèrent directement du Goulag au front. Selon l'administration du Goulag, les détenus auraient assuré entre 15 et 20 % de la production dans un certain nombre de secteurs clés de l'industrie d'armement, de la métallurgie et de l'extraction minière[5].

Les opérations d'évacuation et de reconversion furent assurément facilitées par le fait que l'économie soviétique était, selon la caractérisation d'Oscar Lange, une « économie de guerre *sui generis* » fonctionnant, depuis le début des années 1930, en conditions extrêmes, et capable de mobiliser une main-d'œuvre civile rompue à un style de commandement militaire et à toutes les privations[6] Dès 1939, la production industrielle avait été largement tournée vers l'effort de guerre, et de nombreuses usines reconverties.

Contrairement à une légende tenace, dès le début du conflit, l'Armée rouge alignait un matériel militaire impressionnant face à la Wehrmacht. De janvier 1939 à juin 1941, l'industrie de guerre avait livré 18 000 avions. Lors de l'invasion allemande, les troupes soviétiques disposaient d'environ 24 000 chars. Cependant, pas moins de 80 % d'entre eux furent détruits au cours des six premiers mois de guerre. Les défaites de 1941 n'étaient pas dues à une

5. Rapport du chef du Goulag, 10 mars 1945, GARF, 9414/1/330/56-62.

6. O. Lange, *Papers in Economies and Sociology*, Londres, Pergamon Press, 1970, p. 101 *sq*.

infériorité technique, mais à des erreurs gravissimes de stratégie et de tactique, dont la responsabilité incombait en premier lieu à Staline.

Malgré cette débâcle sans précédent, la quantité de chars sortis des usines soviétiques dépassa, dès le second semestre 1941, celle de chars allemands. En 1942, la production militaire soviétique surclassa, en quantité, voire en qualité, la production allemande ; l'écart en faveur de l'URSS ne cessa de s'accroître pour atteindre un rapport de 3 à 1 à la fin de 1944.

L'effort soviétique se concentra sur une production de masse de quelques modèles efficaces et robustes, en limitant délibérément l'introduction d'innovations, longues à mettre en place, à ce qui était strictement nécessaire pour maintenir une parité technologique globale avec l'adversaire.

Jusqu'à la fin de la guerre, les unités soviétiques souffrirent d'un manque de communications radio et de radars, et les pertes restèrent très élevées : la conduite des opérations ne se départit jamais d'une gestion « extensive » des hommes et du matériel. Durant sa campagne finale en Prusse-Orientale, la Ve armée de chars perdit en vingt-cinq jours 72 % de ses blindés ! Et l'Armée rouge déplora 800 000 tués et 2 200 000 blessés au cours des quatre derniers mois de la guerre[7] !

Les dirigeants soviétiques eurent toujours tendance à sous-évaluer l'importance des livraisons alliées au titre des accords de prêt-bail. Néanmoins, cette aide – plus de 400 000 camions et Jeep, dont l'Armée

---

7. *Grif sekretnosti sniat...* (« Le sceau du secret est levé... »), Moscou, Voenizdat, 1993, p. 143-144.

rouge avait un grand besoin, 2 000 locomotives, plus de 2 millions de tonnes de produits pétroliers, 700 000 tonnes de métaux non ferreux et, surtout, 4,5 millions de tonnes de denrées alimentaires, dont le fameux *corned-beef*, que les soldats soviétiques avaient, non sans dérision, baptisé « *second front* » – joua un rôle économique important : elle permit à l'économie soviétique de réduire les déséquilibres et les tensions dues à la reconversion militaire et de se concentrer sur la production d'armements, sans craindre une rupture totale des circuits économiques par abandon de tous les objectifs de croissance équilibrée.

Les ressorts de la mobilisation patriotique

La mobilisation patriotique ne fut pas seulement un grand élan spontané. Elle trouva un terreau favorable dans l'évolution du régime. Paradoxalement, la tension extrême imposée par l'effort de guerre alla de pair avec un certain relâchement des contrôles politiques, idéologiques et économiques.

Pour l'historien russe Mikhaïl Guefter, combattant dans l'armée soviétique, « les années 1941-1942 [...] marquèrent le début d'une sorte de déstalinisation spontanée caractérisée par la résurgence d'un sentiment de responsabilité individuelle pour le destin de la patrie, l'ébauche d'une opinion individuelle sur le présent et le futur de cette patrie[8] ». Les anciens

8. M. Guefter, « Ot anti-Stalina k ne-Stalinu... » (« De l'anti-Staline à la négation de Staline... »), in X. Kobo (dir.), *Osmyslit'*

combattants de la « Grande Guerre patriotique » ont unanimement témoigné de la liberté des propos au front, d'une nouvelle manière de communiquer et de s'informer, du recul de la peur du mouchard, qui avait atteint son paroxysme quelques années plus tôt lors de la « Grande Terreur » de 1937-1938.

Dès le début de la guerre, le régime mit en sourdine un certain nombre de pratiques et de thèmes qu'il savait impopulaires : la persécution de l'Église orthodoxe, une surveillance policière tatillonne sur l'ensemble des activités professionnelles, l'exaltation de l'« internationalisme prolétarien ».

Dans son premier discours radiodiffusé à la nation en guerre, prononcé après douze jours de silence, le 3 juillet 1941, Staline exalta les valeurs russes et patriotiques, reprenant l'adresse qui avait soudé la communauté nationale à travers les siècles : « Frères et sœurs, un danger mortel menace notre patrie... » Les références à « la Grande Nation russe de Pouchkine et de Tolstoï, de Tchaïkovski, de Lermontov, de Tchekhov, de Souvorov et de Koutouzov » devaient servir d'exemples dans la nouvelle « guerre sacrée contre l'ennemi séculaire ».

Après que le métropolite Serge eut donné la bénédiction de l'Église orthodoxe à la « défense des frontières sacrées de la patrie », le gouvernement soviétique stoppa net la propagande antireligieuse, supprima la très officielle et très militante Ligue des athées, autorisa la réouverture d'églises. Le résultat de ces mesures ne se fit pas attendre : entre 1941 et

---

kul't Stalina (« Comprendre le culte de Staline »), Moscou, Progress, 1989, p. 501.

1945, le nombre des baptêmes et des mariages religieux fut multiplié par dix !

Dans la sphère culturelle, le contrôle idéologique fut assoupli : écrivains, poètes, compositeurs, contraints au silence avant guerre, furent autorisés à publier leurs œuvres, pourvu qu'elles fussent d'« inspiration patriotique ».

La condamnation absolue de tout ce qui pouvait ressembler à un embryon d'économie de marché fut un temps oubliée : on encouragea les entreprises à attribuer des mini-lopins à leurs salariés, afin que ceux-ci puissent y faire prospérer des potagers, qui leur apporteraient un complément d'alimentation indispensable. En 1945, plus de 18 millions de citadins cultivaient un petit potager. D'après les statistiques officielles, le « potager urbain moyen » donnait annuellement 515 kg de pommes de terre et de légumes à chaque famille, soit bien plus que ce qu'elle pouvait espérer obtenir par le circuit officiel du système des cartes de ravitaillement[9].

Dans les campagnes, les autorités locales, au demeurant très affaiblies, la majeure partie des quelque 200 000 communistes ruraux ayant été mobilisée, durent se résoudre à laisser aux kolkhoziens une plus grande liberté pour monnayer leur production personnelle. Le marché libre développa son activité, fournissant plus de 50 % des achats alimentaires des citadins, contre 20 % à la veille de la guerre, et 90 % des revenus monétaires des ruraux. Au cours des années de guerre, les kolkhoziens, qui ne rece-

9. A.S. Iakousevskii, *Budni voiennogo vremeni* (« La vie quotidienne durant la guerre »), Moscou, Nauka, 1999, p. 104-105.

vaient plus rien pour leur travail sur les champs du kolkhoze, s'approprièrent, en toute illégalité, près de 5 millions d'hectares de terres collectives, augmentant ainsi la surface moyenne de leur lopin individuel de plus de 50 %.

L'adhésion paysanne à l'effort commun fut obtenue en misant sur l'intérêt individuel et en fermant les yeux sur les infractions à la « légalité socialiste ». Par rapport à la politique suivie depuis le début des années 1930, c'était assurément un aveu de faiblesse et une concession de taille.

La résistance : les partisans

Parmi les nombreuses zones d'ombre dans l'histoire de la « Grande Guerre patriotique » figurent, pour des raisons différentes, la question des partisans et celle de la collaboration. Si la seconde fit l'objet d'une véritable *damnatio memoriae*, la première fut recouverte par des strates de littérature hagiographique ou propagandiste, pour laquelle le mouvement des partisans était « la preuve incarnée de l'union indéfectible du Parti et du peuple ».

Des quelques rares études récentes sur les partisans se dégage une vision plus nuancée du phénomène[10]. En réalité, jusqu'à la stabilisation relative du front après la bataille de Moscou fin 1941, la résistance dans les zones occupées par l'ennemi resta très faible. La population demeurait dans l'expectative, et les

10. A.S. Kniazkov, *Narodnaia Borba s zaxvacikami* (« La lutte populaire contre l'occupant »), Moscou, Nauka, 1999.

combattants qui n'avaient pas été faits prisonniers restaient isolés dans ces régions traumatisées par l'étendue du désastre.

Les premiers détachements de partisans, formés spontanément par des soldats coupés de leurs unités et par des membres du Parti passés à la clandestinité, se manifestèrent dans les régions de Toula et de Kalinine durant l'hiver 1941-1942. Comme dans d'autres pays européens occupés, ce furent les réquisitions massives de civils envoyés travailler en Allemagne qui donnèrent un élan décisif aux mouvements de résistance. Des prélèvements de plus en plus lourds de la part des Allemands sur la production agricole firent vite oublier aux paysans les velléités décollectivisatrices de l'occupant. Surtout, les violences extrêmes des nazis vis-à-vis des « sous-hommes » qu'étaient à leurs yeux les Slaves ne laissaient guère d'autre alternative que d'accepter l'esclavage ou de se révolter.

Jusqu'au 30 mai 1942, date à laquelle le commandement de l'Armée rouge créa un état-major central des partisans, dirigé de Moscou, la résistance resta largement en dehors de tout contrôle non seulement des autorités militaires, mais aussi du Parti. Étranges républiques que ces « pays de partisans » s'étendant sur des dizaines de milliers de kilomètres carrés de régions particulièrement inaccessibles – forêts des provinces de Briansk et d'Orel, marécages de la Polésie biélorusse ou de la région de Porkhov, au sud de la province de Leningrad, où le « pouvoir soviétique » momentanément rétabli n'était plus sous l'autorité du Parti, mais sous celle d'assemblées générales qui rappelaient fortement l'*obscina*, la communauté villageoise brisée au lendemain de la collectivisation forcée des campagnes, au début des années 1930 !

À la fin de 1942, l'étirement des liaisons allemandes conféra aux partisans une importance accrue. Agissant en tant que forces supplétives de l'Armée rouge, ils opérèrent en six mois décisifs (octobre 1942-mars 1943) plus de 1 500 sabotages sur les voies ferrées, ralentissant considérablement l'acheminement du matériel militaire allemand vers le front. Lors d'une grande opération punitive menée en octobre-novembre 1943 par une dizaine de divisions, les Allemands tentèrent en vain d'anéantir les 100 000 partisans biélorusses réfugiés dans les forêts et les marécages du sud de la république. Cette action militaire se transforma en opération d'extermination, frappant d'abord une population civile désarmée : la Biélorussie eut des milliers d'Oradour-sur-Glane ; dans cette seule république, 1 800 000 civils périrent durant l'occupation allemande.

L'histoire des partisans en Union soviétique n'en est qu'à ses débuts. Un grand nombre d'interrogations demeurent.

Première interrogation : que virent et firent les partisans laissés à eux-mêmes jusqu'à l'été 1942 ? L'Armée rouge se méfia toujours d'un mouvement qui avait échappé à tout contrôle et qui avait été le témoin privilégié du vide politique laissé en 1941 dans des régions entières. Quand l'armée régulière réaffirma son autorité sur les « pays partisans », elle n'incorpora pas immédiatement les partisans dans ses unités. Ceux-ci furent envoyés d'abord à l'arrière pour y être dûment « rééduqués ».

Deuxième interrogation : y eut-il une résistance urbaine active dans les zones occupées ? Le phénomène resta marginal dans les villes. Par bien des aspects, le mouvement partisan, enraciné dans les vastes espaces des campagnes inaccessibles, s'inscrivit dans la lignée des révoltes paysannes contre le pouvoir établi – tsariste ou communiste – comme contre les envahisseurs qu'ils fussent napoléoniens ou hitlériens.

Troisième interrogation : quels furent, notamment en Biélorussie, où ils représentaient 30 % de la population jusqu'à 60 % dans certaines villes, la place et le rôle des Juifs au sein des partisans ? L'historiographie soviétique a occulté cette question.

Faute de documents écrits, de témoignages de survivants, l'histoire de la résistance soviétique risque de rester longtemps l'un des épisodes les plus méconnus de la « Grande Guerre patriotique ».

La question de la collaboration

Le problème de la collaboration avec l'occupant nazi est encore plus méconnu et se réduit généralement à « l'épisode Vlassov ». Ce général soviétique, fait prisonnier par les Allemands en juillet 1942, accepta de prendre la tête d'un Comité russe de libération, basé dans un premier temps à Smolensk, ville occupée par les Allemands dès l'été 1941. Dans l'« appel de Smolensk » (27 décembre 1942), le Comité russe de libération définit trois objectifs : chasser « Staline et sa clique » ; conclure avec l'Allemagne une « paix des braves » ; créer, dans la nouvelle Europe de l'après-guerre, une « Russie nouvelle, sans bolcheviks ni capitalistes ».

Qu'est-ce qui précipita Vlassov, un des plus prestigieux généraux de l'Armée rouge, dans cette aventure ? Sans doute, en grande partie, l'absence de toute issue. En effet, dès les premières semaines de la guerre, le gouvernement soviétique avait clairement pris position : tout officier, tout commissaire politique fait prisonnier était assimilé à un déserteur, à un traître passible de la peine de mort, dont les membres de la famille devaient être arrêtés et envoyés en camp.

Malgré l'appui logistique des Allemands qui larguèrent des millions d'exemplaires de ce texte au-dessus des lignes soviétiques, l'« appel de Smolensk » ne rencontra qu'un écho limité.

En réalité, la « collaboration », le plus souvent forcée, avec l'occupant, n'impliquait pas, en général, un engagement politique antistalinien et elle était antérieure à la fin 1942[11]. À cette date, la Wehrmacht et les autorités allemandes d'occupation « employaient » entre 700 000 et 900 000 Soviétiques « auxiliaires », « volontaires », militaires et civils. Le contingent le plus nombreux – environ 500 000 personnes – était celui des Hiwis : abréviation de *Hilfwillige*, « auxiliaires volontaires », personnel auxiliaire (chauffeurs, cui-

11. Parmi les rares études récentes sur la collaboration : N.M. Ramanicev, *Sotrudnicestvo s vragom* (« La collaboration avec l'occupant »), Moscou, Nauka, 1999 ; et A.V. Okorokov (dir.), *Materialy po Istorii russkogo osvoboditelnogo dvizenija, 1941-1945* (« Documents sur l'histoire du Mouvement russe de libération, 1941-1945 »), Moscou, 1997.

siniers, sapeurs, etc.) des troupes allemandes. Ces *Hiwis* étaient, pour l'essentiel, recrutés parmi les prisonniers de guerre soviétiques, de préférence non slaves. Être accepté comme *Hiwi* signifiait échapper à une mort certaine, à plus ou moins brève échéance, par malnutrition et mauvais traitements.

On comptait également, parmi les *Hiwis*, qui furent utilisés aussi aux plus basses besognes, dans les camps de concentration ou d'extermination, comme sur les lieux de massacres perpétrés par les *Einsatzgruppen*, des civils des régions occupées, pour lesquels l'engagement dans les troupes auxiliaires allemandes représentait le seul moyen d'échapper à la déportation comme travailleur forcé en Allemagne. Pour la Wehrmacht, dont les pertes sur le front Est devenaient de plus en plus importantes, les *Hiwis* constituaient un appoint non négligeable : les Soviétiques n'en recensèrent pas moins de 51 000 dans la 6e armée allemande commandée par Paulus, qui capitula le 2 février 1943, à Stalingrad !

Les auxiliaires de police et d'administration civile dans les zones occupées représentaient un second contingent de « collaborateurs » : environ 100 000 personnes début 1943. La part respective de la contrainte et du choix délibéré est ici aussi difficile à évaluer.

Un degré décisif dans la voie de la collaboration était franchi avec les unités supplétives chargées de la lutte contre les partisans. Ces unités étaient formées, le plus souvent, d'ex-prisonniers de guerre soviétiques originaires d'Asie centrale, du Caucase, des pays Baltes ou d'Ukraine occidentale. Dans ces deux derniers cas, régions incorporées de force à l'Union soviétique en 1939-1940, en application du protocole secret du pacte germano-soviétique signé le 23 août 1939, le ressentiment contre le régime soviétique était particulièrement vif. À l'été 1943, plus de 80 000 Soviétiques participaient, aux côtés des Allemands, aux opérations anti-partisans.

Existaient enfin des unités militaires composées de Soviétiques, commandées par des officiers allemands et engagées dans des combats contre l'Armée rouge. À l'été 1943, plus de 100 bataillons formés, pour l'essentiel, de soldats originaires du Turkestan, du Caucase, de minorités volgo-ouraliennes. Un corps de cavalerie et une brigade cosaque avaient le privilège d'un commandement autochtone.

Les revers allemands de l'automne 1943 sur le front Est ayant suscité un nombre croissant de défections parmi les unités supplétives soviétiques, le haut commandement allemand décida de transférer la majeure partie de ces troupes sur le front Ouest. En janvier 1944, 6 500 Soviétiques combattaient dans les rangs de la Wehrmacht stationnés en France, plusieurs dizaines de milliers d'autres en Italie et en Yougoslavie.

La débâcle allemande, à partir de l'été 1944, amena le haut commandement allemand à jouer à fond la carte Vlassov. Celui-ci fut enfin autorisé à organiser, le 14 novembre 1944, à Prague, un congrès fondateur du Comité de libération des peuples de Russie, dont le programme reprit pour l'essentiel les grandes lignes de l'« appel de Smolensk » lancé deux ans plus tôt. Ce n'est toutefois qu'à partir de décembre 1944 que le haut commandement allemand accepta de mettre sur pied la première division de l'Armée russe de libération : 18 000 hommes équipés. Une seconde division fut créée en janvier 1945.

Jusqu'à la reddition de l'Allemagne nazie, les « vlassoviens » combattirent avec acharnement sur le front de l'Est. Une partie d'entre eux furent capturés par l'Armée rouge ; les autres se rendirent aux Américains, qui les remirent aux Soviétiques. En juillet 1946, Vlassov et ses principaux officiers furent jugés à huis clos à Moscou et condamnés à mort pour trahison.

Selon les archives du Goulag récemment déclassifiées, en juillet 1946, le « Département des déplacés spéciaux » du Goulag « gérait » plus de 338 000 « vlassoviens », condamnés à six ans de déportation en Sibérie, au Kazakhstan, dans le Grand Nord soviétique[12]. Le qualificatif de « vlassovien » était, en réalité, appliqué non seulement aux soldats ayant effectivement appartenu aux divisions de l'armée Vlassov qui, à son apogée, ne dépassa guère 50 000 hommes, mais aussi à bien des Soviétiques, militaires et civils, ayant « collaboré », d'une façon ou d'une autre, avec l'occupant. Par ailleurs, plus de 160 000 personnes furent condamnées, en 1945-1946, à des peines de dix à vingt-cinq ans de camp, pour « trahison de la patrie ».

Au total, on estime que plus d'un demi-million de Soviétiques furent condamnés pour collaboration ou trahison. Combien furent exécutés ? Les données officielles des peines relevant de la police politique font état de 7 000 exécutions environ en 1945-1946 ; mais le nombre des exécutions sommaires et de celles pro-

12. P. Polian, *Zertvy dvux diktatur* (« Victimes de deux dictatures »), Moscou, 1996, p. 304.

noncées par les tribunaux militaires reste, à ce jour, inconnu[13].

Staline était-il un mauvais stratège ?

Toutes les publications récentes sur les débuts de la guerre confirment ce que démontrait, dès les années 1960, l'historien soviétique dissident Alexandre Nekritch dans son ouvrage *L'Armée rouge assassinée*[14] : la responsabilité écrasante de Staline dans les désastres militaires soviétiques de 1941. Cette responsabilité se situait à trois niveaux :

1 – Une erreur globale d'appréciation de la menace nazie en juin 1941. Jusqu'au jour de l'invasion, Staline ne prit pas au sérieux les très nombreuses informations qui, dès le début de 1941, faisaient état d'une prochaine invasion de l'URSS par les forces nazies. Les unes provenaient de l'état-major soviétique ; les autres émanaient d'agents secrets, tel Sorge qui, de Tokyo, le 15 mai, « donna » la date du 22 juin, voire de sources britanniques. Staline, très anglophobe, resta persuadé que toutes ces informations n'étaient que des *« provocations »* britanniques. Jusqu'au dernier instant, il refusa de mettre les troupes en alerte[15].

---

13. V.P. Popov, « Gosudarstvennyi terror v Sovetskoi Rossii » (« La terreur d'État en Russie soviétique »), *Otecestvennye Arkhivy*, 1992, n° 2, p. 20-32.

14. A. Nekritch, *L'Armée rouge assassinée*, Paris, Le Seuil, 1968.

15. Cf. Gaël Moullec, *L'Histoire*, n° 219.

2 – Des conceptions militaires totalement inadaptées à la situation. La tactique soviétique et le dispositif des troupes étaient orientés dans la perspective d'une guerre offensive. Ainsi les fortifications sur la frontière de 1939 avaient-elles été désarmées – la nouvelle frontière, plus à l'ouest, n'était pas encore fortifiée. Au soir du 22 juin 1941, alors qu'une centaine d'aérodromes et plus d'un millier d'avions de combat avaient été détruits, que l'armée allemande avait traversé le Niémen, assiégeait Brest-Litovsk et marchait sur Lvov, le haut commandement ordonna aux troupes de « passer à l'offensive », directive suicidaire qui envoyait des centaines de milliers d'hommes à un encerclement certain.

3 – La désorganisation du corps des officiers consécutive aux purges de l'Armée rouge en 1937-1938. Nombre de chefs de guerre expérimentés furent éliminés, entre autres le maréchal Toukhatchevski, l'un des grands stratèges de l'Armée rouge, qui avait notamment prôné l'utilisation massive d'unités blindées motorisées, et remplacés par de jeunes officiers, auxquels furent adjoints, au moment où la guerre éclata, quelques survivants de 1937-1938, extraits des camps pour être jetés sur les champs de bataille. Les troupes étaient ainsi encadrées par des hommes physiquement et moralement brisés ou par des officiers frais émoulus des écoles militaires. Au début de la guerre, 75 % des officiers et des commissaires politiques occupaient leur poste depuis moins d'un an.

Le plus lourd héritage des purges était cependant, selon le maréchal Joukov, la peur des militaires face aux politiques et au NKVD, police politique, et le plus grave handicap l'interférence permanente des « analphabètes militaires » – expression « popularisée » par l'écrivain et correspondant de guerre Constantin Simonov –, au premier rang desquels figurait assurément… Staline. Un des plus nocifs « analphabètes militaires », qui avait l'écoute de Staline, était Lev Mekhlis, le tout-puissant chef de l'administration politique de l'Armée rouge. Il s'était déjà illustré, en 1937-1938, dans la chasse aux « ennemis du peuple » prétendument infiltrés dans les rangs du haut commandement.

La liste des erreurs stratégiques imputables aux politiques au cours de la première année de guerre est impressionnante. Parmi les plus graves, citons : le refus de Staline, à trois reprises (fin juillet, mi-août, début septembre 1941), de faire reculer au-delà du Dniepr, comme le lui demandait Joukov, les armées soviétiques du front sud-ouest ; le résultat en fut la perte de près de 600 000 hommes faits prisonniers fin septembre, au moment de la chute de Kiev.

Au printemps 1942, Staline, conseillé par Mekhlis et Beria, chef de la police politique, s'opposa une nouvelle fois à Joukov, soutenu par la majorité des dirigeants militaires : alors que ceux-ci souhaitaient lancer une seule contre-offensive dans la région de Moscou, en gardant d'importantes forces défensives en réserve, Staline opta pour une série d'opérations offensives sur tous les fronts, afin d'« épuiser l'adversaire ». Un choix qui s'avéra catastrophique, entraînant de lourdes défaites pour l'Armée rouge au cours de l'été 1942[16].

16. G.K. Joukov, *Vospominanija i razmyslenija* (« Souvenirs et réflexions »), Moscou, 1991, vol. 2, p. 278-282.

En mai 1942, l'immixtion de Mekhlis dans les affaires militaires fut largement responsable du désastre soviétique dans la péninsule de Kertch, en Crimée. Cet épisode marqua un tournant : Staline se résolut finalement en juin 1942 à limoger Mekhlis ; en octobre 1942, les commissaires politiques, chargés d'encadrer et de surveiller les militaires, perdirent une large part de leurs prérogatives.

Au début de 1943, toute une série de mesures hautement symboliques – retour des titres et des insignes traditionnels d'officiers, par exemple – réaffirmèrent l'autonomie et le prestige des professionnels de l'art militaire. Dans leurs mémoires, tous les grands commandants reconnaissent qu'ils eurent davantage les « coudées franches » après Stalingrad.

L'interventionnisme de Staline, maréchal, généralissime, ne disparut pas pour autant. Néanmoins, à partir du printemps 1943, après de nouveaux revers de l'Armée rouge à Kharkov et à Belgorod dus, une fois encore, à l'entêtement du commandant suprême, toujours enclin à sous-estimer l'adversaire, il semble que Staline fut davantage à l'écoute de ses chefs de guerre.

Vingt-sept millions de victimes

Resta une constante : pour Staline, la vie des soldats était de peu de prix. Jusqu'à Berlin, l'Armée rouge combattit sans ménager le sang de ses hommes.

Sept millions de morts : tel fut longtemps, du côté soviétique, le chiffre admis des morts, militaires et civils, de la « Grande Guerre patriotique ». Khrouchtchev brisa un tabou lorsqu'en novembre 1961, il avança, dans une lettre au Premier ministre suédois, le chiffre de « deux dizaines de millions de victimes soviétiques ». Un ordre de grandeur enfin officiellement reconnu en URSS à l'occasion du vingtième anniversaire de la victoire de 1945.

Il fallut encore attendre vingt-cinq ans pour qu'une nouvelle estimation, fondée sur les travaux d'une commission d'historiens, fût rendue publique par Mikhaïl Gorbatchev : la Seconde Guerre mondiale aurait fait, en URSS, près de 27 millions de victimes – soit un sixième des 160 millions de Soviétiques en 1945 –, dont 10,2 millions de militaires, tués, morts ou disparus sur les 34,5 millions d'hommes mobilisés en quatre années de guerre.

Cette hécatombe, sans commune mesure avec les pertes des Alliés sur le front Ouest, souligne d'emblée les fortes spécificités de la guerre à l'Est, une guerre d'une violence inouïe. Pour les nazis, une guerre d'extermination d'une race inférieure vouée à la disparition ou à l'esclavage ; pour le régime stalinien, une guerre de survie menée sans tenir compte des pertes humaines.

Aujourd'hui, grâce à la publication d'un important travail sur les victimes militaires soviétiques, nous disposons de données précises et éclairantes concernant les pertes militaires[17]. Sur les pertes civiles, dont l'étude n'en est qu'à ses débuts, les connaissances restent parcellaires. Nous nous bornerons à quelques chiffres : près d'un million de civils morts de froid, de faim et d'épuisement à Leningrad durant

17. *Grif sekretnosti sniat…*, *op. cit.*

les neuf cents jours que dura le blocus de la ville par les Allemands, de septembre 1941 à janvier 1944 ; 2,8 millions de civils juifs exterminés, soit par les *Einsatzgruppen* soit en camp d'extermination. Sur les 5,3 millions de Soviétiques emmenés travailler en Allemagne, 2,2 millions environ disparurent... Parmi les 10,2 millions de soldats tués ou disparus figurent de 3,3 à 3,5 millions de prisonniers de guerre (sur les 5 millions capturés par les Allemands)[18].

Les camps où ces prisonniers de guerre étaient internés furent le théâtre de la plus grande extermination de masse – entre 1,5 et 1,8 million de morts en six mois – perpétrée par les nazis avant le génocide des Juifs. Une extermination « artisanale », silencieuse, mais terriblement efficace : dans d'immenses champs entourés de barbelés, où les prisonniers étaient laissés à la belle étoile, par des froids de – 10° dès la seconde moitié d'octobre, il suffisait de laisser agir la faim, le froid et le typhus pour faire mourir, en quelques semaines, 80 % à 90 % d'un contingent d'hommes épuisés par des semaines de marches forcées à pied. Les nazis « justifiaient » ce traitement inhumain par le fait que l'URSS n'ayant pas signé la convention internationale de Genève, les militaires soviétiques capturés ne pouvaient se prévaloir d'un statut de prisonniers de guerre.

---

18. Les historiens occidentaux et russes sont en désaccord sur le nombre exact de prisonniers de guerre soviétiques. Le chiffre le plus bas est avancé par les historiens militaires russes (4,6 millions), le plus élevé par C. Streit (*Keine Kameraden*..., Stuttgart, 1991) : 5,1 millions. Pour une discussion critique des diverses estimations, cf. P. Polian, *op. cit.*

Les pertes militaires soviétiques furent à leur apogée en 1941 : 28 % de l'ensemble des pertes de guerre en six mois de conflit ; et 27 % au cours de l'année 1942. Mais au cours des quatre derniers mois de combat, malgré une supériorité écrasante en hommes et en matériel, l'Armée rouge perdit encore 800 000 soldats. Au lendemain de la guerre, on dénombrait plus de 2 millions d'invalides. L'équilibre démographique était profondément perturbé : avec 20 millions d'hommes adultes disparus, l'URSS comptait, dans la tranche d'âge 20-45 ans, plus de 3 femmes pour 2 hommes.

On ne s'étendra pas ici sur les dégâts matériels : 70 000 villages, 1 700 villes et bourgs détruits, 30 millions de sans-abri. En septembre 1945, une première estimation des pertes directes occasionnées par la guerre avançait un chiffre de 680 milliards de roubles, soit cinq fois et demie le revenu national de 1940.

L'URSS sortait du conflit à la fois victorieuse et profondément meurtrie. Le pays était saigné, ravagé, et en même temps ses dirigeants pouvaient prétendre à un rôle mondial de premier plan. Incontestablement, l'Union soviétique profitait alors d'un « effet Stalingrad » tant dans les opinions publiques qu'auprès des élites occidentales. Stratégiquement, elle bénéficiait de l'occupation d'un territoire très important, couvrant une partie de l'Europe et, numériquement, son armée était, de loin, la première du monde. Néanmoins, elle était largement surclassée dans la technologie militaire par les États-Unis comme par la Grande-Bretagne.

À l'issue de la guerre, existait donc un paradoxe évident entre la situation apparente et la réalité des forces. La conscience aiguë de ce déséquilibre dans les milieux dirigeants soviétiques ne tarda pas à alimenter un profond sentiment de vulnérabilité, qui allait de pair avec l'idée que l'URSS avait effectivement, par le prix du sang, gagné son statut de très grande puissance. L'insertion internationale de l'URSS était, par conséquent, marquée par une très forte instabilité, à l'origine de tensions qui remontèrent à la surface quelques mois à peine après la défaite de l'Allemagne nazie, et se développèrent à mesure que prenait forme une nouvelle phase des relations internationales : la guerre froide.

CHAPITRE 14

Goulag : les vrais chiffres

L'ouverture – encore partielle, et soumise, pour les documents les plus « sensationnels », à des considérations de politique « politicienne » – des archives de l'ex-URSS permet d'approcher aujourd'hui, de manière plus objective et documentée, la question de la répression dans l'URSS stalinienne.

Certes, un grand nombre de fonds d'archives restent pratiquement inaccessibles – les archives du KGB, les archives « présidentielles ». Néanmoins, depuis 1990, bon nombre de statistiques relatives au Goulag, d'un intérêt exceptionnel, ont été exhumées dans les archives du Comité central et des différents commissariats du peuple auxquels le NKVD envoyait régulièrement des rapports. Des documents longtemps gardés secrets, aussi importants que les recensements de 1937 et de 1939, sont également devenus disponibles. Nous disposons ainsi aujourd'hui d'un corpus statistique, certes encore incomplet, mais qui permet néanmoins, nous semble-t-il, de faire provisoirement le point sur un certain nombre de questions et d'esquisser une approche statistique, enfin fondée sur des documents, de la répression stalinienne.

Depuis l'étude pionnière de Dallin et Boris Nikolaevski (*Forced Labour in Soviet Russia*) parue en 1948, des dizaines d'articles et d'ouvrages, historiques ou littéraires (le plus célèbre étant *L'Archipel du Goulag* d'Alexandre Soljenitsyne), ont donné leur chiffre des détenus du Goulag. En l'absence de toute statistique pénale fiable, de tout accès aux archives, mémorialistes, écrivains et historiens avaient fait appel aux témoignages d'anciens détenus ou de membres du NKVD passés à l'Ouest, ainsi qu'aux rares séries statistiques disponibles. Celles-ci concernaient la population active, les personnes privées de leurs droits civiques, l'évolution du nombre des adhérents au Parti, etc.

Or toutes ces données laissaient apparaître d'importantes distorsions.

D'abord, dans la croissance démographique : à croissance constante, sur la lancée des années 1920, la population soviétique aurait dû être supérieure de dix millions environ en 1939 ; le tassement de la natalité ne suffisant pas à expliquer ce « manque », on invoquait la surmortalité, liée à la famine de 1932-1933, à la Grande Terreur de 1937-1938 et au régime concentrationnaire. D'autre part, le chiffre global de la population active étant supérieur à celui de la population active répartie par professions, le « résidu » était supposé comprendre les militaires, les employés du NKVD et les détenus.

Au terme de complexes recoupements, d'extrapolations plus ou moins hasardeuses, s'était imposée l'estimation proposée dès 1948 par Dallin et Nikolaevski, reprise en 1951 dans l'ouvrage bien connu de A. Avtorkhanov, popularisée en 1968 par R. Conquest (*La Grande Terreur*) et définitivement consacrée, auprès du grand public, par Alexandre Soljenitsyne (*L'Archipel du Goulag*), selon laquelle il y aurait eu, à la fin des années 1930, dans les camps soviétiques, une dizaine de millions de personnes. Pour Robert Conquest, le décompte était, *grosso modo*, le suivant : 5 millions déjà internés début 1937, 7 millions de personnes arrêtées durant les deux années de la « Grande Terreur » (1937-1938), 1 million d'exécutions et 2 millions de morts dans les camps durant ces deux années. Résultat : 9 millions de détenus en 1939, « sans compter les droit-commun ». Estimant la moyenne des détenus à 8 millions par an, sur toute la période de la fin des années 1930 à 1953, avec une mortalité annuelle moyenne « d'environ 10 % », R. Conquest concluait que 12 millions de personnes avaient péri dans les camps durant cette période. En y ajoutant les victimes de la collectivisation et de la famine de 1932-1933, il parvenait à un chiffre avoisinant les 20 millions.

L'estimation d'une dizaine de millions de personnes détenues dans les camps soviétiques à la fin des années 1930 (12 millions au début des années 1950) avait beau être contestée par un certain nombre de chercheurs (N.S. Timasheff, A. Bergson, S. Wheatcroft, N. Jasny, pour ne citer que les plus connus), qui considéraient qu'elle était très fortement « gonflée » (leur propre estimation oscillait entre 2 et 4 millions de détenus), le chiffre d'une dizaine de millions, cautionné par les plus grands noms de la dissidence soviétique (Alexandre Soljenitsyne, Andreï

Sakharov, Roy Medvedev) s'imposa peu à peu aussi bien en Occident que dans l'URSS de la Perestroïka. À ces 10 millions, journalistes et éditorialistes d'une presse enfin libérée n'hésitèrent pas à ajouter, pêle-mêle, tous ceux qui avaient été exilés et qui travaillaient, sous la surveillance du NKVD, dans des « villages de peuplement spécial » et dont Alexandre Soljenitsyne avait estimé le nombre à 15 millions, les fusillés, les victimes de la famine, les prisonniers de guerre soviétiques incarcérés à leur retour dans des camps spéciaux, les peuples déportés, pour arriver, au bout du compte, à « plusieurs dizaines de millions de réprimés ».

Dans ce contexte, la publication, dans des revues scientifiques à faible tirage, par des historiens russes (Viktor Zemskov, Alexandre Douguine, Oleg Khlevniuk), de statistiques inédites du Goulag allant à contre-courant de cette « inflation » de victimes, passa inaperçue.

Extrêmement détaillées, ces statistiques révèlent une population pénale très inférieure aux estimations évoquées plus haut : le nombre des détenus du Goulag oscille, en effet, entre 0,5 million de personnes en 1934 (date à laquelle le Goulag, définitivement organisé, reçoit la gestion de l'ensemble des camps) et 2,5 millions au début des années 1950, avec une « moyenne » d'environ 2 millions de détenus pour les années 1937-1938 et 1952-1953. Le système concentrationnaire soviétique connaît son apogée dans l'immédiat après-guerre, au moment où affluent au Goulag des catégories nouvelles : prisonniers de guerre soviétiques, « éléments étrangers » des régions nouvellement incorporées, collaborateurs réels et supposés, personnes condamnées en vertu de la loi du 4 juin 1947. La prolongation de peine, infligée par simple mesure administrative, à un grand nombre de personnes condamnées dans les années 1937-1938 à dix ans de camp, la suppression temporaire (1947-1950) de la peine de mort, la baisse de la mortalité des détenus, à la suite de la prise de conscience des autorités de la nécessité de « préserver » une main-d'œuvre économiquement utile, expliquent aussi que la population pénale ait été à son maximum au début des années 1950.

La plus forte augmentation annuelle de la population pénale a bien lieu au cours de l'année 1937 : cette année-là, elle s'accroît de 700 000 personnes environ, dont 350 000 « personnes condamnées pour contre-révolution ». Il ne découle évidemment pas de ces données, comme nous le montrerons plus loin, que la « Grande Terreur » ne s'est soldée, en 1937, « que » par 350 000 incarcérations de « politiques » dans les camps. Mais le chiffre de 7 millions de personnes arrêtées, pour des motifs politiques, en 1937-1938, est indéfendable.

Oscillant entre un quart et un peu plus du tiers des détenus, le contingent des personnes condamnées pour « activités contre-révolutionnaires » au titre des nombreux alinéas du tristement célèbre article 58 du Code pénal[1] peut être considéré comme reflétant

1. L'article 58 du Code pénal de 1922 définissait le crime contre-révolutionnaire comme « tout acte visant à abattre ou à affaiblir le pouvoir des soviets ouvriers et paysans établi par la révolution prolétarienne ». Au cours des années suivantes, les nouvelles rédactions du Code pénal soviétique élargissent

partiellement le niveau de la répression « politique », hors déportations et exécutions. Les autres détenus étaient-ils tous pour autant des « droit-commun », dans le sens habituel de ce terme ? Le plus souvent d'origine populaire, ils s'étaient retrouvés en camp après être tombés sous le coup d'une des innombrables lois répressives qui sanctionnaient presque chaque sphère d'activité, depuis la « dilapidation de la propriété kolkhozienne », le retard à l'usine, jusqu'au mauvais fonctionnement des transports ferroviaires, et dont le but, partout identique, était de mettre au travail et de discipliner des masses peu enclines à collaborer à la reconduction et à la reproduction du système. Ainsi, au 1er janvier 1951, sur les 1 948 228 « droit-commun » recensés, 1 135 833 (soit 58 % environ) avaient été condamnés en vertu de la « loi scélérate » du 7 août 1932 (permettant de condamner à la peine de mort ou à dix ans de camp « toute escroquerie au préjudice d'un kolkhoze » – il suffisait pour cela de voler quelques épis), des décrets du 26 juin et du 10 août 1940 (réprimant « l'abandon du poste de travail », les retards injustifiés, supérieurs à vingt minutes (!), la production de produits défectueux, le hooliganisme et les petits larcins sur le lieu de travail) et, plus encore, de la loi

---

encore la définition du « crime contre-révolutionnaire ». Toute « propagande susceptible d'apporter une aide à la partie de la bourgeoisie internationale » est considérée comme un « crime contre-révolutionnaire ». L'article 58 comporte pas moins de 14 alinéas déclinant toutes les formes d'activité « contre-révolutionnaire », depuis la « trahison » jusqu'à la « propagande ». Entre 1921 et 1953, plus de 4 millions de Soviétiques sont condamnés au titre de l'article 58.

du 4 juin 1947 (très proche, par l'esprit et la lettre, de la loi du 7 août 1932, et stipulant que « toute atteinte à la propriété de l'État ou d'un kolkhoze » était passible d'une peine de cinq à vingt-cinq ans de camp). En outre, plus de 40 000 personnes classées parmi les « droit-commun » étaient détenues pour avoir enfreint la loi sur le « système des passeports intérieurs[2] », qui réglementait les migrations vers les grandes villes.

Les statistiques du Goulag récemment découvertes montrent aussi que la rotation de la population carcérale a été très importante, plus importante que ne le présente la « littérature concentrationnaire ». Cette rotation s'explique par le nombre relativement important de peines inférieures à cinq ans (60,7 % des détenus au 1er janvier 1940, par exemple). Ainsi, pour les années 1934-1947 (période pour laquelle

2. À la fin de l'année 1932, pour tenter d'endiguer l'exode rural massif consécutif à la collectivisation et aux famines, le gouvernement soviétique met en place un système de « passeports intérieurs » indispensables pour résider en ville. La « passeportisation » complète des citadins s'étend sur plusieurs années. Les autorités distinguent les « villes fermées » (Moscou, Leningrad, Kiev, Minsk et les autres principales villes du pays) où l'obtention de la « propiska » (enregistrement auprès de la police, préalable à l'obtention du passeport) est sévèrement contrôlée, des villes « ouvertes » où l'autorisation de résidence est plus généreusement accordée. Dans le même temps, un décret interdit aux paysans de quitter leur kolkhoze ou leur sovkhoze sauf s'ils ont, au préalable, obtenu un contrat de travail d'une entreprise ou d'une administration urbaine. Toute infraction au « régime des passeports et de la propiska » était passible d'une peine d'un à trois ans de camp.

les statistiques des entrées et sorties du Goulag sont les plus complètes), le nombre cumulé des entrées atteint 10,4 millions de personnes pour les seuls ITL (camps de travail correctif, par opposition aux ITK, colonies de travail correctif, unités plus petites où étaient généralement envoyés les détenus condamnés à de courtes peines, inférieures à 3 ans). En extrapolant ce chiffre pour l'ensemble de la population détenue dans les camps, on obtient un nombre cumulé d'environ 15 millions de personnes sur quatorze ans. Durant la même période, 6 millions de personnes environ sont libérées.

Qu'apprenons-nous enfin, à la lumière de ces nouvelles données, sur la mortalité dans les camps ? Celle-ci a considérablement varié selon les années, oscillant de 2,5 % (1936) à 18,4 % (1942). Outre 1942 et 1943, les années les plus dévastatrices furent 1944 et 1938, durant lesquelles plus du dixième des détenus périrent. En quatorze ans (1934-1947), 1 million de morts furent enregistrés dans les seuls ITL. En extrapolant pour l'ensemble des camps (ITL et ITK) et pour l'ensemble de la période 1934-1953, on parvient à un chiffre d'au moins 2 millions de morts.

Les données que nous venons de présenter sur le nombre de détenus dans le Goulag sont confirmées par au moins deux autres sources, très différentes. La première est une note envoyée, le 24 avril 1939, par Lavrentii Beria (nommé, quelques mois plus tôt, à la tête du NKVD en remplacement de Nikolaï Iejov) au Politburo, dans laquelle celui-ci expliquait qu'il avait besoin de 1 550 000 travailleurs valides pour réaliser le plan économique de 1939 dévolu à ses services ;

il ne disposait alors que de 1 264 000 travailleurs valides, parmi lesquels « 150 000 au moins étaient faibles et inaptes à un travail à plein-temps ». Cette note avait été précédée, deux semaines plus tôt, d'un véritable « programme de réorganisation du Goulag », dans lequel le nouveau commissaire du peuple à l'Intérieur déplorait l'état des camps. Son prédécesseur, expliquait-il en substance, n'avait pas pris en considération « l'aspect économique » du Goulag ; la norme d'alimentation des détenus avait été calculée « pour des gens assis en prison » – aussi les années précédentes (1937 et 1938) avaient-elles vu fondre le nombre de détenus aptes au travail physique. Beria proposait, quant à lui, une augmentation des normes alimentaires des détenus, la suppression de toutes les libérations anticipées, le renforcement de la discipline, la punition exemplaire de tous les « tire-au-flanc » et autres « désorganisateurs de la production » afin « d'utiliser rationnellement et au maximum toutes les capacités physiques des détenus ». Ce document éclaire d'un jour nouveau la mystérieuse mise à l'écart, à la fin de 1938, du « maître d'œuvre » de la Terreur, Nikolaï Iejov, remplacé par Lavrentii Beria, soucieux de mettre fin au « désordre » dans la gestion du Goulag et d'utiliser plus efficacement l'abondante main-d'œuvre pénale à sa disposition.

Une seconde source, récemment exhumée après un demi-siècle de silence, et qui confirme l'ordre de grandeur (2 millions environ) des détenus dans les camps à la fin des années 1930, est constituée par les recensements de 1937 et de 1939. Nous évoquerons rapidement l'étonnante histoire de ces recensements censurés. Le premier se déroula le 5 janvier 1937 ; il fut mené à bien, mais ses résultats ne furent jamais publiés ! En effet, dès le 24 janvier, N. Kraval, responsable de l'opération, avait communiqué à Staline et à Molotov les résultats préliminaires du recensement, selon lesquels la population de l'URSS atteignait à peine 162 millions d'habitants (156 millions de citoyens « ordinaires », 6 millions de militaires – professionnels et appelés –, et citoyens soumis au « recensement spécial » – population des camps, prisons et autres « zones spéciales » dépendant du NKVD). Or, trois ans plus tôt, en janvier 1934, à la tribune du XVIIe congrès du Parti (le « congrès des vainqueurs »), Staline avait annoncé que la population de l'URSS s'élevait, en 1932, à 168 millions. D'où Staline avait-il tiré ce chiffre, nul ne le sait. Mais la statistique devenait « contre-révolutionnaire » si elle ne le validait pas. C'est pourquoi le chiffre, bien inférieur, de 162 millions ne fut jamais rendu public. Il s'expliquait, en grande partie, par la très forte surmortalité de 1933 (6 millions de décès en plus des 4 millions annuellement observés), année de la terrible famine provoquée par la collectivisation forcée des campagnes. Aucune mention ne fut plus jamais faite de ce recensement, qu'un décret du Conseil des commissaires du peuple annula purement et simplement, le 27 septembre 1937, sous le prétexte qu'il avait « été réalisé en violation profonde des fondements élémentaires de la science statistique et en violation des instructions du gouvernement ». Tous les responsables y ayant participé, de près ou de loin, furent arrêtés, déportés ou fusillés.

Le « nouveau » recensement du 17 janvier 1939 ne fut, lui non plus, jamais publié. Le bilan définitif conduisit à une estimation de la population de 167,3 millions. On sait aujourd'hui que la manipulation ne s'effectua qu'en dernier lieu, lorsque ce chiffre fut communiqué à Staline. Celui-ci fit ajouter 2,7 millions, pour arriver au chiffre « désiré » en 1937, soit 170 millions. Deux courts articles dans la *Pravda* (2 juillet 1939 et 29 avril 1940), quelques données éparses publiées à l'occasion du recensement de 1959 seront, jusqu'en 1990, les seuls résultats diffusés du recensement de 1939. Parmi les données de ces recensements, aujourd'hui enfin disponibles, figurent les chiffres qui nous intéressent plus particulièrement dans le cadre de cet article : ceux des « contingents spéciaux » du NKVD.

Ces contingents étaient divisés en trois catégories : A, B et V. Les deux premières étaient composées du personnel du NKVD (depuis l'administration centrale, les troupes spéciales, jusqu'au personnel des camps, prisons et « zones spéciales ») et la troisième regroupait les détenus et les personnes déportées et travaillant dans des « villages de travail » (*troudposelenija*) dépendant du NKVD. En 1937, le contingent V comptait environ 2 200 000 personnes ; en 1939, environ 2 900 000. Les contingents A et B, personnel du NKVD chargé de gérer et de garder les détenus, étaient d'environ 410 000 personnes en 1937 et 540 000 en 1939. Les chiffres du contingent V, bien que légèrement différents de ceux révélés par la statistique interne du Goulag, citée plus haut, sont du même ordre de grandeur et parfaitement compatibles avec eux. Ils sont plus élevés, car ils prennent en compte, outre la population des camps proprement dite, les personnes incarcérées en prison (entre

200 et 300 000 en « moyenne mensuelle », les prisons n'étant qu'un lieu de transit vers le camp ou l'exécution) ainsi qu'une catégorie de « réprimés » dont il est temps maintenant de parler, les « *spetzposelentsy* », au nombre d'environ 1 million de personnes à la fin des années 1930, et de 2 750 000 à la mort de Staline.

La catégorie des « *spetzposelentsy* » (que l'on pourrait traduire par « déplacés spéciaux ») apparut au moment de la collectivisation. Au début du mois de janvier 1930 fut, en effet, instituée une commission spéciale dirigée par V. Molotov, chargée d'organiser, selon l'expression de Staline, « le passage de la limitation des tendances exploiteuses des koulaks [paysans aisés] à la liquidation des koulaks en tant que classe ». Les koulaks furent classés en trois catégories : la première regroupait ceux qui étaient « engagés dans des activités contre-révolutionnaires » ; la deuxième, ceux qui « manifestaient une opposition moins active, mais qui étaient des archi-exploiteurs qui ne pouvaient naturellement qu'aider la contre-révolution ». Tous devaient être arrêtés, déportés, par simple mesure administrative, dans des régions reculées du pays, et leurs biens confisqués. Les koulaks de troisième catégorie, qualifiés de « loyaux envers le régime », devaient, quant à eux, être arrêtés et transférés dans les limites de leur région, « hors des zones prévues pour être collectivisées, sur des sols nécessitant une amélioration ».

On s'est longtemps interrogé sur l'ampleur de la dékoulakisation. Les documents d'archives aujourd'hui disponibles font état de 381 026 familles, soit 1 803 392 personnes « dékoulakisées » en 1930-1931. Sur ce nombre, néanmoins, seules 1 317 022 étaient recensées au 1er janvier 1932. Un certain nombre de personnes avaient, sans doute, réussi à s'enfuir durant les trois, quatre, voire six mois de transfert – avec de longs arrêts dans des gares transformées en véritables camps (les déportés étaient convoyés le plus souvent en trains spéciaux, appelés « trains de la mort », par groupes de plusieurs milliers de personnes). Mais une grande partie des 500 000 « manquants » étaient morts en route, de faim, de maladie ou d'épuisement, comme en témoigne ce rapport, parmi des centaines d'autres, du responsable des « zones spéciales » de la région de Novossibirsk, daté du 20 décembre 1931 :

> La forte mortalité observée pour les convois n° 18 à 23 en provenance du Caucase du Nord – 2 421 personnes sur 10 086 au départ (soit 24 %) – peut s'expliquer par les raisons suivantes : 1) une approche négligente criminelle dans la sélection des contingents de déportés, parmi lesquels figuraient de nombreux enfants, vieillards de plus de soixante-cinq ans et malades, incapables de supporter un long transfert ; 2) le non-respect des directives concernant le droit pour les déportés de prendre avec eux des provisions pour deux mois de transfert ; la plupart d'entre eux n'ont ainsi disposé que des 200 à 300 grammes de pain de mauvaise qualité qui leur était donné au mieux une fois par jour ; 3) l'absence d'eau bouillie, qui a obligé les déportés à boire de l'eau souillée. Beaucoup sont morts de dysenterie et d'autres épidémies durant le transfert…

Une fois arrivés « à destination » – en général, dans les lieux les plus reculés et les plus inhospitaliers de la Sibérie, de l'Oural ou du Kazakhstan –, les « déplacés spéciaux » étaient livrés à eux-mêmes.

Ceux qui avaient eu le temps ou la possibilité d'emporter quelques outils pouvaient alors essayer de se confectionner un abri rudimentaire, le plus souvent un simple trou dans la terre (« *zemlianka* ») recouvert de branchages. Plus tard, une fois l'hiver passé, les survivants tâchaient de construire une izba. Après deux ou trois années « d'improvisation », marquées par une très forte mortalité (jusqu'à 14 % en 1933, pour l'ensemble des déportés, plus de 50 % pour les enfants de un à six ans !) et une surveillance assez relâchée des « colons spéciaux », le NKVD prit les choses en main.

À partir de 1934, les « villages de travail » (ou « zones spéciales ») – au nombre de 1 741 en 1938, gérés par 800 « kommandatures » du NKVD – furent réorganisés ; leurs occupants reçurent les moyens de survivre (outils, semences), mais leur travail fut « rationalisé » – un grand nombre d'entre eux furent transférés sur des grands chantiers ou près des mines. Sur les 416 000 « déplacés spéciaux » actifs au 1er avril 1941, une minorité (140 000 environ) continuait à travailler la terre ; 60 000 peinaient dans des exploitations forestières. Près de la moitié des « déplacés spéciaux » était employée dans l'industrie : 53 000 environ dans l'extraction charbonnière, 36 000 dans l'industrie des métaux non ferreux, 21 000 dans la métallurgie, 20 000 dans la construction ; quelques-uns, enfin, étaient parvenus à se « caser » dans l'administration.

« Détachés » par le NKVD auprès des entreprises d'État, les « déplacés spéciaux » recevaient (déduction faite d'un pourcentage forfaitaire – généralement de 25 % – versé directement au NKVD pour les frais de garde et d'entretien des *spetzposelentsy*) un salaire, mais n'avaient pas de passeport et devaient vivre dans les « zones spéciales ». Ainsi, sur les grands chantiers des plans quinquennaux, tels Magnitogorsk, Karaganda, Kouznetsk, Vorkouta et bien d'autres, les travailleurs libres côtoyaient-ils cette catégorie hybride, à mi-chemin entre les détenus et les citoyens à part entière, ces « déplacés spéciaux » dont le nombre, malgré les nombreux fuyards et la forte mortalité, s'était stabilisé, à partir de 1934 et jusqu'à la guerre, aux environs de un million d'individus. En réalité, le flot des « déplacés spéciaux » (plus de 2 millions de personnes entre 1932 et 1940) ne tarit pas avec l'achèvement de la collectivisation, au milieu des années 1930.

De nombreuses personnes ayant achevé leur peine dans les camps n'obtinrent pas le droit de rentrer chez elles et durent se fixer dans les « zones spéciales ». Lorsqu'une femme libre épousait un « déplacé spécial », elle perdait son statut de citoyenne à part entière et venait, à son tour, grossir les rangs des *spetzposelentsy* (mais si un homme libre épousait une déportée, celle-ci devenait libre !). Enfin, avec l'instauration du système des passeports et de l'enregistrement obligatoire (*propiska*), des dizaines de milliers de « marginaux » et autres « éléments déclassés » furent expulsés des grandes villes et se retrouvèrent dans ces « villages de colonisation ».

Les « déplacés spéciaux » constituaient un vivier idéal pour les camps ; la majorité de ceux qui parvenaient à s'enfuir – ils furent, selon les statistiques du NKVD, plus de 600 000 entre 1932 et 1940 – étaient, lorsqu'ils n'étaient pas rattrapés, contraints de vivre en marge de la société. Lors des grandes « opérations répressives » (comme celle que lança le gouvernement en juillet 1937), ils étaient toujours les premiers visés, et avaient toutes les chances non seulement d'être envoyés en camp pour une dizaine d'années, mais de finir fusillés d'une balle dans la nuque.

Par le décret du 22 octobre 1938, les enfants des « déplacés spéciaux » qui avaient atteint l'âge de seize ans, devaient recevoir un passeport et devenir des citoyens à part entière. En réalité, les libérations restèrent très limitées : moins de 80 000 enfants de « koulaks » obtinrent leur passeport avant la guerre. La véritable décrue du nombre des « déplacés spéciaux » ne commença qu'à partir du printemps 1942, lorsque le gouvernement décida d'appeler sous les drapeaux les déplacés spéciaux de seize à cinquante ans, à l'exception des « chefs de famille anciennement koulaks ». À la fin de 1943, le nombre des « déplacés spéciaux » n'était plus que de 670 000 environ. Il aura fallu attendre, cependant, la fin des années 1940 – vingt ans après le début de la collectivisation – pour que le contingent des « ex-koulaks » se réduisît vraiment (120 000 environ au début de 1949, moins de 25 000 au 1er janvier 1953) au terme d'une « extinction naturelle », où les libérations n'avaient eu que la portion congrue.

À cette date, le contingent des ex-koulaks avait été très largement remplacé par les « nouveaux » colons spéciaux, appartenant aux « peuples déportés ». Au début de 1953, deux mois avant la mort de Staline, les « *spetzposelentsy* » étaient plus nombreux que jamais : plus de 2 750 000.

Les premiers groupes nationaux massivement déportés furent, dès le début de l'année 1940, les Polonais installés dans les régions (Biélorussie et Ukraine occidentale) occupées par les Soviétiques à la suite de l'accord secret Ribbentrop-Molotov du 23 août 1939. De février 1940 à juin 1941, plus de 380 000 Polonais furent déportés, ainsi que plusieurs dizaines de milliers de Baltes. Au cours de la guerre, Staline fit porter sur huit nationalités la responsabilité collective de la collaboration avec l'Allemagne. Pour des raisons obscures quant au choix précis des nationalités touchées (à l'exception des Allemands de la Volga, dont plus d'un million furent déportés en Sibérie et au Kazakhstan à partir du mois d'août 1941), si ce n'est que toutes s'étaient trouvées sur le chemin de l'envahisseur nazi, les Karatchais, Kalmyks, Tchétchènes, Ingouches, Balkars, Meskhets, Tatars de Crimée et autres peuples de Crimée (Grecs, Bulgares, Arméniens, etc.) furent déportés dans des conditions presque identiques à celles qui avaient présidé à la « dékoulakisation » une quinzaine d'années auparavant.

Selon plusieurs sources concordantes, les pertes humaines entre le départ des « contingents » et leur « installation », après plusieurs mois de transfert, dans les zones les plus reculées du Kazakhstan, de la Sibérie, de l'Asie centrale et de l'Oural, atteignaient fréquemment 10 à 20 % des effectifs. Au cours des trois ou quatre premières années suivant la déportation, les conditions de vie étaient telles que la mortalité restait très élevée. Ainsi, sur les 575 768 déportés du Caucase du Nord arrivés à destination dans la seconde moitié de l'année 1944, 146 892 (soit 25,5 %) moururent avant le 1er octobre 1948 ; on n'enregistra, pour ce groupe de déportés, que 28 120 naissances. La mortalité des autres groupes de déportés était comparable : ainsi, pour ne prendre que cet exemple, parmi tous ceux que nous révèle la statistique du Goulag, des 228 392 personnes évacuées de Crimée parvenues à destination, 44 887 (20 %) moururent en quatre ans. Néanmoins, comme dans le cas des koulaks déportés dans les années 1930, l'équilibre naturel des décès et des naissances se rétablit progressivement, en général au bout de la cinquième année, c'est-à-dire en 1949-1950.

Après la fin de la guerre, et jusqu'en 1951-1952, plusieurs centaines de milliers d'autres personnes furent également déportées des régions nouvellement incorporées ou réincorporées à l'URSS, et soumises à la soviétisation et à la collectivisation : Lituaniens, Lettons, Estoniens, Moldaves, Polonais de Biélorussie, Ukrainiens « occidentaux » supposés soutenir l'OUN (Organisation des nationalistes ukrainiens), payèrent le plus lourd tribut. Mais l'on déporta également d'autres peuples – Grecs, Arméniens, Turcs « du littoral de la mer Noire », Iraniens de Géorgie – et d'autres catégories sociales : les soldats de l'armée du général Vlassov, ainsi qu'un grand nombre de prisonniers de l'armée Rouge « récupérés » en Allemagne, et des « parasites sociaux, menant un mode de vie antisocial à la campagne » (déportés au titre de la loi du 2 juin 1948).

Bien sûr, pour toutes ces catégories, celles déportées « à perpétuité et sans droit de retour » (les peuples « punis » pour « collaboration »), comme celles « isolées temporairement », la frontière entre le camp proprement dit et la « zone spéciale » était perméable et mouvante. Un décret du 26 novembre 1948 stipulait que toute personne appartenant à un des peuples collectivement déportés « à perpétuité » qui quitterait sa résidence administrative serait punie de vingt ans de camp. Les déportations massives – par familles, par catégories sociales cataloguées comme « étrangères » (« koulaks », intelligentsia), par villages entiers hostiles à la collectivisation ou soupçonnés de soutenir les « partisans » antisoviétiques (notamment dans les pays Baltes et en Ukraine occidentale) – allaient généralement de pair avec des arrestations individuelles, qui menaient les victimes directement dans les camps.

Un sort particulier fut réservé à une partie des prisonniers de guerre soviétiques, aux « *Vlassovtsy* » (les soldats et officiers ayant combattu dans « l'armée de libération » du général Vlassov) ainsi qu'à un certain nombre de civils ayant exercé des responsabilités dans des zones occupées provisoirement par les nazis et soupçonnés de collaboration avec l'occupant. Ils furent, en général, enfermés dans des camps spéciaux du NKVD, dits « de filtration et de contrôle », créés dès la fin de 1941. En trois ans (décembre 1941-décembre 1944), 421 200 personnes « passèrent » par ces camps ; durant l'année 1945, ces établissements « accueillirent » 214 000 prisonniers environ. En janvier 1946, les camps de « filtration et de contrôle » furent intégrés au système du Goulag, et leurs détenus soit libérés, soit déportés, soit internés.

À la fin des années 1940, la population des camps et des « zones spéciales » était « qualitativement » très différente de celle des années 1930 : aux paysans déportés et aux communistes accusés d'être des « ennemis du peuple », perdus et désorientés dans un monde où ils ne retrouvaient plus leurs repères, avaient succédé des militants antibolcheviques, nationalistes, militaires ayant l'expérience de la lutte armée, consciemment et résolument opposés au système. Le Goulag du début des années 1950 connut ses organisations clandestines et ses grèves spectaculaires : une nouvelle nation était née, la nation « *zek* ».

L'étude des documents du Goulag débute tout juste. Les dizaines de milliers de pages, où s'alignent, colonne après colonne, des chiffres, encore des chiffres, certains copiés à la main, d'autres tapés à la machine par un personnel nombreux (dès la fin des années 1930, plus d'un demi-million de personnes travaillaient aux divers échelons du NKVD), contiennent les renseignements les plus divers, des plus tragiques aux plus étonnants, sur l'univers concentrationnaire, qu'il est impossible de présenter dans le cadre de cet article. On apprend de quelles maladies sont morts les détenus (polyavitaminose, paralysie cardiaque, résultat d'un état d'épuisement absolu de l'organisme, tuberculose, pellagre, maladies intestinales, etc.), à quel âge, après combien de temps passé en détention (les deux premières années étaient les pires). Les répartitions des détenus par sexe (94 % d'hommes en 1938, mais seulement 81 % dix ans plus tard), par âge, par nationalité, sont également présentes dans les statistiques du Goulag, de même que celles concernant le niveau d'instruction : on remarque ainsi un quadruplement du nombre des détenus ayant achevé des études supérieures entre 1936 et 1940 ; leur nombre, cependant, reste relativement faible : un peu plus de 40 000 en 1940. Que sont devenus les autres cadres et intellectuels arrêtés ? Sont-ils morts en plus grand nombre que la « moyenne » ? Ont-ils été exécutés ?

Les documents du Goulag révèlent également des chiffres étonnants, comme le nombre de détenus « employés » par le NKVD pour dénoncer les autres : ils étaient 16 887 en janvier 1940 et 138 992 (dont 9 958 « résidents », 3 904 « agents », 64 905 « indics » et 60 225 détenus « chargés de s'opposer à toute tentative d'évasion ») en juillet 1947 ! Enfin, nombre de données statistiques précisent le rôle important du Goulag dans l'économie soviétique. En 1940, le NKVD exécutait 13 % du volume des grands travaux de l'économie soviétique. Au 1er septembre 1948, sur les 2 260 000 détenus du Goulag, 1 220 000 environ étaient « loués » à des entreprises dépendant des principales administrations économiques (métallurgie, mines, exploitation forestière, travaux publics). Comment étudier désormais la « classe ouvrière soviétique » sans tenir compte de cette immense main-d'œuvre servile peinant souvent sur les mêmes sites industriels que les travailleurs libres ?

Néanmoins, des lacunes importantes subsistent : la bureaucratie du Goulag fonctionnait, en effet, parfaitement pour décrire ses pensionnaires, ceux qui étaient arrivés à destination dans l'enfer concentrationnaire des camps et des colonies de travail, des villages de déportés et des « zones spéciales ». Mais on ne sait toujours presque rien – en termes statistiques, car les descriptions du chemin de croix entre le moment de l'arrestation et la condamnation, à une peine de camp ou à la peine capitale, ne manquent pas – sur tous ceux qui ne sont jamais « arrivés à destination ». On sait que les « pertes » – en prison, au cours des interrogatoires et des interminables transferts – ont été très importantes : quelques données sur les contingents de déportés en témoignent.

Mais combien ont été fusillés ? Question capitale, lancinante, que la découverte, au cours de ces cinq dernières années, de nombreuses fosses communes et de charniers (Kouropaty en Biélorussie, Bykovna en Ukraine, pour ne citer que les plus fameux) contenant les corps de milliers de suppliciés, abattus d'une balle dans la tête, durant, semble-t-il, les années 1937-1938, rend plus actuelle que jamais. Jusqu'à présent, les archives ouvertes à la consultation n'ont apporté aucune donnée statistique décisive sur l'ampleur des exécutions durant la « Grande Terreur ». Les documents existent, sans doute, dans les « archives présidentielles » et celles du KGB.

Au début du mois de juin 1992, époque des « grandes manœuvres » politiques autour de l'ouverture du « procès du PCUS », Mikhaïl Poltoranine, vice-président de la Commission de déclassification des archives, a daigné « livrer au public » un certain nombre de documents ultrasecrets sur l'année 1937. Le journal *Troud* a publié, entre autres, comme exemple édifiant du « terrorisme que faisait régner sur le pays l'ordre teutonique [*sic*] des communistes », une résolution du Politburo, datée du 2 juillet 1937, et un « ordre opérationnel » du NKVD, signé par Nikolaï Iejov et daté du 30 juillet de la même année. Le premier document expose les grandes lignes d'une

« action de répression » de grande envergure contre les « anciens koulaks et éléments criminels ». Le second explicite les modalités de cette « opération ». On y apprend que les éléments visés appartenaient, en réalité, à un spectre sociopolitique beaucoup plus large que les catégories énumérées au départ par le Politburo : aux côtés des « ex-koulaks » ayant fui leur lieu de déportation et des « éléments criminels », figuraient les « éléments socialement dangereux », les « membres de partis antisoviétiques », les anciens « fonctionnaires tsaristes », les « gardes blancs », etc. Or, l'on sait, d'après de nombreux témoignages et les documents d'archives accessibles, que ces « appellations » étaient attribuées à n'importe quel suspect, qu'il appartînt au Parti, à l'intelligentsia ou au « petit peuple ».

Ce second document donne une liste précise, chiffrée, des objectifs à atteindre, région par région, pour les « deux catégories » : les individus de la première catégorie (76 500 personnes) devaient être, au terme d'une procédure administrative simplifiée, fusillés ; ceux de la seconde catégorie (201 000), envoyés en camp pour dix ans. Toute l'opération, commencée (selon les régions) entre le 5 et le 15 août 1937, devait être achevée en quatre mois. Cette « opération » fut-elle la seule de son espèce ou y en a-t-il eu d'autres ? Ses objectifs ne furent-ils pas dépassés, comme ce fut le cas lors de la collectivisation et de la « dékoulakisation », par des fonctionnaires du NKVD particulièrement zélés dans la chasse aux « records » et aux « ennemis » ?

Sur le nombre global de fusillés, on dispose actuellement de deux sources ; les chiffres cités sont proches, mais ils recouvrent des catégories de victimes et des périodes différentes. La première est une note adressée le 14 février 1954 à N. Khrouchtchev et signée par le procureur général de l'URSS R. Roudenko, le ministre de l'Intérieur S. Krouglov et le ministre de la Justice K. Gorchenine. Selon ce document, entre le 1er janvier 1921 et le 1er février 1954, les « collèges spéciaux » et les « troïkas » de l'OGPU, puis du NKVD, le « collège militaire » de la Cour suprême et les tribunaux militaires avaient condamné 3 777 380 personnes, sous l'accusation d'« activités contre-révolutionnaires ». Sur ce nombre, 642 980 avaient été condamnées à la peine capitale ; les autres, soit un peu plus de 3 100 000 personnes, à des peines de camp ou à la déportation.

On sait le « flou » qui entourait la notion d'« activités contre-révolutionnaires ». Néanmoins, ce document donne un ordre de grandeur : peut-être un demi-million d'exécutions pour les deux années les plus terribles de la répression, 1937 et 1938 ; tous les témoignages confirment, en effet, que les exécutions de « politiques » furent beaucoup plus rares au cours des autres années. Un second document – révélé aux seuls délégués du plénum du Comité central qui se tint du 22 au 28 juin 1957 et qui condamna le « groupe antiparti » Molotov-Malenkov-Kaganovitch, et récemment exhumé – fait état de 681 692 exécutions (toutes « catégories » confondues, « droit-commun » et « politiques ») en 1937-1938. Du 27 février 1937 au 12 novembre 1938, Staline, Molotov et Kaganovitch apposèrent leur signature au bas de listes comprenant 38 679 personnes, dont les dossiers étaient suivis par le collège militaire de la Cour suprême.

Dans les statistiques du Goulag, nous l'avons dit plus haut, l'impact de la « Iejovschina » est ainsi fortement minimisé. Une étude détaillée des condamnations montre, par exemple, qu'aux 350 000 « contre-révolutionnaires » recensés dans les seuls ITL durant les années 1937-1938, il faut ajouter 182 000 nouveaux détenus (dans les seuls ITL) condamnés comme « éléments socialement dangereux » ou « socialement nuisibles ». Combien sont morts dans les camps au cours de ces deux années ? Au moins 50 000 « politiques » dans les seuls ITL, et sans doute plus lorsque l'on sait, d'après de nombreux témoignages, que la mortalité était plus élevée parmi les « politiques » que parmi les « droit-commun ».

Répétons encore qu'aucune donnée statistique précise n'est actuellement disponible en ce qui concerne la mortalité, sans doute importante, durant les transferts, entre le moment de l'arrestation et l'arrivée au camp. Au chiffre d'environ 600 000 « politiques » internés ou morts dans les camps de travail (combien furent-ils enfermés dans les « colonies » de travail ? Peut-être encore 200 000, si l'on sait que le rapport numérique entre les ITL et les ITK était d'environ 60 %-40 %, mais que les « politiques » étaient envoyés plus souvent dans les ITL que dans les ITK), il faut ajouter plusieurs centaines de milliers d'exécutions pour obtenir un bilan encore très approximatif des victimes de la « Grande Terreur » de 1937-1938.

Longtemps niée en Occident par une intelligentsia « de gauche », pour laquelle dire l'impensable – qu'il existait des camps au « pays du socialisme » – c'était

« désespérer Billancourt », la réalité du Goulag devint brutalement, au début des années 1970, l'explication globale – historique, philosophique, morale –, enfin trouvée, du « phénomène soviétique ». L'histoire de soixante ans de régime soviétique n'était plus que l'histoire de la lutte de l'État totalitaire contre l'homme, l'histoire de l'asservissement de l'homme par l'État et de la soumission graduelle de l'homme à l'esclavage, mieux, l'acceptation, par l'*Homo sovieticus*, de son esclavage. Alexandre Soljenitsyne concluait son *Archipel du Goulag*, modestement sous-titré « Essai d'investigation artistique », par l'idée selon laquelle en chaque nation comme en chaque homme se jouait le combat du Bien et du Mal : « L'amour de la liberté nous faisait défaut. Nous avons perdu la mesure de la liberté. »

Aujourd'hui, les peuples de l'ex-URSS ont retrouvé la mesure de la liberté. Celle-ci ne peut être solidement assise que sur la vérité, non sur le repentir. La souffrance endurée dans le mensonge n'était-elle pas un des ressorts essentiels du régime soviétique ? Pour ne rien oublier, pour tâcher de comprendre le caractère paroxystique et sanglant de la répression politique contre toute une société, le temps est venu d'étudier historiquement le Goulag.

Les documents existent. Il reste à l'historien d'éviter l'écueil de l'historicisme et d'échapper à l'orgueil si caractéristique des sciences humaines modernes, cet orgueil qu'entrevoyait déjà Péguy lorsqu'il écrivait que « l'historien moderne est devenu un Dieu ».

Sans doute les chiffres les plus communément avancés, « popularisés » – une dizaine de millions de détenus présents en permanence, de la fin des années 1930 au milieu des années 1950, dans les camps du Goulag, quelque 5 à 7 millions de victimes « politiques » de la « Grande Terreur » – ont-ils été fortement exagérés. Néanmoins, les données aujourd'hui disponibles – la présence moyenne et permanente, quinze ans durant, de 2 à 2,5 millions de personnes au Goulag, d'un autre contingent de 1,5 à près de 3 millions de « colons » et « déportés » spéciaux – sans tenir compte des morts « en transit », en camp (sans doute 2 millions), des exécutés (au nombre jusqu'à présent invérifiable) – témoignent d'une façon indiscutable, forte et terrible, de l'ampleur de la répression stalinienne.

Même « corrigés à la baisse » par rapport aux extrapolations tirées des témoignages des survivants, les chiffres froids et nus aujourd'hui exhumés, colonne après colonne, ne doivent jamais nous faire oublier que chaque unité représente une vie humaine brisée, mutilée, sacrifiée.

Pour en savoir plus

D. J. Dallin, B. I. Nikolaevski, *Forced Labour in Soviet Russia*, London, Hollis & Carter, 1948.

R. Conquest, *La Grande Terreur*, Paris, Stock, 1968.

N. S. Timasheff, « The Post-War Population of the Soviet Union », *American Journal of Sociology*, 1948, vol.54, 36-64

S. Wheatcroft, « More Light on the Scale of Repression and Excess Mortality in the Soviet Union in the 1930's », *Soviet Studies*, vol. XLII, n° 2, 6-40.

V. Zemskov, « Naselenie Gulaga. Statistika repressii, 1934-1953 » (La population du Goulag. Statistique des répressions, 1934-1953), *Istoria SSSR* (*Histoire de l'URSS*), 1991, n° 5, 151-166.

CHAPITRE 15

Les derniers jours du tyran

À l'annonce de la mort de Staline par Radio Moscou – le 6 mars 1953, à 4 heures du matin –, un sentiment de stupeur s'empara de nombreux Soviétiques : la disparition du « Guide du Parti communiste et de l'Union soviétique, le camarade Iossif Vissarionovitch Staline » marquait la fin d'une époque. Comme l'écrit François Furet, la mort du Guide fit ressortir le paradoxe d'un système « prétendument inscrit dans les lois du développement social, et dans lequel tout dépend tellement d'un seul homme que, cet homme disparu, le système a perdu quelque chose qui lui était essentiel[1] ». Dans les semaines qui suivirent la mort de Staline, un immense changement s'amorça, qu'Ilya Ehrenbourg, dans un écrit célèbre, compara à un dégel.

Mais le sentiment dominant de la société russe restait le désarroi face à l'incertitude de l'avenir. Staline avait délibérément agi comme s'il était immortel

1. F. Furet, *Le Passé d'une illusion*, Paris, Robert Laffont, 1995, p. 503.

et que la question de sa succession ne se poserait jamais. « Que feriez-vous sans moi, vous qui êtes plus impuissants que des chatons aveugles tout juste venus au monde ? », avait-il l'habitude de dire, les derniers temps, à ses fidèles compagnons : Beria, Khrouchtchev, Malenkov, Boulganine, Kaganovitch, ceux-là mêmes qui, deux par deux, allaient assurer la veille autour de Staline mourant, durant les derniers jours du dictateur.

Malgré l'ouverture – partielle – des archives de Staline, des zones d'ombre entourent les circonstances de sa mort, le 5 mars 1953. Fait somme toute assez courant, les derniers instants des grands de ce monde sont toujours enveloppés de secret, excitant par là même la curiosité des simples mortels…

Depuis la fin des années 1960, les historiens disposaient de deux témoignages importants sur les derniers jours de Staline : celui de sa fille Svetlana Allilouïeva et celui de Nikita Khrouchtchev[2]. En 1988, au moment de la *glasnost* gorbatchévienne, un autre témoignage de taille, celui du principal garde du corps de Staline, Alexandre Rybine, apporta quelques éléments nouveaux, qui suscitèrent, dans le climat de l'époque propice aux « sensations », des hypothèses fantaisistes selon lesquelles les plus proches collaborateurs de Staline, et en particulier Lavrenti Beria, seraient allés jusqu'à précipiter la mort du dictateur[3]. Reprenons le dossier.

---

2. S. Allilouïeva, *Vingt lettres à un ami*, Paris, Le Seuil, 1967 ; N. Khrouchtchev, *Mémoires*, Paris, Robert Laffont, 1971.

3. A. Rybine, « Riadom s Stalinym » (« Aux côtés de Staline »), *Sotsiologiceskie Issledovanija*, 1988, n° 3.

Le récit de Khrouchtchev

Le 28 février 1953, Staline travailla longuement dans son bureau du Kremlin. Le soir, comme à l'accoutumée, il se fit projeter un film – c'était l'un de ses passe-temps favoris – en compagnie de Beria, Malenkov, Khrouchtchev et Boulganine Après quoi, tous allèrent souper – autre rituel, quasi quotidien – dans la datcha de Staline à Kountsevo.

Selon Khrouchtchev, le dîner se termina vers 5 ou 6 heures du matin. « Staline, assez ivre, s'était montré d'excellente humeur. Ainsi, après cette “séance”, nous étions rentrés chez nous, heureux, car rien n'y avait mal tourné. Les dîners chez Staline ne se terminaient pas toujours sur une note agréable. »

Le lendemain, dimanche 1er mars, « en principe jour de congé », Khrouchtchev passa la journée chez lui, s'attendant à recevoir, comme chaque jour, un coup de téléphone du « Patron ». Il finit par aller se coucher et fut réveillé dans la nuit par un coup de téléphone de Malenkov, qui l'informa que les gardes du corps de Staline avaient l'impression que quelque chose lui était arrivé. Malenkov avait déjà prévenu Beria et Boulganine.

Khrouchtchev se rendit en voiture à Kountsevo, où il retrouva ses collègues. Les gardes leur dirent qu'ils avaient envoyé la vieille bonne de Staline, Matriona Petrovna, prendre de ses nouvelles. Celle-ci, « pas très intelligente, mais honnête et très dévouée », selon Khrouchtchev l'avait trouvé affalé en bas de son lit, en train de dormir par terre. Les gardes l'avaient alors allongé sur un canapé dans la pièce voisine.

Dans son récit, Khrouchtchev laisse entendre qu'ils avaient supposé que Staline était ivre : « Lorsque nous apprîmes cela, nous décidâmes qu'il ne serait pas convenable de nous manifester alors que Staline se trouvait dans un état si peu présentable. » Chacun rentra donc chez soi.

Quelques heures plus tard, au petit matin du 2 mars, Malenkov rappela Khrouchtchev pour lui dire que les gardes étaient de nouveau très inquiets. Khrouchtchev, Beria, Malenkov, Boulganine, mais aussi Kaganovitch et Vorochilov, prévenus par téléphone, repartirent alors à Kountsevo, après avoir fait appeler les médecins. L'état de Staline fut jugé sérieux, et les six plus importants de ses collaborateurs décidèrent d'organiser, deux par deux, un tour de garde de vingt-quatre heures sur vingt-quatre à son chevet.

Le témoignage du garde du corps

La version du principal garde du corps de Staline diverge sur plusieurs points importants de celui de Khrouchtchev. Selon Alexandre Rybine, Khrouchtchev et les autres dirigeants avaient quitté la datcha de Staline le 1er mars vers 4 heures du matin après n'avoir bu que des jus de fruits. Vers midi, le personnel de service avait commencé à s'inquiéter de ne constater aucun mouvement dans les appartements de Staline. Or il était strictement interdit d'aller voir Staline sans y avoir été convié.

Vers 18 h 30, la lumière s'alluma dans son bureau. Tous furent rassurés et attendirent qu'on les appelât.

Le temps passait, Staline ne se manifestait toujours pas. Vers 23 heures, l'inquiétude était à son comble, mais personne n'osait pousser la porte. Finalement, l'arrivée du courrier en provenance du Kremlin fournit au vice-commissaire pour la datcha, Lozgatchev, un prétexte pour se rendre dans les appartements de Staline.

Il le découvrit étendu sur le tapis près de son bureau. Incapable de parler, mais conscient, Staline opina de la tête quand les gardes lui demandèrent s'ils pouvaient le transporter sur le divan. On téléphona aussitôt à Ignatiev, le ministre de la Sécurité d'État. Ce dernier conseilla d'appeler Beria ou Malenkov.

On ne put joindre Beria. Sans lui, Malenkov ne se résolut pas à entreprendre quoi que ce fût. Il était interdit, depuis l'« affaire des médecins empoisonneurs », de laisser un médecin approcher Staline sans l'autorisation expresse de Beria. On trouva enfin Beria dans l'une de ses nombreuses résidences. Il ordonna aux gardes de ne prévenir personne, disant qu'il viendrait avec des médecins. Il n'arriva qu'à 3 heures du matin, le lundi 2 mars, en compagnie du seul Malenkov. Staline paraissait alors profondément endormi. Beria reprocha aux gardes d'avoir fait des histoires pour rien, et, malgré les protestations de Lozgatchev, qui maintenait que Staline était gravement malade, repartit avec Malenkov.

Ce n'est que vers 9 heures du matin que les principaux collaborateurs de Staline apparurent à la datcha, accompagnés de médecins, et que furent prodigués les premiers soins, dix heures après qu'on eut découvert Staline terrassé par une hémorragie cérébrale.

Les souvenirs de la fille de Staline

Les mémoires de Svetlana Allilouïeva, *Vingt lettres à un ami*, ne permettent pas de trancher entre les deux versions, celle de Khrouchtchev et celle du garde du corps. Arrivée à Kountsevo le 2 mars au matin, la fille de Staline a surtout décrit les derniers moments de son père.

> L'hémorragie gagnait le cerveau. Les dernières douze heures, le manque d'oxygène devint évident. Son visage devenait de plus en plus noir. L'agonie fut terrible. Il étouffait sous nos yeux. À un moment, vers la fin, il ouvrit soudain les yeux pour envelopper tous ceux qui l'entouraient. Ce fut un regard horrible, entre la démence et le courroux, plein d'horreur face à la mort et aux visages inconnus des médecins penchés sur lui. [...] Et soudain – chose incompréhensible et terrifiante que je ne comprends pas encore aujourd'hui, mais que je ne puis oublier – il leva sa main gauche. On aurait dit qu'il indiquait quelque chose là-haut et qu'il nous maudissait.

Dans une interview publiée en 1990 – soit plus de vingt ans après la rédaction des *Vingt lettres à un ami* –, Svetlana Allilouïeva revint sur le point essentiel évoqué dans le témoignage de Rybine : une dizaine d'heures s'étaient écoulées entre le moment où l'on avait trouvé Staline fort mal en point et l'arrivée des médecins.

La version officielle

Tout en reconnaissant que l'on n'aurait sans doute pas pu sauver son père, Svetlana Allilouïeva pointait les responsabilités de Beria dans ce retard, sans disculper pour autant les autres membres de la direction. Elle rappelait enfin qu'aussitôt après la mort de Staline, Beria « [s'était précipité] dans le hall. Le silence de la chambre où tout le monde était rassemblé autour du lit de mort avait été déchiré par le bruit de sa voix ouvertement triomphante : – Khroustaliev, ma voiture ! ». Puis il avait ordonné la fermeture de la datcha et fait renvoyer tous les membres du personnel, menacés d'arrestation immédiate s'ils se livraient à des confidences ou mettaient en cause la version officielle : Staline avait été victime d'une hémorragie cérébrale, le mardi 3 mars dans la soirée, alors qu'il travaillait dans son bureau du Kremlin.

C'est ainsi que les Soviétiques apprirent, le 4 mars au matin, que les jours du Guide étaient en danger. Le communiqué était suivi d'une résolution prise au nom du Comité central et du Conseil des ministres, qui appelait le peuple soviétique à « faire preuve d'unité, de solidarité, de fermeté de cœur et d'esprit et de vigilance en ces jours préoccupants ». Puis la radio se mit à diffuser des œuvres de Jean-Sébastien Bach.

Quarante-huit heures plus tard, le vendredi 6 mars, à 4 heures du matin, des roulements de tambour précédèrent l'annonce fatale : « Le cœur du compagnon d'armes de Lénine, le porte-drapeau de son génie et de sa cause, le sage éducateur et guide du parti communiste et de l'Union soviétique, a cessé de battre le 5 mars 1953 à 21 h 50, heure de Moscou. »

Le dernier anniversaire

Les différentes versions retraçant les derniers jours de Staline, malgré leurs silences et leurs divergences, laissent entendre que ses « plus proches compagnons » ne firent guère preuve d'empressement, et même qu'ils retardèrent délibérément l'intervention des médecins. Ensuite, ils tâchèrent de dissimuler le temps perdu et de brouiller les pistes en falsifiant les dates et les circonstances. Peut-être hésitèrent-ils sur la conduite à tenir de peur d'être tenus pour responsables d'une éventuelle erreur de traitement. Il est aussi plausible que certains d'entre eux, de plus en plus souvent mis en cause par un Staline plus tyrannique, paranoïaque et imprévisible que jamais, aient souhaité sa mort.

De tous les héritiers potentiels, Beria était, comme nous le verrons, sans doute le plus exposé et celui qui avait le plus à gagner à la disparition du dictateur. Khrouchtchev, tout comme Svetlana Allilouïeva, ont décrit en des termes très proches le comportement « inconvenant et triomphateur » de Beria durant les derniers jours de Staline. « Lorsque Staline tomba malade, rapporte Khrouchtchev, Beria commença à rôder autour, crachant sa haine contre lui, le couvrant de sarcasmes. [...] Mais ce n'était pas le plus beau. Dès que sur les traits de Staline apparaissaient les signes d'un renouveau de conscience laissant penser qu'il surmonterait son mal, aussitôt Beria se jetait à genoux à son chevet, s'emparait de sa main et la couvrait de baisers. Cependant, à peine Staline sombrait-il de nouveau dans l'inconscience, fermait-il les yeux, Beria se relevait et crachait. »

Quelle que soit la véracité de cette charge contre celui qui allait bientôt devenir l'homme à abattre, le « traître absolu », l'atmosphère devait assurément être très lourde dans cet univers clos où, comme l'écrit Mikoïan dans ses souvenirs, « chacun était susceptible de se retrouver du jour au lendemain agent de tel ou tel pays impérialiste au gré de l'imagination fertile de Staline ». Ce fidèle stalinien, membre du Bureau politique, en avait fait l'expérience au cours des derniers mois ayant précédé la mort de Staline, tout comme Viatcheslav Molotov, fidèle d'entre les fidèles, membre du Politburo et ministre des Affaires étrangères de l'URSS jusqu'à la fin des années 1940.

Ces deux hiérarques étaient tombés en disgrâce à la fin de 1952. Le prétexte en fut leur appréciation réservée du dernier ouvrage de Staline, *Les Problèmes économiques du socialisme en URSS*. Staline y affirmait, alors que le monde rural connaissait une crise sans précédent, qu'il était temps de passer aux échanges en nature entre villes et campagnes, et d'accélérer le processus de « transformation étatique et socialiste » de la société rurale.

Peu après la sortie du livre, Staline avait convoqué ses principaux collaborateurs et demandé à chacun son avis. Seul de tous les membres du Politburo, Mikoïan s'était tu. Quant à Molotov, écrit Mikoïan dans ses mémoires, « il avait marmonné quelque chose de si indistinct et de si général que tout le monde, Staline en tête, comprit parfaitement qu'il n'avait pas été enthousiasmé par le livre ». Quelques jours plus tard, alors que se réunissait à Moscou le XIXe congrès du Parti, la sanction tomba. Staline critiqua publiquement Molotov et Mikoïan, n'hésitant pas à les accuser de « déviationnisme droitier » et de « soumission servile à l'Amérique ».

Peu de temps après, se posa, pour les deux dirigeants tombés en disgrâce, un grave dilemme : devaient-ils se rendre, comme chaque année, le 21 décembre, à Kountsevo, présenter leurs vœux à l'occasion de l'anniversaire de Staline ? Devaient-ils lui écrire, une nouvelle fois, une lettre d'allégeance, pareille à tant d'autres conservées dans le fonds personnel de Staline, et qui éclairent singulièrement les relations patriarcales au sein du premier cercle dirigeant ?

« Je ferai tout, avait écrit quelque temps auparavant Mikoïan, pour tirer toutes les leçons de vos critiques sévères mais justes, afin qu'elles m'aident à travailler sous votre sage conduite paternelle. » Quant à Molotov, dont l'épouse avait été arrêtée en 1949 et condamnée à cinq ans de camp pour ses prétendus liens avec des « nationalistes juifs antisoviétiques », n'avait-il pas promis à Staline de « mettre fin à ses penchants libéraux pourris à l'égard de certains correspondants étrangers à Moscou » et de « tout faire pour mériter à nouveau ta confiance, cette confiance qui est bien plus qu'une simple relation personnelle puisqu'il s'agit de la confiance que me porte, à travers toi, le Parti, et qui m'est plus chère que la vie elle-même[4] » ?

4. RGASPI, Archives d'État de Russie en histoire sociale et politique, 558/11/765/114 et 558/11/99/120.

Après bien des hésitations, Mikoïan et Molotov se rendirent au dernier anniversaire de Staline. Mal leur en prit. Staline, furieux, les accusa d'être des espions travaillant pour l'Intelligence Service et leur interdit de remettre les pieds à Kountsevo.

Peu de temps après, un autre hiérarque du parti, Klement Vorochilov, vice-président du Conseil des ministres, tomba à son tour en disgrâce et fut accusé par Staline d'être un espion américain. En ce même mois de décembre 1952, Staline renvoya son secrétaire privé, Alexandre Poskrebychev, dépositaire, depuis plus de vingt ans, des secrets les mieux gardés, sous prétexte qu'il avait « égaré des documents confidentiels », et fit arrêter Nikolaï Vlassik, chef de la direction de la garde de la Sécurité d'État chargée de la protection des dirigeants, accusé d'avoir « manqué de vigilance, communiqué des secrets, notamment médicaux, à certains comploteurs juifs ».

Cette arrestation avait été précédée d'une résolution secrète, rédigée par Staline lui-même et envoyée aux organisations du Parti. Le texte mettait en cause les « négligences et le laisser-aller criminels » des organes de la Sécurité d'État, qu'avait longtemps dirigés Beria. Ceux-ci n'avaient pas su démasquer à temps d'« importantes affaires de sabotage médical touchant aux soins dispensés aux plus hauts dirigeants du Parti ».

Blouses blanches : l'ultime « complot »

C'est dans ce climat de plus en plus pesant qu'éclata, en janvier 1953, le « complot des médecins ». Le communiqué officiel dénonçant cette affaire fut publié dans la presse le 13 janvier 1953. Il affirmait qu'un « groupe terroriste de médecins ayant pour but d'abréger la vie de dirigeants importants en leur administrant des traitements nocifs » avait été démasqué « quelque temps auparavant ».

Auraient figuré, parmi les victimes, deux dirigeants du parti : Andreï Jdanov, mort en 1948, et Alexandre Chtcherbakov, mort en 1945. Les médecins auraient aussi cherché à nuire à la santé de plusieurs officiers supérieurs, mais leur arrestation les avait empêchés de mener à terme leur projet criminel. Les médecins – dans leur grande majorité juifs – auraient été stipendiés par une organisation d'assistance juive américaine, l'American Joint Distribution Committee.

Le communiqué critiquait vivement les organes de la Sécurité d'État qui n'avaient pas su démasquer à temps la « bande de criminels » et appelait les simples citoyens soviétiques à se mobiliser et à faire preuve d'une extrême vigilance. Tandis que la « dénonciatrice héroïque », la doctoresse Timachouk, l'indicatrice de la Sécurité d'État qui avait revu les électrocardiogrammes d'Andreï Jdanov, repéré l'erreur fatale de diagnostic et démasqué les « assassins en blouse blanche » était décorée de l'ordre de Lénine, les inculpés, dûment interrogés, passaient aux aveux.

Comme au moment de la « Grande Terreur » de 1936-1938[5], des milliers de réunions publiques furent organisées pour exiger le châtiment des coupables, la multiplication des enquêtes et le retour à une

5. La Grande Terreur s'est déroulée de 1936 à 1938. Entre 700 000 et 800 000 personnes furent exécutées.

véritable « vigilance bolchevique ». Dans les semaines qui suivirent la découverte du « complot », la presse réactualisa les thèmes des années 1936-1938, appelant à « en finir avec l'insouciance criminelle dans les rangs du Parti, à démasquer les hommes à double face et à liquider une fois pour toutes le sabotage ». L'idée d'une vaste conspiration regroupant intellectuels, Juifs, militaires, cadres supérieurs du Parti et de la Sécurité d'État faisait son chemin, rappelant les pires moments de la « Grande Terreur ».

Comme le confirment les documents aujourd'hui accessibles sur cette affaire[6], le « complot des blouses blanches » marquait à la fois le couronnement de la campagne « anticosmopolite » – c'est-à-dire antisémite – déclenchée quatre ans plus tôt et la probable ébauche d'une nouvelle purge générale que seule la mort de Staline allait faire avorter. À ces deux dimensions s'en ajoutait une troisième : la lutte entre les différentes factions des ministères de l'Intérieur et de la Sécurité d'État, séparés depuis 1946 et soumis à des remaniements constants par Staline, qui avait toujours considéré ce secteur stratégique comme son « domaine réservé ».

L'enquête sur le « complot des blouses blanches », menée par Semion Ignatiev, le ministre récemment promu de la Sécurité d'État, et son adjoint Rioumine, devait démontrer la responsabilité de l'ancien chef de la Sécurité d'État, Viktor Abakoumov, démis de ses fonctions en juillet 1951, mis au secret et accusé d'être le « cerveau » d'un vaste complot juif interna-

6. Cf. Guennadi Kostyrtchenko, *Prisonniers du Pharaon rouge*, Paris, Solin, 1998.

tional, dont l'affaire des médecins n'était que le dernier épisode.

Beria était directement menacé : en tant que protecteur d'Abakoumov, mais aussi parce qu'il avait mis sur pied, pendant la guerre, le Comité juif antifasciste, chargé d'établir des relations avec les organisations juives internationales et de lever des fonds pour l'URSS. Or les « assassins en blouse blanche » étaient tous accusés d'avoir été en relation avec Solomon Mikhoels, le directeur du célèbre théâtre yiddish de Moscou et président du Comité juif antifasciste. Ce comité avait été organisé en 1942 à l'initiative du gouvernement soviétique, désireux à l'époque de se concilier l'influente communauté juive américaine, afin que celle-ci fît pression sur Roosevelt pour l'ouverture d'un « second front » contre l'Allemagne nazie en Europe.

L'activisme du comité, qui regroupait des centaines d'intellectuels, artistes et savants juifs de renom – le romancier Ilia Ehrenbourg, les poètes Samuel Marchak et Peretz Markish, le pianiste Émile Guilels, l'écrivain Vassili Grossman, le grand physicien Piotr Kapitsa, père de la bombe atomique soviétique, et bien d'autres –, n'avait pas tardé à indisposer les dirigeants soviétiques. En janvier 1948, Mikhoels fut retrouvé assassiné. En novembre 1948, le Comité juif antifasciste fut dissous, sous prétexte qu'il était devenu un « centre de propagande antisoviétique ». Dans les semaines qui suivirent, tous les membres du comité furent arrêtés, tandis que la presse engageait une vaste campagne « anticosmopolite ».

Après deux ans et demi d'instruction se déroula, en juillet 1952, à huis clos et dans le plus grand secret, le procès des membres du Comité juif antifasciste. Au total, le « dossier » du comité donna lieu, en comptant les prétendues « ramifications » de l'affaire, à 125 condamnations, dont 25 à la peine capitale. Entre-temps, dans le cadre de la campagne « anticosmopolite » lancée en 1949, des milliers de Juifs avaient été arrêtés ou chassés de leur travail, notamment dans les milieux de la culture, de l'information, de la presse, de l'édition, de l'enseignement et de la médecine.

En septembre 1952, le scénario du grand complot juif international était prêt. Sa mise en œuvre fut retardée de quelques semaines, le temps que se tînt le XIXe congrès du PCUS, réuni enfin en octobre 1952, après plus de treize ans d'interruption. Les médecins juifs mis en cause dans ce qui allait publiquement devenir l'« affaire des blouses blanches », furent arrêtés au début novembre.

Le même mois, alors que ces arrestations étaient pour l'instant gardées secrètes, s'ouvrait à Prague, le 22 novembre 1952, le procès de Rudolf Slansky, ancien secrétaire du Parti communiste tchécoslovaque, et de treize autres dirigeants communistes. Onze d'entre eux furent condamnés à mort et pendus.

L'une des particularités de cette parodie judiciaire, entièrement montée par les conseillers soviétiques de la police politique, était son caractère ouvertement antisémite. Onze des quatorze accusés étaient juifs, et les faits qui leur étaient reprochés portaient sur la constitution d'un prétendu « groupe terroriste trotsko-tito-sioniste ». Le procès de Prague était, à n'en point douter, la répétition du futur procès des médecins à Moscou. Une partie des témoignages réunis pour le procès Slansky devait d'ailleurs être réutilisée dans le procès des « assassins en blouse blanche », dont l'ouverture était prévue pour la mi-mars 1953.

Comme le montrent ses corrections manuscrites sur les différents projets de communiqués annonçant l'affaire, ainsi que ses annotations des procès-verbaux d'interrogatoires des « médecins assassins », Staline suivit de très près – et jusqu'à son dernier jour d'activité, le 28 février – l'« affaire des médecins ». Cependant, les développements de cette histoire dans les semaines qui précédèrent la mort de Staline, et les conséquences qui devaient en découler – la déportation de tous les Juifs soviétiques vers le Birobidjan ? –, restent encore obscurs.

Qui, en dehors de Staline, était directement impliqué dans le montage ? Selon le témoignage de Boulganine, recueilli en 1970, outre Staline, seuls quatre dirigeants « étaient dans le coup » : Malenkov, Souslov, Ignatiev et Rioumine. Tous les autres, notamment Beria, Molotov, Mikoïan et Vorochilov, devaient se sentir menacés.

Amy Knight, auteur d'une importante biographie de Beria, a émis, de son côté, l'hypothèse selon laquelle Khrouchtchev aurait « d'une certaine façon, manigancé l'affaire des médecins[7] ». Par profonde inimitié pour Beria, en qui il voyait un rival particulièrement dangereux pour la suite, d'une part ; parce qu'il était profondément antisémite, d'autre part.

Dans l'état actuel des connaissances et en raison de l'inaccessibilité aux archives présidentielles, où sont conservés les dossiers les plus secrets et les plus sensibles, il est impossible de trancher. Une chose appa-

7. A. Knight, *Beria*, Paris, Aubier, 1994.

raît certaine, à la lecture des rapports de la police politique et des organisations du Parti sur l'« esprit public » envoyés aux plus hauts dirigeants du pays en février-mars 1953 : l'« affaire des médecins » fit remonter à la surface un fort antisémitisme présent à l'état latent dans la société soviétique.

« Maintenant que Staline a été tué par les Juifs, n'importe quel ennemi du peuple peut prendre le pouvoir. » Ces propos, parmi tant d'autres semblables, d'un sous-officier de la garnison de Moscou, consignés le jour de la mort de Staline par le 3e département de la Sécurité d'État, chargé de la surveillance des forces armées, sont révélateurs du profond désarroi qui s'empara de la population à l'annonce de la disparition du Guide[8]. Un désarroi souvent marqué, dans le climat d'hystérie antisémite qui avait suivi l'annonce du complot des « assassins en blouse blanche », par la remontée de rumeurs, de fantasmes et de craintes caractéristiques des interrègnes.

Les Soviétiques éplorés

On prétendit notamment que Staline n'était évidemment pas mort de mort naturelle – les médecins juifs qui l'avaient traité jusqu'à ce qu'ils fussent

8. Rapports de la Sécurité d'État de l'URSS sur l'état d'esprit dans l'armée en mars 1953, Moscou, 1992. Cf. également l'importante collection de rapports adressés par la police politique et les organisations du parti à Nikita Khrouchtchev en mars-avril 1953, RGANI Archives d'État de Russie pour l'histoire contemporaine, 5/30.

démasqués avaient eu le temps de lui administrer des « substances à retardement ». « Comment avait-on pu lui conseiller de passer tous les étés à Sotchi, alors que chacun sait que le climat du Sud est contre-indiqué pour les gens souffrant d'hypertension ? C'était du sabotage médical délibéré. On sent la main des assassins en blouse blanche derrière tout ça ! »

Staline disparu, le « temps des troubles va arriver, les Juifs, qu'on ne rencontre évidemment pas dans les kolkhozes comme simples travailleurs, mais qui pullulent dans les bureaux à Moscou, vont chasser tous les Russes et prendre le pouvoir ». Staline disparu, « il n'y aura plus personne à qui se plaindre. Jusqu'à présent, quand le petit peuple était opprimé, quand on n'en pouvait plus, on disait : on va se plaindre au camarade Staline. Et maintenant, à qui adresserons-nous nos doléances ? ».

« Il était le seul à maintenir l'ordre. Maintenant, on entre dans un temps de troubles, bien pire encore qu'après la mort de Lénine, lorsque le Parti devait se battre contre toutes les oppositions, les Trotsky, les Zinoviev et Cie. » Staline mort, « n'importe quel imposteur peut monter sur le trône, et puis on découvrira que c'était un ennemi du peuple ».

L'intégrité du pays était menacée : « Staline mort, la pauvre Russie sera écartelée. » Le prestige de l'URSS anéanti : « Prenez les démocraties populaires, maintenant que Staline a disparu, tous ces pays vont vouloir se libérer de notre tutelle. Quant à la Chine, qui a toujours été très indépendante, elle va tomber sous l'influence des États-Unis, trop contents de saisir l'occasion ! »

Enfin, Staline mort, la perspective d'une nouvelle guerre devenait plus présente encore : « Seul Staline, le vainqueur de la Grande Guerre patriotique, était craint par nos ennemis. Et maintenant, de qui auront-ils peur ? »

Assurément, les rapports confidentiels de la police politique sur les « réactions de la population à la disparition du camarade Staline » posent à l'historien de nombreux problèmes d'interprétation. Quelle est, par exemple, la représentativité des propos relevés ? Qu'osait-on dire, que taisait-on ? Précisons enfin que seules quelques bribes de ces rapports, conservés pour l'essentiel dans les archives, toujours inaccessibles, de la Sécurité d'État, sont ouvertes aux chercheurs.

Il n'en reste pas moins que ces quelques traces, hélas bien éparses, constituent, à côté des rares témoignages d'intellectuels ayant eux aussi – mais différemment – décrit leur désarroi d'orphelins face à la mort du Père, les seuls contrepoids à l'immense littérature nécrologique produite au lendemain de la mort de Staline.

Dans la semaine qui suivit la disparition de Staline, pas moins de 188 760 réunions et meetings consacrés à la mémoire et à la glorification du disparu se tinrent dans les entreprises, kolkhozes, sovkhozes, administrations et bâtiments officiels du pays. Officiellement, seule s'y exprimait l'affliction profonde non seulement de tout un peuple uni, mais aussi de l'humanité tout entière. En réalité, le désarroi et la crainte devant l'avenir étaient sans doute tout aussi largement partagés, sinon davantage, que l'affliction. Jusqu'au tournant de la guerre, jusqu'à Stalingrad, la popularité de Staline avait relevé du mythe plus que de la réalité. Les paysans, en particulier, ne lui avaient pas pardonné la collectivisation des campagnes. Quant aux ouvriers, ils ne manquaient pas de rappeler que, même si Staline avait affirmé, dans une phrase célèbre, que « la vie est devenue meilleure, la vie est devenue plus gaie », leur niveau de vie s'était effondré dans les années 1930.

Depuis 1943-1944, toutefois, les choses avaient changé : le nom de Staline avait été, de plus en plus, associé à la victoire dans la Grande Guerre patriotique, à Stalingrad, à la prise de Berlin. « On ne juge pas les vainqueurs. À Staline tout fut pardonné », notait dans ses *Mémoires* l'écrivain Viktor Nekrassov, tandis que Vassili Grossman écrivait : « Le sang sacré de la guerre a tout nettoyé – le sang innocent des dékoulakisés, le sang de 1937. »

Dans les années d'après guerre, la popularité de Staline se maintint, semble-t-il, malgré les immenses difficultés de la reconstruction, l'extrême misère des campagnes collectivisées, les disettes, le poids des répressions et de la surveillance policière. En témoignent notamment les dizaines de milliers de lettres, individuelles et collectives, qui lui étaient adressées chaque mois par de simples citoyens cherchant auprès du Guide la réparation d'une injustice ou, tout simplement, une aide pour faire face à la dureté des temps.

Dans ces lettres s'exprimait clairement une conception archaïque de la politique que la révolution bolchevique n'avait guère fait évoluer – l'appel direct du « petit peuple » au tsar ou au dirigeant suprême. « Nous vivons mal. Nous ne recevons rien pour notre travail dans les champs collectifs, nos enfants crient famine, écrivait à Staline un groupe de kolkhoziens de la province de Vologda en mars 1952. Mais vous, vous ne le savez pas. Seuls vos bureaucrates se font du gras, restent assis bien au chaud et passent leur temps à vous raconter des fables, camarade Staline. Ils vous trompent, ils vous mentent ! Quittez donc un instant votre bureau au Kremlin et venez voir comment vivent les simples kolkhoziens. »

« Si vous ne nous venez pas en aide, camarade Staline, qui nous aidera ? Nous n'avons personne d'autre à qui nous adresser. On lit dans les journaux que les gens vivent bien dans notre Union soviétique. On ne sait pas si c'est vrai ou si c'est faux. Si c'est vrai, et puisque l'on vit si mal chez nous, c'est qu'il y a sans doute, dans nos parages, des ennemis du peuple. Aidez-nous à les démasquer[9] ! »

Premières luttes pour la succession

La mort de Staline survenait à un moment de grandes difficultés économiques et sociales, dues au blocage du système mis en place dans les années 1930. Ses principaux collaborateurs, devenus ses héritiers, devaient à la fois assurer la continuité du système, se répartir les responsabilités en faisant la part des ambitions de chacun et des rapports de force. Introduire enfin un certain changement, sur la nécessité duquel se dégageait un indéniable consensus parmi l'équipe dirigeante.

9. RGASPI 17/119/840/26.

Depuis au moins deux ans, plusieurs projets de réforme avaient été engagés pour désengorger un Goulag hypertrophié – plus de 2,5 millions de détenus – dépénaliser un certain nombre d'infractions mineures, telles que le retard, l'absentéisme ou le changement non autorisé de lieu de travail, passibles, depuis 1940, de travaux correctifs, voire d'emprisonnement ; améliorer la condition paysanne en augmentant les prix d'achat, par l'État, des productions agricoles, qui n'avaient pas été revalorisés… depuis 1930.

Aucun de ces projets n'avait abouti, les collaborateurs de Staline, en charge de ces dossiers, n'osant prendre une décision qui aurait pu susciter l'ire du dictateur. On s'était contenté de demi-mesures. Ainsi, les commandants des grands complexes concentrationnaires du Goulag avaient été autorisés à prononcer des libérations anticipées, à condition que les détenus libérés avant l'expiration de leur peine fussent embauchés, désormais comme travailleurs libres, sur les chantiers et les sites miniers de Sibérie et du Grand Nord, en manque permanent de bras.

La loi du 26 juin 1940, sanctionnant les infractions à la discipline du travail, fut partiellement abrogée en 1951, mais son abrogation ne fut pas rendue publique, de peur que des millions d'ouvriers changent de travail, perturbant ainsi la production. Tant que Staline était en vie, aucune réforme n'était possible. Le dictateur disparu, les réformes devenaient un enjeu politique capital dans la lutte pour la succession.

Plus que la mort de Staline – écrit Khrouchtchev dans ses *Mémoires*, évoquant cette funeste journée du

> 5 mars 1953 –, ce qui me hantait, c'était la composition du Praesidium qu'il laissait derrière lui et, en particulier, la place que Beria se réservait [...]. Je pleurais sincèrement la mort de Staline. Mais pas seulement sa disparition. L'avenir du Parti, celui du pays m'inquiétaient terriblement. Je comprenais déjà que Beria allait commencer à régenter tout le monde autour de nous et que cela pouvait bien être le commencement de la fin.

Les grandes manœuvres politiques s'engagèrent avant même que Staline ne rendît l'âme. À 20 heures, le jeudi 5 mars, une importante réunion à laquelle furent convoqués tous les membres du Comité central et les ministres du gouvernement entérina la redistribution des postes et des responsabilités décidée la veille par les principaux dirigeants.

La première place dans la hiérarchie revint à Malenkov, qui reçut la présidence du Conseil des ministres et la direction du secrétariat du Comité central. Il était assisté de quatre vice-présidents, dont deux pouvaient avoir des espérances considérables : Beria, proche allié de Malenkov, qui reprenait la tête d'un immense ministère de l'Intérieur ; Molotov, qui revenait aux Affaires étrangères, d'où la défaveur stalinienne l'avait chassé en 1949. Boulganine, proche de Khrouchtchev, et Kaganovitch occupaient les deux autres postes de vice-président. Khrouchtchev devait se contenter de la seconde place au secrétariat du Comité central.

Cette répartition effectuée dans la précipitation peu avant la mort de Staline, et qui favorisait indéniablement la troïka Malenkov-Beria-Molotov, fut rapidement jugée inégale par les autres dirigeants.

Dès le 14 mars, Malenkov fut sommé de choisir entre les fonctions de direction gouvernementale et celles du secrétariat du Parti. Il choisit les premières, ce qui revenait à faire passer le secrétariat du Comité central à Khrouchtchev, qui occupait désormais un poste clé : comme Staline, lorsqu'il y avait été nommé en 1922, il pouvait contrôler la carrière des secrétaires des comités régionaux du Parti, véritables « barons » du système, base et principal contingent du Comité central.

La situation restait cependant explosive, la nouvelle direction était le fruit d'âpres marchandages et non d'un compromis satisfaisant tous les héritiers de Staline. Les relations entre Khrouchtchev et Beria restaient particulièrement tendues.

Beria prend les rênes

Dans ce contexte, c'est Beria qui prit les initiatives les plus audacieuses et les plus libérales. La brusque mutation du chef de la police politique en réformateur laisse perplexe. Que cherchait donc Beria ? Certainement pas à se concilier l'« opinion publique ».

Mais l'homme le mieux informé de la situation dans laquelle se trouvait le pays était sans doute aussi le plus conscient de la nécessité de briser les blocages qui s'étaient accumulés depuis des années d'immobilisme. Se mettre à la tête des réformes indispensables pour débloquer la machine, sortir de son rôle sinistre de « tchékiste en chef » en se taillant une stature d'homme d'État réformateur, prendre ainsi l'ascendant sur ses rivaux : telles étaient sans doute les motivations de Beria.

On sait depuis longtemps que Beria défendit une ligne relativement libérale aussitôt après la mort de Staline : à cet égard, le discours qu'il prononça le 9 mars, à l'occasion des funérailles, retint d'emblée l'attention des observateurs étrangers. Ce n'est, cependant, qu'après la publication des notes adressées par Beria au Praesidium du Comité central entre mars et juin 1953 que les historiens ont pu prendre toute la mesure de l'audace de ses initiatives.

Le 26 mars, Beria envoya au Praesidium un document sur la situation du Goulag et sur la nécessité de promulguer une large amnistie. Il y reconnaissait qu'une grande partie des détenus purgeaient une peine disproportionnée à leur délit. Adoptée le lendemain, l'amnistie permit la libération de près de la moitié des détenus (1 200 000 sur 2 500 000), à l'exclusion des « politiques » – libérés en 1955-1956[10].

Le 4 avril, les journaux publièrent un communiqué du ministère de l'Intérieur annonçant que les personnes inculpées dans le prétendu « complot des médecins » étaient innocentes. Elles avaient été victimes d'une provocation organisée par des collaborateurs de l'« ex-ministère de la Sécurité d'État ». Leurs aveux, seule base de l'accusation, avaient été extorqués par des « méthodes d'enquête inadmissibles, strictement interdites par la loi soviétique ».

10. Cf. Nicolas Werth, « L'amnistie du 27 mars 1953. La première grande sortie du Goulag », *Communisme*, n° 42/43/44, 1995, p. 211-225.

Tous avaient été libérés, et les responsables de cette provocation déférés devant la justice.

La teneur extraordinaire de ce communiqué suscita une grande incrédulité et une nouvelle vague de rumeurs parmi la population. « Les Juifs sont toujours plus malins que les autres. Ils ont soudoyé la nouvelle équipe, et font maintenant la loi au Kremlin. Maintenant, le pays est perdu » : c'est en ces termes que le rédacteur en chef de la *Pravda* résumait, dans un rapport envoyé le 9 avril 1953 à Khrouchtchev, la teneur générale des milliers de lettres envoyées au journal dans les jours qui suivirent le communiqué du ministère de l'Intérieur.

Le trouble des esprits fut amplifié encore, quelques jours plus tard, par une résolution du Comité central sur « la violation de la légalité par les organes de la Sécurité d'État ». Il en ressortait que la Sécurité d'État s'était, des années durant, arrogé des pouvoirs exorbitants, entretenant l'illégalité la plus totale.

Rapidement, le nom de Staline fut de moins en moins cité par la presse. À l'occasion de la célébration du jour de la Victoire, le 9 mai 1953, le Praesidium adopta, sur la proposition de Beria, une résolution interdisant l'affichage des portraits de dirigeants pendant les manifestations publiques. Toujours à l'initiative de Beria, le Praesidium entérina, le 14 mai, un texte levant, en grande partie, les restrictions de résidence et de circulation imposées à des dizaines de millions de Soviétiques.

Parallèlement, Beria mit en œuvre un changement radical de la politique des nationalités. Il dénonça le « chauvinisme grand-russe », particulièrement pesant dans les dernières années de Staline, et plaida en faveur d'un retour à la politique d'« indigénisation des cadres », telle qu'elle avait été pratiquée dans les années 1920, avant l'arrivée de Staline au pouvoir. Il rédigea plusieurs rapports explosifs sur la politique brutale de russification de l'Ukraine occidentale et des pays Baltes, qu'il fit adopter par le Praesidium, fit destituer le premier secrétaire du Parti communiste ukrainien, un protégé de Nikita Khrouchtchev.

Il alla même plus loin, en convoquant à Moscou Iosyf Slipyi, métropolite de l'Église uniate, qui purgeait une peine de huit ans de camp, pour discuter des conditions d'une légalisation de l'Église uniate et d'une normalisation des relations entre l'URSS et le Vatican. Cette politique s'inscrivait dans la lutte de succession : l'Ukraine était le fief de Khrouchtchev, qui y avait exercé les fonctions de premier secrétaire durant plus de dix ans (1938-1949).

Enfin, Beria fit un certain nombre de propositions tout à fait étonnantes concernant la RDA, qui furent adoptées par le Conseil des ministres le 2 juin 1953. Ce document qui, selon Andreï Gromyko, suscita une forte opposition de la part de Molotov et de Khrouchtchev, fut transmis à Walter Ulbricht, le chef du Parti communiste allemand (SED). Rédigé par Beria, ce document, intitulé « Des mesures d'assainissement de la situation politique en RDA », considérait comme « politiquement incorrecte l'orientation prise par le SED en vue d'accélérer la construction du socialisme en RDA ». Il « recommandait » aux dirigeants est-allemands de renoncer à « la création artificielle de coopératives agricoles suscitant le mécontentement de la paysannerie » et à « la politique d'élimination du capital privé ». Le texte demandait également à la direction communiste de la RDA de renoncer à toute mesure répressive « non indispensable »[11].

Réticents devant les changements proposés, les dirigeants allemands présentèrent un contre-programme de réformes beaucoup plus limitées. Après de vives discussions entre Beria et Ulbricht, les Allemands furent contraints de présenter le « document Beria » – c'est ainsi qu'ils l'appelaient – au bureau politique du SED réuni à Berlin les 5 et 6 juin 1953. Le 10 juin, le bureau politique du SED annonça l'adoption du « cours nouveau » et d'un certain nombre de mesures de libéralisation, ce qui suscita un grand espoir au sein de la population est-allemande.

Le 16 juin, les ouvriers descendirent dans les rues de Berlin. Le lendemain, le mouvement de protestation s'étendit à tout le pays, et les revendications économiques se transformèrent rapidement en slogans politiques mettant en cause le régime et l'occupation soviétique. Aussitôt, le Kremlin donna l'ordre d'écraser, par la force, le soulèvement est-allemand.

Le triomphe de Khrouchtchev

Ces événements eurent des répercussions immédiates à Moscou. Principal responsable de ce fiasco, Beria fut arrêté quelques jours plus tard, le 26 juin, lors d'une réunion du Praesidium, et accusé de vouloir « démembrer l'URSS et restaurer le capitalisme ». Khrouchtchev était parvenu à convaincre ses collè-

---

11. Ce document a été publié dans le recueil *Lavrenti Beria, 1953*, Moscou, 1999, p. 55-59.

gues du danger que représentait le ministre de l'Intérieur non seulement pour leur propre sécurité, mais aussi pour l'avenir de l'URSS et du bloc socialiste. La chute de Beria laissait la voie libre à celui qui avait pris la tête de la conspiration : Nikita Khrouchtchev.

Ainsi prit fin, par une « révolution de palais », la première phase de la succession de Staline. Le 10 juillet 1953, la *Pravda* annonça brièvement qu'un plénum du Comité central s'était tenu « récemment » et que, après avoir entendu un rapport de Malenkov sur « les activités criminelles de L.P. Beria dirigées contre le Parti et contre l'État », il avait décidé de retirer à Beria toutes ses fonctions gouvernementales, de l'exclure du parti et de charger la Cour suprême de l'instruction de son cas. Le communiqué ne précisait pas quelles accusations avaient été portées contre lui.

Les conditions de l'arrestation de Beria, la dissimulation de son exécution sommaire derrière une fausse instruction et un faux procès, les chefs d'accusation fantaisistes retenus contre lui (espionnage au profit de puissances étrangères, complot pour « restaurer le capitalisme » en URSS), dans la plus pure tradition stalinienne, témoignaient des difficultés à sortir du stalinisme. La toute-puissance de la Sécurité d'État ne laissait aux adversaires de Beria d'autre issue que celle du complot, de la mise au secret et de l'exécution du chef de la police, afin de couper court à toute tentative de ses partisans d'organiser un contre-complot.

Mais, parce que la base du pouvoir de Beria s'était élargie, que son prestige était réel, parce que le système se réclamait désormais de la légalité, ses adversaires ne pouvaient avouer qu'ils avaient liquidé sommairement le redoutable ministre de l'Intérieur qui avait pris l'habit d'un homme politique respectable et « libéral ». En dissimulant les circonstances de toute cette affaire, en perpétuant la tradition de la *konspiratsia* bolchevique, en se retranchant derrière une illusoire et trompeuse légalité, les autres « héritiers de Staline » protégeaient leur propre sécurité tout en affirmant leur légitimité. Le système mis en place par Staline ne se laissait pas défaire si facilement. L'héritage était lourd et difficile à gérer. Staline mort, il fallait encore procéder à une déstalinisation en profondeur.

CHAPITRE 16

URSS, 1954 : opération Terres vierges

Le 13 mars 1961, Nikita Khrouchtchev prononce à Akmolinsk, petit chef-lieu de province perdu dans les steppes du Kazakhstan, un discours retransmis à la télévision et reproduit dans tous les journaux soviétiques, à la gloire de « la grande épopée des Terres vierges, dont l'importance n'a d'égale que le Premier Plan quinquennal, la victoire dans la Grande Guerre patriotique et l'exploration de l'espace [...]. Le mot russe "*tselina*" [« terres vierges »] est entré dans le vocabulaire universel et dans la conscience du monde entier au même titre que "kolkhoze" ou "Spoutnik" [...]. Je propose, au nom du Comité central du Parti communiste de l'URSS, de rebaptiser Akmolinsk en Tselinograd ["capitale des terres vierges"] ».

Le dirigeant soviétique est certes un amateur d'hyperboles. Mais, fin stratège politique, il sait aussi que la grande campagne de « conquête des terres vierges » qu'il a lancée huit ans plus tôt, à l'automne 1953, a largement contribué à sa victoire face à ses principaux rivaux dans la lutte de succession engagée après la mort de Staline le 5 mars 1953. Grâce à cette campagne, l'URSS a, durant quelques années, considérablement augmenté une production céréalière qui stagnait depuis la catastrophe de la collectivisation forcée du début des années 1930. En 1956, le pays enregistre la récolte la plus élevée de son histoire (125 millions de tonnes). La part des « terres vierges » du Kazakhstan et de Sibérie représente plus de 40 % de la récolte. Une intense propagande magnifie l'exploit « de 1 million de *tselinniki* » (« conquérants des terres vierges ») – un mot créé pour l'occasion – partis à la conquête d'un nouvel eldorado, d'un « Far East » soviétique, promesse d'une « ère d'abondance » qui verra l'URSS « rattraper et dépasser les États-Unis ».

Mais en ce printemps 1961, l'aventure des « terres vierges » connaît des difficultés croissantes. Les récoltes des deux années précédentes ont été décevantes, les rendements sont restés très bas, les sols semblent déjà épuisés. De nombreux facteurs, à la fois climatiques et économiques, expliquent ces revers : sécheresses endémiques et érosion accélérée, techniques de labour inadaptées à des sols fragiles, production insuffisante d'engrais chimiques, zones de production de plus en plus éloignées des zones de consommation, gestion inefficace des sovkhozes géants implantés sur ce « front pionnier de l'agriculture soviétique ». Plus grave, les « terres vierges » concentrent une masse de problèmes sociaux et sont devenues la région la plus criminogène du pays. C'est ici, en effet, que se croisent, se mêlent et s'affrontent les anciens détenus et déportés, tout juste libérés des camps et des « villages spéciaux de peuplement » mais contraints de rester sur place, et les nouveaux arrivants, volontaires ou réquisitionnés, venus « conquérir » ces « terres vierges » gorgées de violence.

Luttes de succession

Aussitôt après la mort de Staline, une lutte de succession s'est engagée entre les principaux « héritiers » du dictateur : Lavrenti Beria, le chef de la Sécurité d'État, Gueorgui Malenkov, le chef du gouvernement, Viatcheslav Molotov, le ministre des Affaires étrangères, et Nikita Khrouchtchev, Premier secrétaire du Parti. Face à la montée fulgurante de Beria, les autres dirigeants se coalisent, avec l'appui des chefs militaires désireux de voir l'armée retrouver sa prééminence sur la sécurité d'État. Le 10 juillet 1953, la presse annonce l'arrestation de Beria, accusé d'être un espion britannique et un « ennemi du peuple ». Après la chute de Beria, Malenkov, soutenu par Molotov, et Khrouchtchev s'affrontent sur le terrain de l'économie. Malenkov prône un développement de l'industrie légère, Khrouchtchev défend une « alliance » agriculture-industrie lourde. En insistant sur le développement et la baisse des prix des biens de consommation manufacturés, alors que pour la majorité de la population le premier problème reste celui du ravitaillement, Malenkov s'affirme avant tout comme le défenseur des nouvelles « couches moyennes » de la société soviétique. Khrouchtchev, de son côté, insiste sur la nécessité d'accroître la production agricole afin d'assurer en priorité le ravitaillement d'une population urbaine en forte croissance. Pour cela, il faut relever massivement les prix d'achat, par l'État, des productions des kolkhozes, au bord de la faillite, et étendre considérablement les emblavures, seule façon d'assurer une croissance rapide de la production agricole. La mise en valeur des « terres vierges » du Kazakhstan apparaît non seulement comme un moyen peu coûteux d'augmenter immédiatement la production céréalière, mais aussi, grâce au développement nécessaire du parc de machines agricoles et de tracteurs qu'une telle entreprise implique, comme un argument de poids pour rallier à ce programme de larges secteurs de l'industrie lourde qui constituent la clientèle privilégiée de Malenkov. Par cette politique, Khrouchtchev peut simultanément se présenter comme le défenseur des intérêts de la majorité de la population et amorcer une manœuvre visant à affaiblir son principal adversaire politique.

Au plénum du Comité central de septembre 1953, Khrouchtchev dresse un tableau très sombre de la situation agricole. Il fait adopter un substantiel relèvement des prix – « gelés » depuis près de vingt ans ! – payés par l'État aux kolkhozes (+ 550 % pour la viande, + 200 % pour le lait et le beurre, + 50 % pour les céréales), mesure indispensable pour éviter un effondrement complet de l'agriculture. Ces hausses s'accompagnent d'une réduction des livraisons obligatoires aux organismes de collecte d'État ainsi que de l'abaissement des taxes sur les lopins individuels et sur le produit des ventes au marché libre. Après deux décennies de baisse (excepté le court et tragique intermède de la guerre et de l'occupation), le revenu des kolkhoziens augmente fortement jusqu'à la fin des années 1950.

Convaincre ses collègues et rivaux de la nécessité de lancer une grande campagne de mise en valeur des « terres vierges » s'avère plus ardu. Ne vaudrait-il pas mieux tenter d'augmenter la productivité des terres agricoles déjà exploitées plutôt que de se lancer à la conquête extensive d'espaces au rendement incertain ? Le temps des grandes mobilisations et de l'activisme social n'est-il pas passé, face à l'épuisement d'une société saignée à blanc par la guerre et par les répressions de masse de la période stalinienne ? La direction du Parti communiste du Kazakhstan est résolument opposée au projet, craignant un afflux de Russes qui modifierait le fragile équilibre ethnique du Kazakhstan, dont la population kazakhe avait déjà été décimée par la terrible famine de 1931-1933. Khrouchtchev la limoge et nomme à la tête du Parti communiste du Kazakhstan deux dirigeants à poigne qui ont fait leurs preuves : l'un, Panteleimon Ponomarenko, comme chef de l'état-major des partisans lors de la Grande Guerre patriotique ; l'autre, Leonid Brejnev, comme premier secrétaire du Parti communiste de la république socialiste soviétique de Moldavie récemment annexée par l'URSS. Un plénum spécial du Comité central du Parti communiste de l'Union soviétique (PCUS) est convoqué en février 1954 pour entériner le projet de « conquête des terres vierges ». Khrouchtchev annonce les chiffres : 13 millions d'hectares à ensemencer les deux premières années, création de cent nouveaux « sovkhozes géants », affectation, pour l'opération, de dizaines de milliers de tracteurs et de moissonneuses-batteuses, envoi d'une force permanente de travail de 100 000 personnes, dont plusieurs dizaines de milliers de « spécialistes » (agronomes, administrateurs, planificateurs) et de « mécanisateurs » (tractoristes, réparateurs de machines agricoles, ouvriers qualifiés). Sans compter la mobilisation saisonnière, pour rentrer les récoltes, de centaines de milliers de « volontaires », recrutés parmi les étudiants et les komsomols (Jeunesses communistes).

À lire la presse soviétique des années 1950, la « conquête des terres vierges » aurait été le résultat d'un grand élan spontané de jeunes communistes, d'étudiants et d'ouvriers encadrés par des « spécialistes » chevronnés. Les documents d'archives, et notamment les rapports des responsables régionaux du Parti et du MVD (ministère de l'Intérieur) adressés au Comité central du PCUS, dessinent un tout autre tableau. Certes, une partie, difficilement quantifiable mais assurément minoritaire, des *tselinniki* s'engage – surtout durant les deux premières années – volontairement. Il s'agit tout d'abord des cadres (politiques, économiques, techniques et intellectuels) chargés de mettre en place les infrastructures et de diriger les opérations. Mais aussi des « mécanisateurs » indispensables à la réussite de l'opération. Tous sont attirés par des primes substantielles et des avantages en nature, comme par la possibilité, au terme de leur contrat (généralement de trois ans), de pouvoir acheter des biens déficitaires – voiture ou appartement.

Les « missions des Jeunesses communistes », de plus courte durée (les quelques mois d'été et de début d'automne correspondant au pic des travaux agricoles), semblent avoir, dans un premier temps du moins, attiré aussi une partie de la jeunesse estudiantine des grandes villes. Occasion de fuir un quotidien étriqué, de découvrir de nouveaux horizons, de vivre en groupe, sous la tente, des aventures « romantiques » loin de la tutelle familiale.

Mobilisation forcée

Mais la majorité des « conquérants des terres vierges » n'est pas ici de son propre gré. Les autorités ont eu recours à des méthodes de mobilisation forcée de la main-d'œuvre héritées des années staliniennes. De nombreux élèves apprentis des écoles techniques et professionnelles sont réquisitionnés pour une durée d'un an renouvelable. Des dizaines de milliers de jeunes gens ayant déjà effectué leur service militaire sont convoqués par les commissariats militaires et mobilisés au titre de réservistes dans des « bataillons de reconstruction ». Des appelés arrivés au terme de leur service militaire actif de trois ans ne sont pas autorisés à rentrer dans leur foyer, mais contraints de s'engager pour une durée de six à douze mois dans des unités de « démobilisés-mobilisés » ! L'armée n'hésite pas, enfin, à se débarrasser des recrues les plus indisciplinées ou malades envoyées dans des « bataillons spéciaux » au statut incertain. Ce sont tous ces groupes de jeunes gens – et de jeunes filles, étudiantes pour la plupart, ou apprenties des écoles techniques ou professionnelles – qui vont devoir cohabiter.

Comme dans toutes les grandes campagnes de mobilisation lancées par les autorités depuis le début des années 1930, l'intendance ne suit pas, l'administration locale est débordée. Un effort a été fait pour acheminer les machines, construire les infrastructures indispensables à la mise en route des exploitations collectives géantes, loger dans des bâtiments en dur construits à la hâte les cadres et une partie des mécanisateurs, et les ravitailler plus ou moins correctement. Pourtant, à en croire les statistiques, 90 % des mécanisateurs et les deux tiers des cadres ne restent pas plus d'un an, malgré une paie supérieure de 50 à 100 % et des conditions de vie bien meilleures que celles que connaît la « piétaille » des « conquérants des terres vierges ». La grande majorité de la main-d'œuvre non qualifiée, y compris les étudiants venus pour la récolte, est logée dans d'immenses campements regroupant chacun des milliers de *tselinniki*. Les cantines ne parviennent pas à assurer un repas chaud par jour, l'eau potable manque, les sanitaires n'ont souvent pas été installés. L'organisation du travail et la répartition des tâches sont déficientes. Un grand nombre de jeunes restent oisifs ou ne travaillent que quelques heures par jour, quand ils ne sont pas affectés comme manœuvres à des chantiers industriels sans rapport avec la « conquête des terres vierges ». Les maigres allocations sont versées au compte-gouttes. Rapidement, la situation se dégrade. Les protestations et les refus de travail se multiplient. Les rares magasins, où l'alcool est la seule denrée non déficitaire, sont pris d'assaut, parfois pillés. La police est débordée. Bagarres et rixes éclatent entre groupes de jeunes frustrés, déracinés, souvent alcoolisés et sous-encadrés. Les jeunes filles sont particulièrement vulnérables.

On doit à l'historien russe Vladimir Kozlov l'analyse la plus approfondie de la « pathologie sociale » liée à la « conquête des terres vierges » en URSS dans la seconde moitié des années 1950. L'afflux de centaines de milliers de jeunes mal encadrés, coupés de leur milieu familial ou social et lâchés dans un environnement inhospitalier, l'abîme entre le projet mythifié qu'ils sont censés accomplir et les réalités du terrain, favorisent toute une série de comportements déviants, mais aussi l'émergence d'une auto-organisation débouchant sur la formation de groupes rivaux : jeunes des « bataillons de reconstruction » contre étudiants moscovites, élèves de telle école professionnelle contre recrues des « bataillons spéciaux », mais aussi et surtout « nouveaux arrivés » contre « locaux ».

En effet, si les « terres vierges » sont des espaces jusqu'alors pas ou peu mis en valeur, elles ne sont pas pour autant des espaces vides d'hommes. Depuis le début des années 1930, elles ont été le réceptacle de masses de déportés et de détenus du Goulag. Les « terres vierges » sont des terres gorgées de violence. Une violence cachée par le régime que nombre de *tselinniki* découvrent ici pour la première fois. Les steppes du nord du Kazakhstan concentrent les deux tiers des quelque 500 000 Tchétchènes et Ingouches déportés du Caucase par Staline en février 1944, près de 300 000 citoyens soviétiques d'origine allemande déportés à l'automne 1941, une centaine de milliers d'Ukrainiens déportés des régions occidentales de l'Ukraine annexées par l'URSS en 1939 puis en 1944-1945, sans compter plusieurs centaines de milliers d'anciens détenus du Goulag assignés à résidence dans ces contrées à l'issue de leur peine.

En 1956-1957, au moment où la « campagne de conquête des terres vierges » bat son plein, une grande effervescence règne parmi les déportés et les exilés. En décembre 1955, à la suite de la visite de Konrad Adenauer à Moscou, un décret a levé les restrictions sur les déplacements des déportés d'origine allemande ; des rumeurs insistantes circulent sur leur évacuation prochaine par la RFA. En juillet 1956, un décret similaire est pris en faveur des Tchétchènes et des Ingouches. Il est précisé toutefois qu'aucun déporté ne récupérera ses biens. Le retour en Tchétchénie-Ingouchie reste interdit et les déportés doivent s'engager par écrit à ne pas retourner chez eux. Fait remarquable : un tiers d'entre eux refusent de signer. Face à cette résistance, les autorités cèdent. En janvier 1957, le gouvernement rétablit officiellement la république socialiste soviétique autonome de Tchétchénie-Ingouchie et autorise le retour graduel des déportés après permission expresse donnée par un Comité du rapatriement censé réguler les flux de départ. Mais les déportés sont pressés de rentrer : par dizaines de milliers, ils envahissent les gares du Kazakhstan, montent sans autorisation dans les trains. Face à ce chaos, la vente des billets de chemin de fer est suspendue, des patrouilles de la police ferroviaire traquent les Tchétchènes et les Ingouches, les forcent à descendre des trains, transformant les gares en vastes campements.

Les incidents se multiplient entre déportés et « conquérants des terres vierges », qui ne voient dans les Tchétchènes que l'image qu'en véhicule, depuis des années, la propagande : des traîtres punis pour avoir collaboré avec l'occupant allemand. La police enregistre, entre 1956 et 1960, plusieurs centaines de bagarres collectives et de rixes entre groupes de *tselinniki* et de Caucasiens. Une trentaine d'affrontements, impliquant chacun des centaines de protagonistes et entraînant des troubles massifs à l'ordre public, qui se soldent par la mise à sac non seulement de magasins, mais aussi de postes de police, et de nombreuses victimes, font l'objet de rapports adressés au plus haut niveau du Parti. Le proche passé des répressions staliniennes s'est invité à la fête.

L'ascension de Tselinograd

Au total, environ 2 à 3 millions de Soviétiques ont participé, quelques semaines, quelques mois, parfois plus, à l'aventure des « terres vierges ». Grâce à l'emploi massif de machines agricoles et à des réserves quasi inépuisables de main-d'œuvre, même peu qualifiée et bien moins enthousiaste que ne le présentait la propagande, entre 40 et 50 millions d'hectares ont été défrichés et mis extensivement en culture. Durant plusieurs années, la production céréalière soviétique a connu une forte hausse. Pas pour longtemps. Très rapidement, le volontarisme politique a buté sur les réalités climatiques et la fragilité des sols.

Néanmoins, le développement de certaines infrastructures urbaines et de voies de communication directement lié à la « conquête des terres vierges » a été plus pérenne. Le meilleur exemple en est, sans doute, l'histoire de Tselinograd. Petit chef-lieu misérable d'une région de relégation et de travail forcé, Akmolinsk, devenu Tselinograd par la volonté de

Nikita Khrouchtchev, a été promu en 1961 « capitale des Terres vierges » et richement doté : aéroport, institutions culturelles, voies de communication, plan d'urbanisme, construction accélérée de logements modernes. Trente-six ans plus tard, rebaptisée une nouvelle fois en Astana, la ville a connu une promotion plus inespérée encore – celle de capitale d'un État souverain, le Kazakhstan. Aujourd'hui, à l'ombre des gratte-ciel d'Astana, construits par les architectes les plus prestigieux du monde, attirés par la fabuleuse richesse de ce nouvel eldorado pétrolier, qui se souvient encore de l'aventure des « terres vierges » et des strates d'une histoire douloureuse et enfouie qu'elle a révélées ?

Les Terres vierges : un bagne (L. Brejnev)

« Il est plus facile de faire venir des machines que d'accueillir correctement des gens. [...] Je reçois chaque jour des dizaines de lettres décrivant les conditions matérielles épouvantables auxquelles doivent faire face les gens qui viennent travailler ici. Sans parler des abus de la hiérarchie. Nous n'avons qu'une hâte, quitter ce bagne, écrivent-ils. Ça me fait froid dans le dos de lire des choses pareilles [...]. Vous devez comprendre que vous n'avez pas devant vous des détenus, des déportés ou des criminels, mais les meilleurs ouvriers et les meilleurs spécialistes du pays. »

Extrait du discours de Leonid Brejnev
le 1er mai 1955 à Akmolinsk (actuel Astana)
devant les responsables locaux du Parti.

Des jeunes filles violées

« J'ai accompagné 98 jeunes gens et jeunes filles ayant achevé leurs études à l'Institut du bâtiment de Kichinev. Je passe sur le fait qu'à notre arrivée sur le site, dans la région de Karaganda, aucun officiel ne nous a accueillis, aucun repas chaud n'a été servi. Mes jeunes ont été mis sous des tentes déchirées qui laissent passer l'eau et ont dû dormir à même le sol. Aucun n'a pu se laver après des jours de voyage. Mais tout cela n'est que broutilles. Dès la première nuit, des hooligans ont fait irruption dans l'une des tentes où se trouvaient 43 jeunes filles de 16-17 ans et ont commencé à les malmener. Plusieurs ont été violées. Quand je me suis adressée au comité régional du Parti de Karaganda, on m'a dit que de tels faits étaient légion et qu'il n'y avait que deux policiers sur le site, qui compte en ce moment 4 000 personnes. »

Lettre de Pélagie Rybaltchenko, enseignante,
à Khrouchtchev, datée du 10 juin 1958,
Archives d'État de la Fédération de Russie.

Massacres à Djetygary

Le 31 juillet 1960, jour de la fête de la Marine soviétique, plusieurs dizaines de conscrits d'un régiment d'infanterie de marine, envoyés, après la fin de leur service militaire, à la « conquête des terres vierges » et cantonnés dans la petite ville de Djetygary, prennent d'assaut une maison occupée par une grande famille d'Ingouches, les Sagadaïev (20 personnes, dont 14 adolescents et enfants), déportés ici en 1944. Le prétexte de l'affrontement est une simple rixe, dans la rue, entre un groupe de quelques marins éméchés et trois membres du clan Sagadaïev, eux aussi avinés. L'assaut de la maison, où se sont réfugiés les Sagadaïev, est très violent. De part et d'autre, on est armé. Un conscrit est tué. Les marins, soutenus par plusieurs centaines de résidents russes et kazakhs arrivés sur les lieux, mettent le feu à la maison des Sagadaïev. Une partie de la fratrie parvient néanmoins à s'enfuir et se réfugie au commissariat, lequel est, à son tour, pris d'assaut. La police, débordée, livre les Ingouches à la fureur de la foule. À la fin de la journée, on relèvera douze cadavres, calcinés ou affreusement mutilés. Deux assaillants ont été tués par balle par des policiers paniqués.

Au cours de la seule année 1960, plus de soixante affrontements, de moindre ampleur, impliquant « conquérants des terres vierges » et « citoyens des minorités caucasiennes » sont rapportés par le KGB au Comité central du PCUS.

Pour en savoir plus

V. Kozlov, *Massovye bezporiadki v SSSR pri Khruscheve i Brejneve* (Les désordres de masse en URSS sous Khrouchtchev et Brejnev), Novossibirsk, Ed. Sibirskii Khronograf, 1999.

M. Pohl, « From White Grave to Tselinograd to Astana. The Virgin Lands opening : Khrushchev's forgotten reform », in D. Kozlov, E. Gilburd (dir.), *The Thaw*, Toronto-Londres, University of Toronto Press, 2014.

W. Taubman, *Khrushchev*, New York, Norton, 2003.

CHAPITRE 17

Révélations et silences d'un « rapport secret »

Le 14 février 1956 s'ouvre au Kremlin le XXe congrès du PCUS. Les représentants de 55 « partis frères » ont fait le voyage ; 1 430 délégués représentant plus de 7 millions de communistes soviétiques sont présents.

Un bilan des changements intervenus depuis la mort de Staline et un débat sur les orientations à adopter sont devenus urgents : le congrès se réunit huit mois avant la date réglementaire. Il va marquer une rupture fondamentale dans l'histoire du communisme mondial, quand, le dernier jour, à huis clos et devant les seuls délégués soviétiques, Nikita Khrouchtchev donnera lecture du fameux « rapport secret ».

Au cours des dix jours précédents, les interventions des principaux dirigeants soviétiques – Nikita Khrouchtchev, premier secrétaire du Comité central, Nikolaï Boulganine, président du Conseil des ministres – et de plus d'une centaine d'orateurs n'ont guère permis d'anticiper le séisme politique du

24 février. Le rapport d'activité, présenté à l'ouverture du congrès par Nikita Khrouchtchev, confirme certes les changements de ligne politique qui se sont, depuis la mort de Staline, progressivement imposés.

Dans le domaine des relations internationales, les observateurs ont noté la reconnaissance d'une possible « coexistence pacifique » entre les deux blocs et l'affirmation selon laquelle les modalités de l'édification socialiste peuvent varier en fonction des « conditions historiques propres à chaque peuple ». À l'imposition rigide d'un modèle soviétique exemplaire succède l'affirmation d'une pluralité des voies au socialisme.

Sur le plan intérieur, le leitmotiv des 112 interventions au congrès est le « rétablissement du principe léniniste de direction collective », une formule qui pointe les dérives passées du « culte de la personnalité », mais de la façon la plus anonyme possible, sans jamais mentionner le nom de Staline !

Le congrès s'achemine vers sa fin. Le 24 février, à la surprise générale, Khrouchtchev invite les délégués soviétiques à assister, le soir même, à une réunion à huis clos, non programmée. Plus de quatre heures durant, le premier secrétaire lit le texte du rapport secret. Ce document explique comment s'est développé et imposé le « culte de la personnalité de Staline » et quelles en ont été, vingt ans durant, les manifestations et les conséquences.

En ressort une nouvelle image de Staline – celle d'un tyran fabriquant jour après jour son propre culte, de plus en plus suspicieux vis-à-vis de ses collaborateurs, d'un dictateur incompétent, replié sur lui-même et totalement coupé de son peuple.

On connaît bien ce document, qui a été étudié par les historiens. Mais, jusqu'à ces dernières années, très peu d'informations avaient filtré sur sa genèse et sur les circonstances exactes de sa rédaction.

Khrouchtchev lui-même ne reconnaîtra formellement qu'il était l'auteur du rapport secret que six ans après son éviction du pouvoir, dans les *Mémoires* qu'il rédige peu avant sa mort, en 1970, et qui sont publiés à l'Ouest la même année, ultime pied de nez de l'ex-premier secrétaire à ses successeurs à la tête de l'URSS. Longtemps, les *Mémoires* de Nikita Khrouchtchev sont aussi restés le témoignage essentiel sur la genèse du rapport secret. Naturellement, l'auteur y enjolive son propre rôle, fait apparaître ses collègues comme résolument opposés à la divulgation des erreurs et des crimes de Staline, passe sous silence bien des faits, en déforme d'autres.

L'ouverture – certes encore incomplète – des archives de la plus haute instance du Parti au moment du XXe Congrès, le Praesidium du Comité central du PCUS, tout comme la publication des souvenirs d'autres importants dirigeants staliniens, tels que Viatcheslav Molotov, Lazar Kaganovitch ou Anastase Mikoïan, permettent aujourd'hui de mieux évaluer les audaces, mais aussi les formidables omissions et les silences de Nikita Khrouchtchev. L'homme était empêtré dans ses contradictions : il avait été un acteur politique majeur de l'époque stalinienne, nommé par Staline à la tête des deux plus grandes organisations du Parti (celles de Moscou et d'Ukraine), il avait été un exécutant des crimes de masse des années de la Grande Terreur de 1937-1938 ; il était néanmoins convaincu, après la mort de Staline, de la nécessité de rompre avec le stalinisme.

Les origines du rapport

Dans ses *Mémoires*, écrits dans les années 1970 mais publiés seulement en 1999, Anastase Mikoïan affirme avoir été le premier à presser Nikita Khrouchtchev de préparer un rapport « sur les crimes de Staline envers les cadres communistes ».

> Si nous ne le faisons pas au cours du premier congrès qui suivra la disparition de Staline, nous prenons le risque que quelqu'un le fasse avant nous, et alors nous serons collectivement tenus responsables de ce qui s'est passé. [...] Il faut expliquer que nous ignorions beaucoup de choses, qu'on ne pesait pas lourd face à Staline. Si nous prenons les devants, disons la vérité aux délégués du congrès, on nous pardonnera la part de responsabilité que nous portons tous. [...] N'oublions pas que chaque jour, des personnes injustement réprimées reviennent du Goulag et que l'information sur ce qui s'est passé va se répandre peu à peu dans la société[1].

Quelle que soit la réalité de ces conseils, c'est à Nikita Khrouchtchev qu'il revient de « prendre les devants ». Durant l'automne 1955, le premier secrétaire rencontre quelques-uns des « revenants », rescapés du Goulag après une vingtaine d'années passées dans les camps. Parmi eux figurent plusieurs de ses

1. A. Mikoïan, *Tak bylo* (C'était ainsi), Moscou, Vagrius, 1999, p. 592.

camarades du Parti des années 1920, arrêtés en 1937-1938. Tel est le cas d'Alexeï Snegov, l'un des proches collaborateurs de Khrouchtchev dans les années 1930 : il fournit au premier secrétaire un certain nombre d'éléments que celui-ci reprendra dans le rapport secret.

Fin décembre 1955, six semaines avant la réunion du XXe congrès, Nikita Khrouchtchev propose à ses collègues du Praesidium du Comité central de mettre sur pied une commission spéciale chargée d'« enquêter sur les causes des répressions à l'encontre des membres du comité central élus au XVIIe congrès du Parti, en 1934 ». L'objectif est, on le voit, fort circonscrit. Sont exclues d'emblée les années terribles 1930-1932 de la collectivisation forcée, de la dékoulakisation, et de la grande famine de 1932-1933. Personne ne remet en cause la collectivisation. Quant à la famine, totalement passée sous silence, elle n'est pour les dirigeants du Parti que le résultat du « travail de sape » accompli par les kolkhoziens récalcitrants à remplir les livraisons obligatoires de céréales dues à l'État. Néanmoins, le projet rencontre une vive opposition de la part des plus proches collaborateurs de Staline, fidèles d'entre les fidèles du dictateur défunt. « À quoi bon remuer tout ce passé ? Qu'est-ce que cela nous apportera ? » objecte Viatcheslav Molotov. « Staline personnifie les innombrables victoires du peuple soviétique », souligne Lazar Kaganovitch. « Dénoncer les éventuelles erreurs du successeur de Lénine risque de jeter des doutes sur la justesse de la ligne du Parti en général. On nous dira : "Et vous, où étiez-vous alors ? Que faisiez-vous ?". » « Il ne faut pas oublier les circonstances historiques », rétorque

Klement Vorochilov. « Se souvenir que nous avons tous ensemble mené le pays sur la voie tracée par Marx, Engels, Lénine et Staline. Il faut bien réfléchir, sinon nous risquons de jeter le bébé avec l'eau du bain[2]. »

Mais Khrouchtchev est soutenu par Anastase Mikoïan, Nikolaï Boulganine et les « jeunes » de la génération montante – Mikhaïl Pervoukhine, Mikhaïl Sabourov, Andreï Aristov, Mikhaïl Souslov – promus par Staline aux plus hautes fonctions en 1952 sans avoir jamais fait partie du « premier cercle » du dictateur. Il passe outre les objections des « staliniens historiques ».

Le rapport explosif de Pospelov

Il est décidé de confier la direction de la commission à Piotr Pospelov, rédacteur en chef de la *Pravda* de 1940 à 1949, directeur de l'Institut du marxisme-léninisme et l'un des auteurs de la *Biographie abrégée* de Staline. Le personnage, on le voit, est un parfait *apparatchik* stalinien. Néanmoins, le rapport qu'il lit devant l'ensemble des membres du Praesidium, le 9 février 1956, à l'issue d'un mois de travail dans les archives du KGB, est véritablement explosif.

Les soixante-dix pages du texte[3] portent – conformément à la commande – sur les années 1935-1940.

2. RGANI, Archives d'État de Russie en histoire contemporaine, 3/8/389/52-54.

3. Le texte de ce rapport, conservé aux Archives présidentielles de la fédération de Russie (APRF, 3/24/489/23-91),

Les deux tiers environ du rapport sont consacrés à la répression des membres du Comité central élus au XVIIe congrès de 1934 – 98 sur 139 furent arrêtés et fusillés en 1937-1938 – ainsi que d'un certain nombre de « vieux bolcheviks » de la première heure et de dirigeants staliniens de haut rang, tels que Pavel Postychev, Robert Eikhe, Ian Roudzoutak, Vlas Tchoubar et Moïse Roukhimovitch. Tous ces « communistes honnêtes et entièrement dévoués au Parti » ont été contraints, reconnaît la commission, d'avouer sous la torture des crimes politiques imaginaires.

Ces « violations grossières de la légalité socialiste » ont été le fait d'agents d'une police politique « dégénérée et criminelle », dirigée à l'époque par le commissaire du peuple à l'Intérieur Nikolaï Iejov, puis, à partir de la fin 1938, par son successeur, Lavrentii Beria. Naturellement, « ce genre de méfaits » n'aurait pas pu avoir lieu si Staline lui-même n'avait « non seulement couvert, mais initié lui-même cette campagne de répression et de terreur ». Toute cette argumentation – sans parler de paragraphes entiers du texte – sera largement reprise, quinze jours plus tard, par Nikita Khrouchtchev dans son rapport secret.

Mais il y a aussi dans le rapport de Pospelov d'autres éléments de taille : il s'agit, cette fois, des répressions de masse qui ont abouti, au cours des seules années 1937-1938, à l'arrestation de plus de 1,5 million de

---

récemment déclassifié, a été publié dans le recueil de documents *Reabilitatsia : Kak eto bylo ? Dokumenty Presidiuma TsK KPSS, 1953-1956* (La réhabilitation. Comment s'est-elle passée ? Documents du Praesidium du Comité central du PCUS, 1953-1956), Moscou, Mejdunarodnyi Fond Demokratia, 2000, p. 317-348.

personnes (1 548 366 exactement, selon les statistiques de la police politique), dont 681 692 ont été fusillées !

Or, de cela, Khrouchtchev ne soufflera mot dans son rapport secret. C'est que, pour établir ce bilan, la commission Pospelov a notamment consulté, dans les archives de la police politique, un rapport ultra-secret établi, fin 1953, par le chef du Ier département spécial du ministère de l'Intérieur. Ce document a été adressé par le ministre de l'Intérieur Sergueï Krouglov à… Nikita Khrouchtchev en personne, le 5 janvier 1954. Or Khrouchtchev s'est bien gardé de le faire circuler. Il prétendra même, dans ses *Mémoires*, que ces données tombèrent sur lui « comme une surprise totale ».

Ce rapport de 1953 établit clairement que, depuis la fin de la guerre civile en 1921 et jusqu'à la mort de Staline le 5 mars 1953, 4 060 000 personnes ont été condamnées par les juridictions d'exception de la police politique, dont 800 000 – 799 473 très exactement, selon le document – à la peine de mort. La commission Pospelov se borne, cependant, à reproduire les données concernant les seules années 1935-1940, qui correspondent à l'unique moment des répressions de masse dont on peut parler.

De nombreuses pages du rapport de Pospelov, fort documentées, sont consacrées aux diverses « opérations secrètes répressives de masse » des années 1937-1938. Sont précisément décrits la mise en place et le déroulement de la plus importante d'entre elles : l'opération n° 00447, dite « opération Koulak », dirigée contre un large éventail d'éléments considérés comme « socialement nuisibles » : « ex-koulaks échappés de déportation », membres du clergé, anciens membres de partis non bolcheviques, anciens fonctionnaires tsaristes, « gens du passé » membres des élites de l'ancien régime, mais aussi « criminels récidivistes ».

La commission détaille, en particulier, la pratique des « quotas d'arrestations et d'exécutions » attribués lors de cette opération par le NKVD, la police politique, à chaque région : 35 000, par exemple, pour la région de Moscou, dont 5 000 en « 1re catégorie » (peine de mort) et 30 000 en « 2e catégorie (dix ans de camp). Ces quotas initiaux – 259 000 « individus à réprimer », dont 72 500 à exécuter à l'échelle de l'URSS – ont été, souligne Pospelov, « pulvérisés » à l'issue d'une « émulation générale visant à dépasser le plan initial ». « Ceux qui réalisaient les quotas les premiers étaient considérés comme les meilleurs et les plus vigilants. » Les « suppléments de quotas » devaient être dûment approuvés par Staline lui-même.

La commission Pospelov apporte des éléments précis sur le nombre de personnes condamnées en 1937-1938 par une juridiction d'exception, le Collège militaire de la Cour suprême de l'URSS : 44 465 personnes, pour l'essentiel des responsables et des cadres du Parti, de l'économie et de l'armée. Ces condamnations – 85 % à la peine de mort – ont toutes été avalisées par Staline en personne, qui a apposé sa signature au bas de 383 listes de condamnés.

La commission aborde là un aspect particulièrement délicat. Staline n'a pas été le seul à apposer sa signature sur ces longues listes de condamnés à mort. Celle de Viatcheslav Molotov figure sur 373 d'entre elles, celle de Klement Vorochilov sur 195. Lazar Kaganovitch a paraphé 191 listes, Anastase Mikoïan 62. Dans son discours, Pospelov se garde bien de citer ces noms.

L'autre omission de taille concerne Nikita Khrouchtchev lui-même. En effet, les quotas d'exécutions et d'arrestations n'étaient attribués qu'après que les premiers secrétaires du Parti communiste de chaque région ou république fédérée de l'URSS avaient eux-mêmes donné leur propre « estimation chiffrée » du nombre d'« éléments socialement nuisibles ». Comme tous les premiers secrétaires, Nikita Khrouchtchev, responsable de l'organisation du Parti de Moscou, a envoyé, le 10 juillet 1937, peu avant le déclenchement de l'« opération Koulak », ses estimations chiffrées de victimes à Staline, qui font de lui un acteur zélé de ces répressions :

> Au camarade Staline. Je vous informe que le nombre d'éléments criminels et koulaks installés à Moscou et dans sa région s'élève à 41 305, répartis ainsi : 33 436 éléments criminels, 7 869 éléments koulaks. Les matériaux existants [*sic*] permettent d'attribuer 6 500 éléments criminels et 1 500 éléments koulaks à la 1re catégorie, soit un total de 8 000 ; 26 936 éléments criminels et 5 272 éléments koulaks à la 2e catégorie[4].

À partir de 1938, devenu premier secrétaire du Parti communiste d'Ukraine, Khrouchtchev dirigea en outre l'ensemble des opérations répressives de

4. Ce document, conservé aux Archives présidentielles (fonds 3, inv. 58, dossier 212, f. 38) a été pour la première fois publié dans *Troud* (4 juin 1992, p. 1).

masse dans cette république. Pour la seule année 1938, environ 120 000 personnes furent exécutées en Ukraine.

Ainsi le rapport souffrait-il d'omissions opportunes. Néanmoins, du seul fait qu'il rapporte la réalité des répressions de masse, le texte de Pospelov constitue une véritable bombe.

Après la lecture du rapport de la commission Pospelov, une discussion fort animée s'engage entre les membres du Praesidium[5]. Faut-il informer de ces faits les délégués du XXe congrès qui va s'ouvrir ? Si oui, dans quel cadre – en séance plénière ou à huis clos ? Peut-on reprendre tel quel le rapport de la commission Pospelov ? Ou rédiger un nouveau rapport ? À qui confier la rédaction et la lecture d'un nouveau texte ? Comment les délégués réagiront-ils à ces informations ? Ne risquent-ils pas de poser des questions embarrassantes à ceux qui ont dirigé le Parti aux côtés de Staline, et qui sont toujours là ? Comment présenter le rôle de Staline ? Comment expliquer ce qui s'est passé ? À partir de quand Staline a-t-il « dévié » du marxisme-léninisme ?

Un premier point fait consensus : on ne peut évidemment pas « tout dire » aux délégués du congrès – notamment ce qui concerne les données chiffrées et

---

5. De cette réunion cruciale, il est resté, dans les archives RGANI (3/8/389/58-62), un « résumé de travail » beaucoup plus court qu'un sténogramme, mais bien plus complet et parlant qu'un simple protocole, limité au seul énoncé des points à l'ordre du jour. Ce document a été publié en français dans Nicolas Werth, « Histoire d'un pré-rapport secret », *Communisme*, n° 67-68, 2001, p. 9-40.

les « opérations de masse » de 1937-1938. Le rapport qui sera présenté ne sera pas celui qui vient d'être lu par Pospelov aux quinze plus hauts dirigeants du Parti.

Pour le reste, trois tendances se dégagent. Les plus proches collaborateurs de Staline – et les plus exposés –, Molotov, Kaganovitch et Vorochilov, appellent à la prudence, insistant sur la nécessité de dire « que Staline est le continuateur de l'œuvre de Lénine, qu'avec Staline on est devenu un grand Parti » (Molotov), de « ne pas escamoter les trente dernières années », de « ne pas déchaîner les éléments » (Kaganovitch). « Il faut bien préparer les choses. La moindre gaffe aura des conséquences » (Vorochilov).

Les « jeunes » de la génération montante, les moins impliqués dans les répressions de masse, se montrent les plus audacieux : « Molotov, Kaganovitch et Vorochilov [...] font les hypocrites. Ce qu'a fait Staline, ce ne sont pas des défauts, comme le prétend le camarade Kaganovitch, mais des crimes. Il faut dire jusqu'au bout la vérité sur le rôle de Staline » (Sabourov). « On est en train de se purifier, de nettoyer ce qui tourmente les communistes. Autrement, on ne pourra pas croire en la force du Parti. En ce sens, on ne peut pas dire les choses avec des réserves » (Beliaev). « Dans le rapport, il est inutile de parler des aspects positifs de Staline. Le culte de Staline est nocif. Il faut dire la vérité. Il a usurpé le pouvoir, liquidé le CC, le Politburo. Il a exterminé les cadres... » (Pervoukhine).

Entre ces deux tendances, une majorité ralliée à Khrouchtchev tente de trouver un « juste milieu », que le premier secrétaire résume ainsi dans son intervention :

> Tout le monde est d'accord sur le fait qu'il faut dire des choses au congrès. Il y a des nuances, il faut en tenir compte. Nous avons tous travaillé avec Staline, mais cela ne nous engage pas. Maintenant que les faits ont été établis, il faut parler de Staline, sinon nous justifions ces faits [...]. Nous n'avons pas honte. Il ne faut pas avoir peur. Ne pas être des philistins. Dénoncer résolument le rôle du culte de la personnalité, mais avec sang-froid.

Pas moins de quatre jours sont nécessaires pour parvenir à l'accord de principe suivant : Khrouchtchev lira, dans une séance à huis clos du congrès, un nouveau rapport centré non plus autour des seules répressions de la seconde moitié des années 1930, mais autour du thème plus général du « culte de la personnalité de Staline ». Ce nouveau texte, rédigé par le premier secrétaire, sera soumis, avant d'être lu aux délégués du congrès, à l'approbation du Praesidium. On distribuera, en outre, aux délégués du congrès deux textes « censurés » de Lénine de 1922-1923, très critiques vis-à-vis de Staline[6].

---

6. Notamment le « testament » de Lénine, trois notes dictées par Lénine les 23, 31 décembre 1922 et le 4 janvier 1923 : « Staline a concentré entre ses mains un pouvoir illimité », « Staline est trop brutal »…

Le rapport Khrouchtchev

Khrouchtchev ayant de grosses difficultés à rédiger – il préférait toujours dicter, car il maîtrisait fort mal l'orthographe –, plusieurs personnes sont mises à contribution pour écrire le texte. Pospelov est invité à réécrire un rapport, plus court, sans chiffres et sans mention des « opérations de masse ». Le texte, fort terne, qu'il rend le 18 février ne satisfait pas Khrouchtchev. Celui-ci dicte alors une trentaine de pages, décousues mais remplies de détails et d'anecdotes, sur quelques sujets qui lui tiennent à cœur et qui ne risquent pas de lui porter ombrage : les erreurs tactiques et stratégiques de Staline dans les premiers mois ayant suivi l'invasion allemande du 22 juin 1941, l'« affaire de Leningrad[7] », l'« affaire de Mingrélie[8] » et le « complot des blouses blanches[9] », la façon dont Staline « terrorisait » ses collègues, etc.

Anastase Mikoïan propose d'inclure dans le texte quelques pages sur les déportations des peuples caucasiens en 1943-1944. Le général Iremenko, l'un des commandants militaires du front de Stalingrad

7. Dans le cadre de cette « affaire », montée par la Sécurité d'État, des dizaines de cadres du Parti furent arrêtés en août 1949, accusés de complot envers l'État et exécutés.

8. Cette « affaire » fabriquée conduit de nombreux cadres communistes de cette région de Géorgie devant le poteau d'exécution.

9. Prétendu « complot » fomenté par des médecins, tous juifs, du Kremlin, qui auraient tenté d'empoisonner leurs patients du Politburo. La « découverte » du complot, en janvier 1953, donna lieu à un déchaînement d'antisémitisme.

en 1942-1943, apporte à Khrouchtchev un certain nombre d'éléments dévoilant les ordres aberrants de Staline lors des batailles de Kharkov et de Stalingrad.

Pour « ficeler » l'ensemble, le premier secrétaire fait appel à l'un de ses protégés, récemment promu au secrétariat du Comité central et à la direction de la *Pravda* : Dimitri Chepilov. Le texte final n'est soumis au Praesidium que le 23 février au soir, quelques heures avant la clôture du XXe Congrès. Il ne reste plus de temps pour le discuter ou l'amender. Il est adopté en l'état.

C'est ainsi que les assistants prennent connaissance du conflit qui opposa Lénine et Staline à la fin de 1922 et du « testament » de Lénine, dont le Parti avait jusque-là nié l'existence. En soulignant ce qui a divisé les deux hommes, Khrouchtchev réfute le statut d'héritier unique revendiqué par Staline. Le rapport analyse ensuite la perversion par Staline du « centralisme démocratique » et du « principe de la direction collégiale ». Il évoque longuement les purges des cadres communistes en 1937-1938, ainsi que les « méthodes illégales d'instruction » qui ont conduit de nombreux dirigeants du Parti aux aveux les plus insensés.

Après avoir démoli le mythe de Staline « génial continuateur » de Lénine, le rapport s'attaque au mythe de Staline « chef de guerre ». À l'image canonique du Généralissime ayant conduit l'armée soviétique vers la victoire de 1945 se substitue celle d'un personnage hésitant, incompétent, responsable des désastres militaires de 1941-1942.

Le rapport révèle également la responsabilité de Staline et de son sinistre chef de la Sécurité d'État, Lavrentii Beria, dans la déportation, en 1943-1944, des peuples caucasiens injustement accusés de collaboration avec l'occupant nazi, dans le conflit stérile et dommageable avec Tito, dans la fabrication de faux complots, en 1948, 1951 et début 1953.

Aussi important soit-il, le rapport secret reste un texte très sélectif – et superficiel – dans sa condamnation du stalinisme. Il ne remet jamais en cause aucun des grands choix du Parti depuis 1917.

À la différence du rapport Pospelov, les seules victimes mentionnées sont des dirigeants et des cadres communistes ; aucune n'appartient à la masse des citoyens soviétiques « ordinaires ». En circonscrivant le champ des répressions aux seuls communistes, victimes de la « dictature personnelle » de Staline, le rapport secret élude la question cruciale : celle de la responsabilité du Parti, dans son ensemble, vis-à-vis de la société soviétique.

Ce caractère sélectif apparaît aussi dans la chronologie de la « déviation stalinienne par rapport à la voie marxiste-léniniste ». Comme dans le rapport Pospelov, elle est datée de 1934. Elle exclut donc d'emblée du chapitre des crimes du stalinisme les pages les plus sombres de la collectivisation forcée des campagnes, de la « liquidation des koulaks en tant que classe » et de la grande famine de 1932-1933 qui fit, rappelons-le, 6 millions de morts.

La diffusion en URSS

Secret, le rapport ne le reste pas longtemps. Dans son discours, Khrouchtchev a prévenu son auditoire : « Rien ne doit transpirer à l'extérieur du Parti, en particulier dans la presse. Il y a des limites à tout. Nous ne devons pas fournir de munitions à l'ennemi. Nous ne devons pas laver notre linge sale sous ses yeux. » Mais il veille à ce qu'il soit rapidement diffusé dans les organisations du Parti pour asseoir l'autorité, la « ligne politique » et la prééminence de son auteur. Début mars 1956, tous les comités du Parti reçoivent un petit livre rouge contenant le texte du « Rapport sur le culte de la personnalité », avec la mention liminaire « *Ne dlia petchati* » (« Pas pour diffusion écrite »).

Chaque responsable local du Parti doit convoquer une assemblée de militants et faire la lecture du rapport. En quelques jours, quelque 7 millions de membres du Parti prennent connaissance du texte. En réalité, sa diffusion est encore plus large, les membres des Jeunesses communistes (18 millions) étant à leur tour informés.

Comme en témoignent les innombrables rapports envoyés aussi bien par les responsables du Parti que par les services de la police politique chargés de surveiller le bon déroulement des réunions, un certain nombre de celles-ci dérapent. Souvent, des non-communistes, avertis par le bouche à oreille, investissent les lieux. Plus souvent encore, la lecture du rapport donne lieu à des prises de parole « intempestives », à des questions « incorrectes » ou « démagogiques » et à des propositions « politiquement hostiles » telles que : « Faire juger Staline à titre posthume par un tribunal du Parti, après que chaque organisation communiste aura donné son avis sur la question suivante : Staline était-il, oui ou non, un criminel d'État ? »

On parle d'élever un mémorial à « l'ensemble des victimes du stalinisme », de demander des comptes « à tous les collaborateurs directs de Staline, qui sont toujours au pouvoir », d'« organiser une purge générale du Parti », de « supprimer tous les privilèges de la nomenklatura » et même d'« interdire le PCUS et faire comparaître les membres du comité central devant un tribunal ».

Toutefois, ce type de réactions reste très minoritaire. Bien plus nombreux sont ceux qui, au contraire, défendent Staline, « qui a mené le pays à la Victoire sur le nazisme » et « transformé l'URSS paysanne et attardée en l'une des deux superpuissances mondiales ». Jeune responsable du Parti chargé de lire le rapport secret aux militants de son district rural de la région de Stavropol, Mikhaïl Gorbatchev a été frappé par les réactions très diverses de ses concitoyens. Selon lui, le « thème du culte de la personnalité » ne suscite d'écho que parmi une minorité : « les jeunes, les intellectuels et ceux que les purges avaient touchés d'une manière ou d'une autre ». Un certain nombre refusent tout simplement de croire les faits cités dans le rapport.

D'autres – sans doute plus nombreux – y croient, mais se demandent : « À quoi bon laver son sale linge en public ? » Quant aux « gens les plus simples », d'origine paysanne, ceux qui ont le plus souffert des horreurs de la collectivisation forcée des campagnes et de la famine qui s'ensuivit, et qui sont les grands « oubliés » du rapport secret, leur réaction se résume souvent à cette seule sentence : « Ils ont payé pour nos souffrances et nos larmes », une déclaration qui semble donner quitus au souverain Staline d'avoir puni les méchants seigneurs ayant opprimé, en leur fief, les pauvres paysans[10]…

Dans une seule région de l'Union soviétique, la Géorgie, patrie de Staline, la diffusion du rapport secret débouche sur des troubles importants, qui prennent la forme de véritables émeutes. À Tbilissi, à l'occasion du troisième anniversaire de la mort de Staline, le 5 mars 1956, plusieurs dizaines de milliers de personnes se rassemblent devant le monument au dictateur, scandant des slogans comme : « Vive le grand Staline ! », « À bas Khrouchtchev ! », « Molotov à la direction du PCUS ! ». La foule tente ensuite de prendre d'assaut plusieurs bâtiments publics, dont la station de radio. Plusieurs dizaines de personnes sont tuées lorsque les troupes et les forces de police spéciale ouvrent le feu. Les émeutes se prolongent cinq jours durant dans une ville en état de siège[11]. Quelques échos déformés de ces troubles parviennent jusqu'en Occident, où l'on ignore tout encore du rapport secret.

Les fuites en Occident

Seule une petite poignée de non-Soviétiques est alors au courant : quelques dirigeants des « partis

10. M. Gorbatchev, *Mémoires*, Éditions du Rocher, 1997, p. 90-91.

11. Cf. Vladimir Kozlov, *Massovye besporiadki v SSSR pri Khrouchtcheve i Brejneve* (Les émeutes de masse en URSS sous Khrouchtchev et Brejnev), Novossibirsk, Sibirskii Khronograf, 1999, p. 155-183.

frères » présents au XXe congrès. Les chefs des délégations communistes les plus importantes – et eux seuls – se sont vu remettre, le 25 février, un exemplaire – en russe – du rapport secret. Celui-ci devait, en principe, être restitué dès le lendemain. C'est ainsi que le Polonais Bierut, le Bulgare Tchervenkov, le Hongrois Rakosi, l'Allemand de l'Est Ulbricht, le Chinois Wang Chia-hsiang, l'Italien Togliatti, le Français Maurice Thorez, qui tous ont vécu de nombreuses années en URSS et connaissent suffisamment le russe pour comprendre le rapport, prennent connaissance du rapport secret. Chaque chef de délégation est ensuite libre d'informer ou non les autres membres de la délégation de ce qu'il a lu.

Dans la presse occidentale, la première fuite sur un « rapport secret » paraît le 16 mars 1956, dans le *New York Times*, sous la plume de Harrison Salisbury, ancien correspondant de ce journal à Moscou. Le lendemain, une dépêche de Reuter en provenance de Bonn en donne un résumé succinct, mais plus exact. Au cours des jours suivants, la rumeur s'amplifie.

En attendant, les dirigeants communistes gardent le silence. De retour de Moscou, Jacques Duclos, l'un des quatre délégués français présents à Moscou avec Maurice Thorez, Georges Cogniot et Pierre Doize, rend compte, le 9 mars, du déroulement et des résolutions adoptées par le XXe congrès du PCUS devant les militants communistes de la région parisienne. Après avoir fait quelques vagues allusions à certaines « fautes politiques du camarade Staline », il fait longuement acclamer son nom. Quatre jours plus tard, devant les seuls membres du bureau politique, Maurice Thorez évoque rapidement la condamnation du « culte de la personnalité ».

Le 22 mars, en l'absence, sans doute calculée, de Thorez, le comité central connaît une session particulièrement agitée. Certains de ses membres ont exigé d'avoir plus d'informations sur ce qui s'était effectivement « dit à Moscou ». Toutefois, la résolution adoptée à l'issue de cette réunion, tout en reprenant un certain nombre de critiques du PCUS contre Staline, rappelle « le rôle et les mérites de Staline comme théoricien et dirigeant dans la formation des partis communistes et ouvriers, dans la lutte idéologique et politique intransigeante contre tous les ennemis de la révolution d'Octobre, trotskistes, boukhariniens, nationalistes bourgeois, dans l'édification du socialisme et l'écrasement du fascisme allemand ».

De son côté, le dirigeant du Parti communiste italien, Palmiro Togliatti, qui n'a même pas jugé utile d'informer dans l'immédiat les membres de la délégation qui l'ont accompagné à Moscou, ne se montre guère plus bavard que Thorez, même si son intervention, le 14 mars, devant le comité central du PCI comporte une critique assez vive des « erreurs politiques » de Staline.

Le « maillon faible » dans la chaîne du secret s'avère être la direction du Parti communiste polonais. Désireuse de pousser dans la voie de la déstalinisation, après le décès, le 12 mars 1956, du très stalinien Bierut, elle fait traduire en polonais l'exemplaire du rapport secret qui lui a été remis à Moscou et le diffuse largement à 3 000 exemplaires parmi les responsables communistes polonais. On dit que le document se vendit bientôt au marché noir, pour quelques centaines de dollars, dans la petite communauté des diplomates et correspondants étrangers de Varsovie. Fin mai 1956, le département d'État américain fait parvenir une copie de la traduction en anglais du rapport secret au *New York Times*, qui le publie le 4 juin. Le 6, une version française du texte paraît dans *Le Monde*.

La publication du rapport dans la presse occidentale et sa diffusion par la radio à travers le monde entier mettent les dirigeants des partis communistes au pied du mur. Leurs réactions, très différentes, laissent à penser que la direction du PCUS n'a donné aucune directive pour tenter d'harmoniser les attitudes des différents partis. Après la publication par le *New York Times*, Khrouchtchev lui-même refuse de l'authentifier, invitant les journalistes étrangers qui l'interrogent à propos de ce texte « à poser directement la question à M. Dulles », le patron de la CIA[12] !

Certains, à l'instar des dirigeants du PC des Pays-Bas, prétendent tout simplement que le texte est un faux, produit d'une nouvelle et ignoble machination impérialiste. À l'inverse, Togliatti décide de ne plus suivre l'événement, mais de le devancer. Dans une interview mémorable accordée, le 16 juin, à la revue *Nuovi Argomenti*, et reproduite le lendemain dans *L'Unita*, il va beaucoup plus loin que Khrouchtchev dans la critique du stalinisme, affirmant notamment qu'il est indispensable d'analyser plus en profondeur les raisons du phénomène stalinien, signe de la bureaucra-

12. N. Khrouchtchev, *Souvenirs*, Robert Laffont, 1971, p. 333.

tisation et de la dégénérescence partielle du système soviétique.

De tous les partis communistes occidentaux, le PC français est le seul à inventer la formule du « Rapport attribué au camarade Khrouchtchev ». Cette formule n'implique pas nécessairement que le texte est un faux ; elle permet surtout de bloquer toute discussion publique au sein du Parti tant que l'authenticité – et l'existence même – du document n'est pas établie. Le 18 juin, le bureau politique du PCF publie un communiqué dans lequel il dit avoir demandé au PCUS le texte du rapport.

Quelques jours plus tard, une délégation de trois hauts responsables français se rend effectivement à Moscou. Elle revient porteuse d'une résolution adoptée par le comité central du PCUS le 30 juin, intitulée « Du dépassement du culte de la personnalité et de ses conséquences ». Qualifié aussitôt de « document inestimable pour le mouvement ouvrier international donnant une analyse approfondie et pleinement satisfaisante de l'ensemble des conditions objectives dans lesquelles le culte de la personnalité a pu se développer », ce texte fournit la trame du discours de Maurice Thorez, lors du XIVe congrès du PCF, en juillet 1956.

En réalité, ce texte est très deçà du rapport secret. Et pour cause : il a été adopté à la suite des émeutes qui ont éclaté, le 27 juin, dans la grande ville ouvrière polonaise de Poznan. Pour la direction soviétique, il s'agit là des premières retombées d'une diffusion anarchique et incontrôlée, politiquement non maîtrisée du rapport secret. Une « rectification » s'impose. Le texte du 30 juin 1956, qui va rester, jusqu'au

XXIIe congrès du PCUS, en 1961, le fondement idéologique du conservatisme poststalinien, rend un hommage appuyé à Staline, qualifié de « grand théoricien et organisateur ». Il souligne que le culte de la personnalité, « conséquence des défauts personnels du dirigeant suprême porté aux “abus de pouvoir” n'a en rien détourné le Parti communiste de l'Union soviétique de sa juste cause ».

> Le discours de Nikita Khrouchtchev – écrivait en 1957 le politologue américain Bertram Wolfe – est sans doute le plus important document jamais produit dans le mouvement communiste. [...] C'est le réquisitoire le plus révélateur contre le communisme jamais fait par un communiste, le réquisitoire le plus accablant du système soviétique jamais fait par un dirigeant soviétique[13].

En moins d'un an, ce réquisitoire a contribué à secouer le bloc soviétique. La « locomotive de l'histoire », métaphore chère aux marxistes-léninistes, s'est emballée, sans plus obéir à ses chauffeurs et mécaniciens soviétiques.

Après les émeutes de Poznan, la crise s'amplifie au sein du Parti communiste polonais. En octobre 1956, Ochab, qui a succédé à Bierut à la tête du Parti, est contraint de céder son poste à Gomulka, devenu le champion d'une « voie polonaise vers le socialisme ». Après avoir ordonné un mouvement de chars vers Varsovie, les dirigeants soviétiques décident finalement de composer avec une Pologne au bord de l'in-

---

13. B.D. Wolfe, *Khrushchev and Stalin's Ghost*, New York, Norton, 1957, p. 67.

surrection. La crise polonaise s'achève sur le triomphe de la déstalinisation. La crise finit beaucoup plus dramatiquement en Hongrie, quelques semaines plus tard, lorsque l'armée soviétique écrase dans le sang l'insurrection de Budapest.

Avec le recul du temps, la portée politique et historique du rapport secret reste capitale. Ce que les historiens mesurent sans doute mieux aujourd'hui, depuis l'ouverture des archives soviétiques, c'est combien ce document, par ses silences et ses omissions, a aussi servi à forger une image positive de son auteur et, plus important encore, à masquer la nature et l'ampleur des crimes de masse staliniens.

CHAPITRE 18

Le « dimanche rouge » de Novotcherkassk

Le 1er juin 1962, tous les journaux soviétiques publièrent à leur une la « résolution du Comité central du PCUS relative au relèvement des prix de détail de la viande, des produits carnés et du beurre ». Au pays qui faisait de la stabilité des prix et du plein-emploi un argument choc de sa propagande face au « bloc capitaliste gangrené par le chômage et l'inflation », le choc fut rude. D'autant que l'augmentation était importante : plus 30 % du jour au lendemain !

Cette mesure était justifiée, expliquait le texte de la résolution, par le fait qu'au cours des mois précédents, le gouvernement avait augmenté les prix payés par l'État à la production des kolkhozes et des sovkhozes. En réalité, ce relèvement général des prix agricoles s'inscrivait dans une plus vaste réforme, entreprise par Nikita Khrouchtchev, de « vérité des prix ».

Le gouvernement soviétique était visiblement inquiet des réactions de la population et avait instruit le KGB de lui fournir deux fois par jour des rapports circonstanciés sur celles-ci.

> Globalement – écrivait le jour même de l'annonce Vladimir Semitchastny, le chef du KGB, à Khrouchtchev –, la population semble comprendre la justesse de la décision. Néanmoins, de nombreuses opinions, voire manifestations, isolées négatives ont été relevées par nos services. Dans de nombreuses villes sont apparus des tracts et des graffitis antisoviétiques. À Moscou, par exemple, sur l'un des immeubles de la rue Gorki, des criminels ont placardé une affiche manuscrite au contenu contre-révolutionnaire : « Aujourd'hui, c'est l'augmentation des prix, mais qu'est-ce qui nous attend demain ? » Sur le boulevard Sirenevyi a été collé un tract appelant les ouvriers « à lutter pour leurs droits et pour la baisse des prix ». […]
>
> Aujourd'hui, à 8 heures du matin, dans la ville de Vyborg, un certain Karpov, ouvrier à l'usine BP.20, est sorti dans la rue avec une pancarte autour du cou sur laquelle on pouvait lire : « À bas les nouveaux prix ! » Il a été rapidement intercepté par un policier. […] À Magnitogorsk, un certain Timofeïev, ouvrier à l'usine métallurgique n° 5, a déclaré, devant un groupe de plus de cent ouvriers : « Il nous faudrait des mitraillettes pour les descendre tous, ceux qui prennent des décisions pareilles. » […] Sur les voies ferrées de la gare de Tcheliabinsk, neuf tracts manuscrits ont été retrouvés, avec le contenu suivant : « À bas la décision honteuse du gouvernement. Grève à partir de demain ! »

Le rapport énumérait ainsi, sur une soixantaine de pages, plusieurs centaines de « réactions négatives ».

Celles-ci allaient être cependant rapidement éclipsées par des événements autrement plus graves : en l'espace de deux jours, la ville industrielle de Novotcherkassk, située à quelque 200 kilomètres au sud-est de Volgograd (ex-Stalingrad), fut gagnée par une véritable émeute populaire, violemment réprimée par l'armée au prix de 23 morts.

Un émoi populaire spontané

Plutôt que de tenter d'étouffer l'affaire – il faut dire que la nouvelle de la tuerie de Novotcherkassk se répandit très rapidement, par les cheminots notamment, dans un grand nombre de villes du sud de la Russie –, les dirigeants soviétiques, Khrouchtchev en tête, décidèrent de mettre en scène une « version officielle » des troubles, prétendument fomentés par « une bande de hooligans, d'éléments criminels et déclassés qui sont parvenus à amener une foule d'ouvriers politiquement peu conscients à manifester contre le régime soviétique », et de la faire diffuser largement par les médias. Les autorités mirent promptement en scène un procès public exemplaire, au terme duquel sept émeutiers furent condamnés à la peine capitale et sept autres à des peines de dix à quinze ans de camp.

Un demi-siècle après l'événement, il est possible de reconstituer précisément le déroulement de ce dernier grand soubresaut ouvrier en Union soviétique. Par bien des aspects, cette émeute traduit la pérennité d'un certain type de réactions ouvrières sporadiques et violentes face à une atteinte flagrante à des droits considérés comme vitaux. Il s'agit d'un « émoi populaire » spontané comme le monde ouvrier soviétique en a connu périodiquement : au printemps 1932, année de la grande famine en Ukraine et au Kazakhstan, qui fut marqué aussi par toute une série d'émeutes de la faim en milieu ouvrier, ou encore à l'automne 1941, lors des « grandes peurs » consécutives à l'évacuation des machines et des cadres dirigeants de certaines entreprises face à l'avancée allemande.

Que se passa-t-il donc à Novotcherkassk les 1er, 2 et 3 juin 1962[1] ?

Le 1er juin, jour même de la publication de la « résolution de l'État », vers 7 heures du matin, à la grande usine de construction de locomotives (12 000 ouvriers), des attroupements se forment. Au lieu de gagner leur poste de travail, quelques centaines d'ouvriers de l'atelier de fonderie se mettent à discuter de l'augmentation brutale des prix. Depuis plusieurs mois déjà, le climat à l'usine est tendu : en février, les normes de production ont été relevées de 25 % et les salaires ont baissé d'autant ; en avril, plusieurs ateliers ont fait grève, trois jours durant, sans rien obtenir.

Vers 9 heures, le directeur de l'usine apparaît. Pris à partie, il aurait dit, paraphrasant une phrase apocryphe de Marie-Antoinette : « Si vous n'avez pas de quoi acheter de la viande et du saucisson, vous n'avez qu'à bouffer des *pirojki* [petits pains] au pâté ! » Peu à peu, le désordre gagne, les ateliers débrayent les uns après les autres. En milieu de matinée, près d'un mil-

1. Sources : RGANI, Archives d'État de Russie en histoire contemporaine, fonds 89, inv. 6, doc. II-24 ; Archives présidentielles de la Fédération de Russie, fonds 3, inv. 58, doc. 211.

lier d'ouvriers se sont regroupés devant le bâtiment de la direction, où viennent d'arriver les dirigeants du Parti de la ville, et scandent : « Viande, lait, augmentation des salaires ! »

Vers midi, la foule – qui a encore grossi avec l'arrivée des ouvriers qui doivent prendre leur poste de travail après le déjeuner – envahit la voie ferrée qui jouxte l'usine et arrête le train de passagers Saratov-Rostov. Quelques hommes montent sur la locomotive et mettent en action la sirène, ce qui provoque l'afflux d'habitants de la cité ouvrière voisine de l'usine. On badigeonne à la peinture, sur la locomotive et les wagons, des inscriptions de plus en plus séditieuses : « À bas les ventres gras qui s'engraissent sur le dos des ouvriers ! » « Salut à nos bolcheviks, qui sucent le sang des ouvriers ! »

Vers 14 heures, note un rapport du KGB, la foule compte près de 4 000 personnes. Le rapport poursuit :

> Arrivé à 14 h 40 à l'usine, un groupe de tchékistes, dirigé par le chef de la direction locale du KGB, tenta, avec l'aide de communistes, de komsomols [les organisations de jeunesse] et de policiers en civil, de scinder la foule et de l'éloigner de la voie ferrée afin de permettre au train de repartir. Les mesures prises permirent de faire redémarrer le train. Cependant, la couardise du machiniste puis le déclenchement, par les émeutiers, du signal d'alarme empêchèrent le convoi de continuer sa route. Ce n'est que vers 16 heures que l'on parvint à chasser les casseurs des wagons et des toits, permettant au train, bondé de passagers, de repartir en marche arrière.

À 16 h 30, au balcon du bâtiment de l'administration de l'usine, où l'on vient d'installer des haut-parleurs, les dirigeants régionaux du Parti tentent de prendre la parole. Le premier secrétaire du comité régional du Parti, Bassov, se met maladroitement à lire à la foule le texte de la résolution du Comité central publiée le matin dans la presse. « On sait lire, dis-nous plutôt comment tu penses qu'on va vivre, maintenant qu'on nous a baissé les salaires et augmenté les prix », hurle la foule. Quand le directeur de l'usine tente, à son tour, de prendre la parole, les huées reprennent de plus belle. Sous des jets de bouteilles et de pierres, les orateurs battent en retraite, tandis que des hommes grimpent au balcon et se saisissent du micro.

> Les tchékistes eurent la présence d'esprit de couper les fils et de photographier clandestinement les meneurs – nous dit le rapport du KGB –. Après quoi, pendant plus de deux heures, aucune mesure particulière ne fut prise pour remettre de l'ordre, ce qui permit la prolongation de troubles dans l'usine et des voies de fait contre des communistes. Barricadés dans une pièce, les dirigeants régionaux du Parti étaient pris en otages. Le Praesidium du Comité central fut alors informé par téléphone de cette situation.

Des chars face à la foule

Vers 19 heures, 200 policiers envoyés en renfort ne parviennent pas à libérer les otages et sont contraints de prendre la fuite. Après un entretien téléphonique avec le maréchal Malinovskii, ministre de la Défense, le commandant militaire de la région, le général Pliev, fait envoyer la troupe, appuyée par trois automitrailleuses. L'objectif de l'opération est d'abord de libérer les otages, ce qui est fait. Puis les soldats se retirent « sous les cris, les sifflets et les insultes ». La foule reste maîtresse des lieux, l'usine est occupée. Pendant ce temps, les ouvriers commencent à s'organiser : un meeting est improvisé sur l'esplanade, devant l'usine. Plusieurs « meneurs » improvisés prennent la parole, demandent à des « délégués d'atelier » de prendre contact avec les ouvriers d'autres usines afin d'organiser pour le lendemain une grande manifestation qui se rendra, à travers la ville, jusqu'au bâtiment du comité régional du Parti pour y déposer les doléances du peuple travailleur.

À l'usine voisine de fabrication d'électrodes, la délégation de grévistes est fraîchement accueillie. Visiblement, l'ensemble des ouvriers n'est pas prêt à se lancer dans l'aventure. Surtout que six chars viennent de prendre position près de l'usine en grève. Loin de calmer l'agitation, la présence de ces chars exacerbe les tensions. Dans l'imaginaire populaire, un char qui menace le peuple soviétique est forcément un char « fasciste », comme on en voit dans tous les films sur la « Grande Guerre patriotique » projetés à longueur de temps au cinéma. Est-il même pensable que le pouvoir soviétique puisse utiliser des chars contre son peuple ?

Un tract anonyme, « Les faux léninistes », rédigé sans doute dans la nuit du 1er au 2 juin et recopié au stylo à quelques exemplaires, témoigne du trouble qui a gagné les esprits :

> Vous avez critiqué Staline, vous avez liquidé certains de ses compagnons, les autres vous les avez écartés. Et vous avez augmenté les PRIX alors que Staline lui, chaque mois d'avril, il les baissait. Khrouchtchev, il augmente chaque année les prix, et il baisse les salaires. Alors QUI EST LE VRAI ENNEMI DU PEUPLE ? Vous êtes des menteurs, des hypocrites, des chiens avides de pouvoir, des oppresseurs du PEUPLE TRAVAILLEUR. Quel est votre but ? Où nous menez-vous ? Staline, lui, nous menait étape après étape vers le COMMUNISME, et ne passait pas son temps à comparer notre système au système capitaliste, à vouloir le dépasser, tandis que vous, menteurs, hypocrites et profiteurs, vous ne savez ni où vous allez, ni où vous nous menez !

Au petit matin du 2 juin, la situation à l'usine de construction de locomotives, d'où est parti le mouvement, est confuse. Dans certains ateliers, persuadés de l'inutilité de continuer le mouvement, les ouvriers jugent qu'il faut reprendre le travail. Dans d'autres, au contraire, on organise la manifestation, on sort du local syndical les drapeaux rouges et les affiches de Lénine. Des petits groupes se rendent dans les usines avoisinantes pour tenter de rallier au mouvement d'autres ouvriers.

Vers 9 heures du matin, le cortège de manifestants, fort de plusieurs milliers d'hommes, de femmes et d'enfants, s'ébranle. Trois kilomètres séparent l'usine de construction de locomotives du centre-ville, où se trouve le *Gorkom* (comité de ville du Parti). En tête du cortège, les manifestants portent des drapeaux rouges et des portraits de Lénine. Par certains aspects, la manifestation rappelle étrangement celle du Dimanche rouge de janvier 1905, quand les ouvriers de Saint-Pétersbourg, emmenés par le pope Gapone, brandissant icônes et bannières de saints, sont allés porter leurs suppliques au tsar, avant d'être décimés devant le Palais impérial par des salves de tirs.

Mais le parallèle s'arrête sans doute là. Les quatre membres du Praesidium du Comité central du PCUS (Anastase Mikoian, Alexandre Chelepine, Frol Kozlov, Andreï Kirilenko), arrivés le matin même de Moscou par avion, sans parler de Nikita Khrouchtchev lui-même, n'ont pas, auprès du petit peuple, l'aura du *tsar-batiouchka,* le « tsar-petit père » Nicolas II. Surtout, en ce début des années 1960, l'horizon de l'ouvrier soviétique est bouché. Alors qu'un demi-siècle auparavant, le socialisme indiquait la voie d'un « avenir radieux », à quelle perspective peut donc se raccrocher le prolétaire soviétique, qui vit d'ores et déjà, lui explique à longueur de temps la propagande officielle, au pays du « socialisme développé », dernière étape avant le communisme ? Aussi ne lui reste-t-il plus qu'à considérer que le bel idéal d'émancipation et de justice de la Grande Révolution socialiste d'octobre a été dévoyé par les héritiers imposteurs de Lénine et Staline... Que faire alors, sinon laisser éclater sa colère ?

La colère du peuple

Pour empêcher les manifestants de gagner le centre-ville, le commandement militaire a bloqué le pont qui enjambe le fleuve Touzlov par un barrage constitué de chars, de camions et de soldats.

> Les officiers ayant fait preuve d'indécision – peut-on lire dans l'un des rapports du KGB sur les événements –, les manifestants parvinrent, pour la plupart, à traverser le pont, et continuèrent leur marche vers le bâtiment du comité régional du Parti. En chemin, la foule se renforça de nombreux jeunes désœuvrés, de hooligans et de délinquants. La police, qui connaissait pourtant l'existence d'un grand nombre de repris de justice dans la ville (1 586 d'entre eux figuraient dans les fichiers de la police locale), n'avait pris, depuis le début des désordres, aucune mesure préventive pour les arrêter et les empêcher de prendre part aux émeutes.

Arrivés devant le siège du Parti, les manifestants, scandant « De la viande, du beurre, augmentation des salaires ! », exigent d'être reçus par les « gros bonnets arrivés de Moscou ». Mais ceux-ci ont quitté les lieux. Ayant appris que les barrages militaires n'avaient pas arrêté la progression de la foule, les membres du Praesidium du Comité central se sont réfugiés au commandement militaire. Joint par téléphone, Khrouchtchev aurait alors donné l'ordre de mettre fin aux désordres, y compris en faisant usage des armes.

À partir de ce moment, les événements se précipitent. La foule déborde le cordon de police qui garde le comité du Parti, des dizaines de manifestants pénètrent dans l'édifice, qui est mis à sac. Quelques fonctionnaires, des policiers en civil sont passés à tabac, tandis qu'un des manifestants, sorti sur le balcon, brandit deux assiettes, avec du fromage et du saucisson, trouvées sur les lieux : « Regardez comment ces porcs s'empiffrent pendant que nous nous serrons la ceinture ! »

Une femme s'est saisie d'un micro et raconte comment elle a été arrêtée la veille, emmenée au commissariat voisin et maltraitée : « Des dizaines de nos camarades travailleurs sont en ce moment roués de coups. Il faut les libérer ! » Le commissariat est tout proche. Une centaine de manifestants foncent vers le bâtiment. « Les casseurs les plus furieux enfoncèrent la porte d'entrée du commissariat et pénétrèrent au rez-de-chaussée. Les autres passèrent par les toits et arrivèrent dans la cour intérieure. Une bagarre s'ensuivit afin de les empêcher de s'emparer d'armes ou de documents secrets. Lors de cette attaque, plusieurs casseurs étaient armés de couteaux et de gourdins. L'un des attaquants se jeta sur un soldat, lui arracha des mains sa mitraillette et tenta de s'en servir. En conséquence de quoi, le feu fut ouvert. Un assaillant fut tué, les autres prirent la fuite. »

Pendant ce temps, sur la place du Comité du Parti, un groupe d'ouvriers qui a pris la tête du cortège, tente de calmer le jeu. Une « délégation » de neuf membres, dirigée par un certain Mokrooussov, est constituée, qui se rendra au commandement militaire pour tenter de rencontrer les émissaires de Moscou. Ces derniers acceptent l'entrevue. L'entretien dure à peine dix minutes. Kozlov et Mikoïan restent inflexibles sur l'augmentation des prix, une mesure prise à l'échelle nationale, mais promettent d'intercéder auprès de la direction de l'usine sur la question des normes et des salaires, à condition que les manifestants se dispersent immédiatement.

Quand la délégation revient sur la place du Comité du Parti, elle découvre qu'une unité des troupes spéciales du ministère de l'Intérieur s'y est entre-temps déployée. Par deux fois, les militaires tirent en l'air pour disperser les manifestants. La troisième fois, ils font feu dans la foule. Vingt-trois corps sans vie restent sur le pavé, des dizaines de personnes sont blessées. Les manifestants prennent la fuite dans un mouvement général de panique.

La nouvelle, impensable – « On a tiré sur le peuple désarmé ! » – fait le tour de la ville. On parle de « femmes et d'enfants tués » ; en réalité, les 23 victimes sont toutes des hommes. Les autorités décrètent l'état d'urgence et le couvre-feu. Quelques dizaines de manifestants tentent de gagner, en moto, la ville minière de Chakhty pour y répandre la nouvelle du nouveau « dimanche rouge ». Quarante d'entre eux sont interceptés à la sortie de Novotcherkassk, bouclée par l'armée.

Le lendemain matin, une minorité d'ouvriers de l'usine de construction de locomotives tentent en vain de relancer la grève. À midi, au moment du changement des équipes, on ne compte guère qu'une centaine de grévistes. À 15 heures, sur les ondes de la radio locale, Frol Kozlov condamne vigoureusement les désordres, attribués à « une bande d'éléments voyous et criminels », mais laisse espérer la clémence des autorités pour « tous ceux qui, par naïveté ou manque de conscience politique, ont été abusés », ainsi qu'une révision à la baisse des normes de production.

Une fois l'émeute écrasée et la grève brisée, le calme revenu, la répression commence. En quelques heures,

250 personnes, identifiées grâce aux photographies prises par les policiers en civil durant les deux jours précédents, sont arrêtées. Une brigade spéciale du KGB, forte de 180 hommes, est chargée de l'enquête. Le lendemain, à l'usine d'où sont partis les troubles, un « meeting ouvrier » dûment encadré condamne le mouvement de grève et les émeutes. Pour « racheter leur faute, due à une faible conscience politique », les ouvriers s'engagent à « remplir le plan du troisième trimestre à 150 % » et à travailler « volontairement », c'est-à-dire gratuitement, les quatre dimanches suivants.

Il ne restait plus aux autorités qu'à mettre en scène un procès public à visée pédagogique. Comme l'atteste la correspondance entre le chef du KGB, Semitchasny, et Nikita Khrouchtchev, la plus grande attention est portée au choix des accusés.

Sept condamnations à mort

Finalement, quatorze personnes comparaissent, six jours durant, du 14 au 19 août 1962, « devant plus de cinq mille représentants des organisations sociales, mille par roulement chaque jour, pour la plupart des ouvriers des entreprises industrielles de Novotcherkassk ». Tous sont des prolétaires, mais tous ont déjà été condamnés pour quelque menu délit par le passé, ce qui permet de rendre « crédible » l'étiquette de « hooligan » et de « criminel » qui leur est accolée.

Soixante-dix « témoins » sont appelés à la barre. La presse, nationale et régionale, couvre largement l'événement. « Tous les accusés, sauf un, rapporte le président du KGB à Khrouchtchev, ont reconnu leur culpabilité. [...] Le procès a une très forte influence éducative sur la population de la ville. De nombreux ouvriers, après avoir assisté aux audiences, défendent l'opinion suivant laquelle de tels criminels ne doivent pas comparaître devant un tribunal, mais doivent être fusillés sans jugement ni enquête. [...] Durant la période du procès, la vigilance est augmentée sur tous les sites, et les lieux sensibles sont gardés et placés sous contrôle renforcé. Le calme règne dans la ville. »

Le 20 juin, le verdict tombe : sept condamnations à mort, sept peines de dix à quinze ans de camp. Pour faire condamner à mort sept ouvriers, le tribunal n'hésite pas à violer le droit soviétique : au lieu d'appliquer l'article 79 du Code pénal condamnant les « troubles massifs à l'ordre public », passibles d'une peine pouvant aller jusqu'à quinze ans de camp, il a recours à l'article 77 condamnant le banditisme aggravé, passible de la peine capitale. Or l'article 77 précise que ces actes de banditisme aggravé supposent avérée « la constitution sur la durée d'une bande organisée, ainsi que l'usage d'armes à feu »...

> La décision de la Cour fut accueillie par les applaudissements prolongés d'une salle comble et a rencontré un large écho de satisfaction parmi tous les travailleurs de la ville. Si auparavant les gens ne comprenaient pas le déroulement des événements, désormais les habitants de Novotcherkassk en ont saisi la nature profonde et ont clairement compris que les émeutes avaient été provoquées par des éléments criminalo-hooligans.

La répression sanglante de l'émeute ouvrière de Novotcherkassk illustre l'impossibilité pour les ouvriers, au « pays de la dictature du prolétariat », de manifester leur mécontentement en dehors des syndicats officiels. Ressentie comme une alerte particulièrement sérieuse par les dirigeants soviétiques, l'émeute de Novotcherkassk stoppa net les velléités de réforme du système des prix. Ce dernier grand soubresaut ouvrier en URSS torpilla ainsi les projets de réforme économique et contribua à enfoncer le pays dans une crise systémique dont il n'allait pas se relever.

CHAPITRE 19

La grande stagnation

Dans la première moitié des années 1970, l'URSS semble au sommet de sa puissance. En mai 1972, les accords Salt-1 (*Strategic Arms Limitation Talks*), signés à Moscou, consacrent la reconnaissance, par les États-Unis, de la parité militaire et nucléaire soviétique. L'année suivante, la brusque hausse des prix du pétrole, consécutive à la guerre du Kippour, donne une nouvelle impulsion aux ambitions soviétiques : à partir de 1973, l'URSS, l'un des principaux pays producteurs de pétrole, va bénéficier de formidables rentrées de devises. En août 1975, la ratification, à Helsinki, par l'ensemble des pays européens, les États-Unis et le Canada de l'acte final de la Conférence sur la sécurité et la coopération en Europe marque non seulement l'apogée de la « détente » entre l'Est et l'Ouest, mais, plus encore, un succès majeur de la diplomatie soviétique : la reconnaissance solennelle de l'ordre territorial et politique que l'URSS avait fait prévaloir, depuis la fin de la Seconde Guerre mondiale, en Europe de l'Est. En échange de cette consécration du *statu quo* européen, les Soviétiques ont accepté quelques concessions déclaratives sur le respect des droits de l'homme et la libre circulation des idées et des hommes.

Dix ans plus tard, cependant, le nouveau secrétaire général du PCUS, Mikhaïl Gorbatchev, reconnaît que « le pays est à bout de forces [et que] ses mécanismes économiques fonctionnent de plus en plus mal ». Que s'est-il passé au cours de cette décennie décisive, entre le milieu des années 1970 et le milieu des années 1980, cette période que Mikhaïl Gorbatchev qualifiera peu après de *zastoï*, « période de stagnation » ?

Une triple crise s'est développée au cœur même du système soviétique : une crise politico-idéologique, une crise économique, une crise démographique. Et, dans le même temps, sous la rigidité apparente du système, une transformation profonde de la société soviétique que le pouvoir communiste n'a pas su discerner.

Des dirigeants septuagénaires

L'aspect le plus immédiatement visible de cette crise est le vieillissement spectaculaire du personnel dirigeant du PCUS : en 1980, la moyenne d'âge des membres du Politburo, la plus haute instance du Parti, est de 72 ans. Tous, à l'exception de Mikhaïl Gorbatchev, sont nés entre 1900 et 1914 et ont été promus, très jeunes, à des postes de responsabilité politique dans les années 1930 pour remplacer les « vieux bolcheviks » de l'équipe léniniste éliminés par les purges staliniennes. Tout au long des années 1970-1985, ces dirigeants, de plus en plus âgés, pratiquent une politique profondément conservatrice, marquée par un refus systématique d'aborder tout problème potentiellement générateur de conflits.

Cette politique conservatrice est théorisée par la formule du « socialisme développé », étape à laquelle est censée se situer l'URSS. Selon la théorie officielle, le « socialisme développé » n'a pas besoin d'être réformé précisément parce qu'il est… « développé » ! Dès février 1965, quelques mois après l'éviction de Nikita Khrouchtchev de son poste de secrétaire général (octobre 1964), Leonid Brejnev, « l'homme fort » de la nouvelle équipe au pouvoir, déclare : « Avec Staline, nos gens avaient peur des répressions ; avec Khrouchtchev, ils avaient peur des réorganisations et des restructurations. […] Avec nous, le peuple soviétique va enfin vivre tranquillement, pour pouvoir tranquillement travailler. »

Au cours des années 1970, le corps des dirigeants régionaux du Parti, qui constitue la grande majorité des quelque 300 membres du Comité central du PCUS, obtient enfin la stabilité et la sécurité auxquelles il aspirait depuis la période stalinienne. Une fois nommés, les responsables le restent pour longtemps : de manière significative, la moyenne d'âge des cadres régionaux passe de 49 ans en 1965 à 64 ans en 1980. Cet enracinement et cette stabilisation favorisent le clientélisme et un système de valeurs où la fidélité et le parrainage priment sur la compétence et les principes idéologiques. En ce sens, les années 1970 marquent l'apogée des « cercles de famille », d'une sorte de « féodalité soviétique », contre laquelle Staline, puis Khrouchtchev avaient lutté sans relâche : le premier par la terreur institutionnalisée, le second par des moyens légaux. Mais miser sur le clientélisme comme force de stabilisation n'est guère compatible avec la rationalisation du système – qui suppose la sanction des cadres incompétents.

Divergences au Politburo

Le conservatisme érigé en principe de gouvernement n'exclut toutefois ni les divergences ni les conflits feutrés. Un premier ensemble de divergences porte sur les priorités économiques : agriculture, industrie lourde et complexe militaro-industriel, pour Leonid Brejnev, secrétaire général du Parti ; pour Alexis Kossyguine, président du Conseil des ministres, au contraire, priorité doit être donnée au développement de l'industrie légère et des biens de consommation, base de l'accroissement de la consommation des ménages, très inférieure aux besoins et au niveau atteint par l'Europe occidentale. La crise tchécoslovaque de 1968, qui pose la question de la compatibilité entre une « société de consommation », fût-elle à ses débuts, et un système politique de type soviétique, contribue, à partir du début des années 1970, au succès des options économiques plus conservatrices défendues par Brejnev.

Ces choix sont sous-tendus par d'autres, aussi importants. Ils concernent l'autonomie qu'il convient de laisser à ceux qui ont des compétences réelles pour diriger l'économie et l'administration. En 1971, sur l'initiative de Kossyguine, est créé l'Institut de l'économie mondiale et des relations internationales, chargé de former des cadres politiques de haut niveau afin de favoriser la montée d'une nouvelle cohorte de dirigeants capables, efficaces, ayant souvent une bonne connaissance des langues et des pays étrangers. Leur formation doit prédisposer ces cadres à gérer technocratiquement les problèmes politiques et économiques, en laissant à l'écart les aspects idéologiques. Cette tendance est vigoureusement combattue par les « doctrinaires » du Parti, notamment par Mikhaïl Souslov, membre du Politburo, gardien vigilant de l'idéologie, qui ne manque pas une occasion de rappeler la primauté de « l'esprit de parti » (*partiinost*), « condition première de l'aptitude à exercer des responsabilités dans n'importe quel domaine ».

L'avantage pris, dans la seconde moitié des années 1970 après le XXVe congrès du PCUS, en mars 1976, par les options les plus conservatrices prônées par Brejnev et Souslov ne se traduit cependant pas par l'éviction des responsables qui défendent des options différentes. La stabilité et la fermeté de la coalition d'intérêts qui soude, par-delà toutes les divergences, l'équipe dirigeante permettent de couler tous les conflits dans le moule des institutions.

Brejnev, maréchal de l'URSS

Reflétant le conservatisme des milieux militaires, les célébrations, en grande pompe, du vingtième anniversaire de la victoire de 1945, en mai 1965, sont l'occasion d'une réévaluation positive du rôle de Staline durant la guerre et du rappel de « l'union indéfectible entre le Parti et les forces militaires de l'URSS ». En promouvant, en 1966, le général – et futur maréchal – Oustinov au Politburo, l'équipe dirigeante réussit, selon les termes consacrés de la langue de bois, à « organiser et inspirer » l'action des forces armées. Impliquée au premier chef dans le débat sur les priorités économiques, l'institution militaire soutient naturellement les partisans d'une priorité donnée à l'industrie lourde et au complexe militaro-industriel, c'est-à-dire Brejnev et Souslov.

Le 7 mai 1976, le Politburo confère à Leonid Brejnev le titre de « maréchal de l'URSS ». En revêtant l'uniforme, le plus haut dignitaire du Parti affirme solennellement la convergence, voire la symbiose, des intérêts du Parti et de l'armée. En même temps, il confisque ainsi au profit du Parti le prestige militaire, placé très haut dans les valeurs mises en avant par le régime. Le titre de « maréchal de l'URSS » complète l'impressionnant palmarès de décorations de Leonid Brejnev : sept ordres de Lénine, quatre titres de Héros de l'Union soviétique, la médaille d'or Karl Marx pour sa « contribution exceptionnelle apportée à la théorie marxiste-léniniste avec la notion de socialisme développé », le prix Lénine pour la paix et le prix Lénine de littérature conféré à Brejnev en 1979 pour ses *Mémoires de guerre*, dont tout le monde savait qu'ils étaient faux et écrits par des nègres… Cette avalanche d'honneurs pour un dirigeant vieillissant, victime de plusieurs attaques cérébrales, flatté dans sa passion sénile pour les décorations et les titres, ne marque cependant pas un retour à un culte de la personnalité de type stalinien. Contrairement au culte de Staline, qui trouvait – du moins, depuis la victoire de l'URSS dans la « grande guerre patriotique » – un écho réel dans la population, celui de Brejnev fournit surtout matière inépuisable aux plaisanteries de tablée.

Par ailleurs, le culte officiel de Brejnev ne se forge pas dans l'exclusion de concurrents potentiels. Les pouvoirs concentrés par Brejnev lui sont, en effet, remis par ses pairs et non arrachés à eux au terme d'une lutte politique. La concentration des pouvoirs s'opère sans que la stabilité politique en soit affectée. Brejnev émerge de la classe politique comme son représentant, comme l'incarnation du consensus et de la solidarité d'une coalition qu'à aucun moment il ne menace de déborder.

Le mensonge généralisé

Plus encore que le vieillissement et le conservatisme, un autre mal ronge le système politique : « le mensonge général, imposé, obligatoire [qui est] l'aspect le plus terrible de la vie de notre pays ». Ce constat fait par le dissident Alexandre Soljenitsyne dans sa *Lettre aux dirigeants de l'URSS* en septembre 1973 est repris, au début des années 1990, par un certain nombre de dirigeants communistes proches de Mikhaïl Gorbatchev. Nikolaï Ryjkov écrit ainsi dans ses *Mémoires* : « L'aveuglement du pays avait atteint un sommet au-delà duquel il n'y avait plus que la mort. [...] Nous mentions dans nos rapports, dans les journaux, à la radio, nous nous vautrions dans nos mensonges et, en même temps, nous nous décernions des médailles les uns les autres. Tout cela, du haut vers le bas, et du bas vers le haut. »

Autre mal diagnostiqué dans un rapport célèbre présenté en 1983, d'abord dans des réunions fermées de l'Académie des sciences et du Parti, puis clandestinement passé en Occident, dit « rapport de Novossibirsk », dirigé par l'académicienne Tatiana Zaslavskaïa : la corruption, alimentée par l'existence à la fois de pénuries endémiques engendrant une « seconde économie » et d'un système hiérarchisé d'accès privilégié aux biens et aux marchandises déficitaires réservé aux élites. Selon le « rapport de Novossibirsk », « le plus dangereux des phénomènes qui corrompent et paralysent la structure de la société soviétique [...] est la fusion graduelle des opérateurs de la seconde économie et de l'élite du secteur de la distribution avec la partie corrompue de l'appareil d'État et du Parti ».

Après la mort de Leonid Brejnev, en novembre 1982, un certain nombre de scandales – qui ne représentaient que la partie émergée de l'iceberg – furent mis au jour lors de la campagne « anticorruption » lancée par son successeur, Iouri Andropov. Les plus importants mirent en cause des notables du régime tels que le ministre de l'Intérieur Nikolaï Schelokov, impliqué dans un véritable système mafieux contrôlant une grande partie du commerce de gros de la région de Moscou, ou le premier secrétaire du Parti communiste d'Ouzbékistan, Sarov Rachidov, un proche de Leonid Brejnev, qui, depuis vingt ans, avait offert sa protection à des trafiquants de drogue et détourné au profit de mafias locales qu'il contrôlait une partie de la production de coton.

Si le mensonge généralisé n'était pas un phénomène nouveau au « pays du grand mensonge », pour reprendre le titre du livre d'Anton Ciliga paru en… 1938, l'ampleur de la corruption était, quant à elle, inédite. Tous ces facteurs, joints au vieillissement, au conservatisme, à l'absence de tout projet de réforme du « socialisme développé », expliquent la crise profonde, structurelle, de la politique dans l'URSS de Brejnev.

Le complexe militaro-industriel

À la fin des années 1950, Khrouchtchev avait fixé à l'économie soviétique un objectif grandiose : rejoindre et dépasser l'économie américaine. La nouvelle équipe venue au pouvoir en 1964 affiche d'emblée des ambitions économiques plus modestes : l'édification du communisme est repoussée dans le très long terme et le réalisme prévaut dans les objectifs des plans quinquennaux qui se succèdent de 1966 à 1985.

Comme l'a montré Jacques Sapir dans son étude des cycles économiques en URSS, la première moitié des années 1970 marque le passage du « conservatisme éclairé » au « conservatisme crispé ». Le Xe plan quinquennal 1976-1980, approuvé par le XXVe congrès du PCUS en mars 1976, confirme l'abandon du discours technocratique de la seconde moitié des années 1960, qui avait mis l'accent sur le qualitatif et la croissance intensive, et dont Kossyguine s'était fait le principal porte-parole au gouvernement. Priorité est désormais donnée au développement du complexe militaro-industriel et à l'exploitation extensive du pétrole et du gaz sibérien au détriment d'une croissance des biens de consommation. Dans une conjoncture mondiale favorable, depuis le choc pétrolier de 1973, aux producteurs d'énergie, le calcul économique des dirigeants soviétiques est de profiter de la « rente pétrolière » pour importer massivement de la technologie occidentale qui, espère-t-on, injectera dans l'organisme anémié de l'économie soviétique un peu de productivité. Avec le recul, cette injection de technologie étrangère dans l'industrie et celle d'investissements massifs dans une agriculture improductive apparaissent comme autant de solutions de facilité et de mesures conservatoires auxquelles la coalition au pouvoir vieillissante se laissa aller, par incapacité de s'attaquer aux problèmes de structure.

Tout au long des années 1970-1985, on assiste à une décélération continue des taux annuels de croissance, qui passent de 4,1 % dans la seconde moitié des années 1960 à 1 % dans les années 1975-1980, et à 0,6 % dans les années 1980-1985. Dans cette courbe descendante, le milieu des années 1970 constitue la véritable cassure, qui touche le centre vital de l'économie soviétique : son industrie. Ce processus se développe dans une conjoncture démographique et socio-économique inédite pour le pays. Jusqu'alors, l'économie avait toujours pu recourir à d'importantes ressources de main-d'œuvre, largement gaspillées depuis les années 1930, et fonder sa croissance sur une base extensive, grâce à l'exploitation, par une main-d'œuvre rurale peu regardante sur ses conditions de vie, de ressources naturelles pléthoriques. Or, à partir des années 1970, l'URSS entre dans une phase nouvelle, celle d'un pays urbanisé, à la démographie déclinante, où l'industrie n'est plus motrice en matière d'emplois. Une mutation difficile s'impose : celle du passage d'un modèle de développement extensif à un modèle intensif. C'est cette mutation que l'URSS sera incapable de mener à bien.

Le maillon le plus fragile

L'agriculture reste le maillon le plus fragile de l'économie soviétique. Le pays connaît, sur une quinzaine d'années, huit récoltes désastreuses (1969, 1972, 1974, 1975, 1979, 1980, 1981, 1984), imputées, par les autorités, à des calamités climatiques. En réalité, bien d'autres problèmes expliquent ces mauvais résultats : les conditions déplorables de transport et de stockage, responsables de pertes atteignant 20 % de la récolte ; l'implantation artificielle, dans des régions périphériques peu peuplées et au climat peu propice comme les « terres vierges » du Kazakhstan, mises en valeur à partir des années 1954-1956, d'une agriculture imposée par des méthodes administratives ; et, plus fondamentalement encore, la rupture – depuis la collectivisation – du lien de propriété entre le travailleur agricole et la terre.

Pour nourrir sa population, le gouvernement soviétique a recours – à grands frais – à des importations massives de céréales, principalement nord-américaines : près de 25 millions de tonnes par an pour les années 1972-1979, près de 40 millions de tonnes par an pour les années 1979-1984. Ces importations, qui mobilisent un tiers des réserves d'or du pays, surviennent alors même que l'État a investi, depuis la seconde moitié des années 1960, des sommes considérables dans l'agriculture.

En réalité, la clochardisation des campagnes surexploitées depuis la collectivisation forcée a atteint un point de non-retour, malgré quelques mesures incitatives prises par la nouvelle équipe au pouvoir depuis 1964 : relèvement des prix des produits agricoles, remplacement de la rémunération des kolkhoziens en « journées-travail » par un salaire mensuel, extension aux kolkhoziens du droit à la retraite et à la sécurité sociale, doublement de la superficie autorisée des « lopins familiaux », qui assurent entre 25 et 30 % de la production totale de viande, de lait, d'œufs, de laine, de légumes. Ces mesures s'avèrent néanmoins insuffisantes pour enrayer un exode rural de plus en plus fort. Elles ne remettent pas en question le cadre général du système kolkhozien, dont la finalité reste le prélèvement et non le développement.

La stratégie brejnévienne combinant maintien des structures et effort financier considérable en faveur de l'agriculture dans son ensemble ne parvient pas à résoudre le problème de fond de l'agriculture soviétique : celui de la rupture du lien entre l'homme et sa terre. Elle n'aboutit qu'à une croissance des gaspillages. À la mort de Staline, l'URSS avait une agriculture en piteux état, mais au moindre coût économique, sinon humain. À la mort de Brejnev, l'agriculture reste un secteur sinistré, mais elle coûte de plus en plus cher à la collectivité.

L'effondrement économique

Le refus de s'attaquer aux problèmes de structure joue un rôle capital dans la grave crise qui s'installe, au cœur de l'économie soviétique, à partir du milieu des années 1970. Cette crise se traduit par une accumulation de symptômes, repérés par un certain nombre d'économistes, tel le Hongrois Janos Kornaï : brutale cassure des taux de croissance, effondrement des gains de productivité, baisse de la productivité du capital, déséquilibre structurel entre l'offre et la demande qui entraîne la formation d'une véritable « économie de la pénurie ». Celle-ci est alors l'aspect le plus visible de la vie quotidienne des Soviétiques : magasins d'alimentation vides, produits manufacturés de piètre qualité, attente de plusieurs années pour l'achat d'une automobile de mauvaise qualité, la Jigouli qui, de surcroît, coûte l'équivalent de trois ans de salaire moyen d'un ouvrier qualifié. C'est ainsi qu'on compte, en 1979, une automobile pour 48 habitants en URSS, contre une pour 14 habitants en Hongrie, et une pour 9 habitants en Tchécoslovaquie.

Cette crise structurelle résulte de plusieurs facteurs :

— une démographie défavorable, notamment en ce qui concerne l'évolution de la population active. À partir de la seconde moitié des années 1970, il devient impossible de maintenir coûte que coûte la croissance en ayant recours, comme par le passé, à de nouvelles embauches ;

— une exploitation toujours plus vers l'est des ressources naturelles, et notamment énergétiques, qui accroît considérablement les coûts de production, aggravant encore davantage le problème, toujours crucial en URSS, des transports ;

— un vieillissement des équipements et du stock du capital ;

— le poids, de plus en plus lourd, des dépenses militaires dans une conjoncture de « course aux armements » : à la fin des années 1970, l'URSS consacre près de 20 % de son PNB aux dépenses militaires ;

— une crise de l'organisation du travail.

Ce dernier facteur est, incontestablement, l'élément crucial de la crise, comme le souligna, en 1983, le « rapport de Novossibirsk ». Pour Tatiana Zaslavskaïa et ses collaborateurs, l'origine de la crise réside dans l'incapacité du système soviétique à assurer l'utilisation efficace du potentiel humain et intellectuel de la société. Le système est resté, pour l'essentiel, inchangé depuis les années 1930 : une centralisation excessive, une planification trop directive, une régulation bureaucratique de toutes les formes de stimulation matérielle des travailleurs, une interdiction de toutes les initiatives privées. On touche ici au paradoxe fondamental du système : les travailleurs ont pour seul horizon admissible d'activité le secteur socialiste. Toute initiative personnelle est rejetée dans l'illégalité de l'économie parallèle ; par ailleurs, il est impossible à l'individu de déployer de l'initiative dans le secteur socialisé. Théoriquement, celle-ci est encouragée, mais comment participer à la gestion si tout ce qui est permis est de « faire mieux que le Plan » ?

Ces contradictions ne sont certes pas nouvelles. Mais si elles étaient supportables et supportées dans les années staliniennes lorsque les travailleurs étaient soumis à une discipline militaire dans l'industrie, et les paysans parqués dans les kolkhozes, interdits de déplacement, privés de passeport, elles ne le sont plus dans les années 1970-1980 parce que la société soviétique a profondément changé.

Plus d'avortements que de naissances

En l'espace de vingt ans (1965-1985), la société soviétique s'est profondément transformée. Les dirigeants soviétiques n'ont pas su discerner ces grandes évolutions sociales. Pour avoir focalisé toute son attention sur une frange ultra-minoritaire de « dissidents » et sur les « diversions idéologiques de l'étranger », le régime n'a pas vu l'éclosion d'une société nouvelle, l'émergence d'une société civile.

Une première mutation, dont l'influence sur l'économie est de première importance, est le ralentissement de la croissance démographique, dû à une forte baisse du taux de natalité et à une hausse du taux de mortalité. À y regarder de plus près, on peut parler d'une véritable crise démographique. L'URSS de Brejnev est le premier pays industrialisé à connaître un déclin de l'espérance de vie de sa population masculine, qui passe de 65 ans en 1965 à 61 ans en 1980.

L'alcoolisme, véritable fléau national – en 1979, près de 10 millions de Soviétiques ont été amenés par la police dans un « dessoûloir » –, est la première cause de cette formidable régression, contre laquelle le régime n'affiche qu'une mobilisation de façade. Les taxes sur l'alcool représentent, en effet, l'une des premières sources fiscales de l'État : 25 milliards de roubles par an, soit bien plus que l'impôt sur le revenu. Pourtant, les statistiques sur les méfaits de l'alcool sont éloquentes. Il est impliqué dans 60 % des accidents de la route, 80 % des viols et des homicides. La progression de ceux-ci est spectaculaire : + 90 % entre 1965 et 1980.

Le déclin global de l'espérance de vie reflète le délabrement général d'un système de santé qui, dans les années 1930-1940, a su mettre en œuvre des campagnes de vaccination massive, mais qui, dans les années 1960-1970, s'avère impuissant, faute d'investissements, à affronter, par la mise en place d'une médecine préventive de qualité, les défis posés par les maladies cardio-vasculaires et les cancers. Autres indicateurs de la crise sanitaire et démographique dans l'URSS de Brejnev : la progression – unique, elle aussi, pour un pays industrialisé – de la mortalité infantile, qui dépasse 30 pour mille à la fin des années 1970, contre 8 pour mille en France, par exemple, et celle des accidents liés à l'explosion du nombre des avortements : près de 8 millions pour moins de 5 millions de naissances.

Les années 1970-1980 sont aussi marquées par une différenciation croissante des comportements entre les diverses républiques soviétiques. La progression des populations non slaves est beaucoup plus rapide. Dans une URSS qui compte en 1959 210 millions d'habitants, et 262 millions en 1979, les populations musulmanes estimées à 22,5 millions en 1959, soit 10,7 % du total, atteignent, en 1979, 42 millions d'habitants, soit 16 % du total. Cette évolution démographique fait prédire à certains observateurs comme

Hélène Carrère d'Encausse, dès la fin des années 1970, un « éclatement de l'Empire » sous la pression démographique non slave. En réalité, comme devait le montrer l'évolution ultérieure, les contestations, puis les sécessions qui vont déboucher, en 1991, sur l'implosion de l'Union soviétique, sont venues davantage des petites républiques baltes, à la démographie stagnante, mais à l'identité nationale très forte, que des républiques musulmanes de l'Asie centrale soviétique.

Ces évolutions démographiques divergentes d'une réalité longtemps niée, mais qui s'impose dans la seconde moitié des années 1980, témoignent de la superposition, au sein de l'Union soviétique, de sociétés différentes.

Une société nouvelle

Autre mutation sociale majeure durant les années Brejnev : l'urbanisation et son corollaire, le développement généralisé de l'instruction. En vingt ans, la population urbaine est passée de 49 à 66 % de la population totale. Du début des années 1960 au début des années 1980, plus de 35 millions de personnes migrent de la campagne vers les villes.

Cette nouvelle société urbaine représente d'abord une nouvelle force de travail. Jusqu'au début des années 1960, la grande majorité des emplois urbains étaient peu qualifiés et tout à fait à la portée d'anciens paysans devenus ouvriers. Au début des années 1980, 40 % de la population urbaine est composée de « spécialistes » ayant achevé des études secondaires professionnelles ou des études supérieures. Entre 1950 et 1980, tandis que la population de l'URSS est multipliée par 1,5, le nombre de Soviétiques ayant achevé des études secondaires et supérieures est multiplié par 20.

L'une des conséquences majeures du développement de l'urbanisation et de l'élévation générale du niveau d'instruction est la constitution de ce que le sociologue Oleg Ianitski a appelé des « micro-univers urbains ». Sur les différentes formes de la vie sociale à petite échelle – famille, amis, communautés locales, associations, groupes de contact divers – se sont développées des structures informelles qui, à leur tour, ont créé les soubassements d'une véritable opinion publique.

Longtemps, l'existence de ces structures informelles a été niée aussi bien par la science politique soviétique que par la soviétologie occidentale, qui privilégiait les déterminismes idéologiques, excluant toute dynamique sociale autonome. Or, dans les années 1970-1980, apparaissent un système social de plus en plus complexe, toute une gamme de « structures informelles », avec leurs publics, leurs cultures et leurs « contre-cultures », qui ont commencé à faire entendre leurs opinions et leurs revendications.

En général, la vie culturelle a servi de banc d'essai à ces premières manifestations spontanées d'une opinion publique. À cet égard, le cas du chanteur Vladimir Vyssotski mort en 1980, à l'âge de 42 ans, est exemplaire de l'émergence à la fois d'une culture parallèle et de structures informelles qui ont touché un public bien plus large que les cercles traditionnels de l'intelligentsia moscovite ou léningradoise. Voici un chanteur, mal vu des autorités parce que ses chansons contestataires, populistes et amères dénonçaient toutes les tares du système de son vivant, dont un seul microsillon de ses chansons fut édité, devenu un véritable porte-parole des déshérités et des laissés-pour-compte, qui était écouté par des dizaines de millions d'auditeurs de tous les milieux grâce à des millions de cassettes pirates. Ses funérailles sont l'occasion de la manifestation spontanée la plus importante qu'ait connue la capitale soviétique depuis 1927 ! L'existence de ce type de phénomènes est bien le signe de l'émergence, dans les années 1970-1980, non seulement de contre-cultures de masse, mais aussi d'une véritable société civile.

La nomenklatura, caste fermée

Conscient du danger, le régime contre-attaque en mettant à l'honneur la « démocratie socialiste », avec son rituel d'élections, censées contribuer à l'intégration de la société soviétique, le développement d'un réseau étendu de comités du « contrôle populaire », de « milices populaires », le fonctionnement plus actif – bien que contrôlé par les instances supérieures – des soviets. Tout au long de la période, le Parti reste une structure essentielle de participation. En quinze ans (1965-1980), le nombre de ses adhérents augmente de 42 %, au rythme d'un demi-million d'adhésions par an, pour atteindre le chiffre de 17 millions de membres au début des années 1980. Le recrutement tend de plus en plus à privilégier les « meilleurs », c'est-à-dire les plus instruits, dans un système voué à se renouveler, l'ancienne intelligentsia ayant été contrainte à l'exil ou brisée par les purges.

La réalité est bien différente. Dans les faits, la carte du Parti constitue, de plus en plus, un « complément » utile au diplôme, facilitant une carrière, mais n'impliquant qu'un engagement minimal et formel : celui de respecter « les règles du jeu », dont la principale est de ne pas critiquer ouvertement le régime, de fermer les yeux sur les contradictions entre le discours politique et le quotidien du « socialisme réel », marqué par l'apathie, l'adhésion de façade, le cynisme, la corruption, et, plus largement, par la prédominance des intérêts individuels sur les intérêts collectifs. Dans ces conditions, le communiste devient « l'homme double » par excellence, capable de servir le régime, sans partager au fond de lui-même les convictions qu'il exprime à haute voix.

Sur les 17 millions de communistes, un quart environ (4 millions) exercent une fonction élective, au sein de l'une des 400 000 organisations de base. Ces 4 millions de personnes, qualifiées d'« activistes », constituent, en principe, le « vivier politique » dans lequel sont choisis les « permanents » du PCUS (400 000 personnes environ).

Mais, pour ces activistes de base, la promotion vers le sommet est de plus en plus bloquée : les quelques dizaines de milliers de postes enviés figurant sur les différentes listes de nomenklatura aux divers niveaux du pouvoir, du district, de la région, de la République, de l'Union, sont pourvus, de plus en plus, par des membres nommés directement par leur administration de tutelle.

Les années 1970-1980 voient ainsi une très forte fermeture des voies de promotion, qui ont de plus en plus tendance à fonctionner en circuit fermé. Durant ces années de grande stabilité politique et de restauration conservatrice, la nomenklatura parvient à se cristalliser en une véritable caste, avec ses privilèges et son statut social. La stabilité politique des années brejnéviennes permet l'épanouissement d'élites puissantes, sûres d'elles, attachées à leurs avantages et à la possibilité de se reproduire sans crainte du lendemain.

Cet enracinement des élites entre en contradiction avec l'autre volet de la politique sociale du régime : l'encouragement à une participation massive. Pourquoi participer si on ne peut, au mieux, qu'accéder à un statut honorifique, mais illusoire, de sub-élite ? À l'heure où les passerelles de promotion sociale se ferment, où la nomenklatura se fige, la participation sollicitée par le régime pour tenter de contrôler les nouveaux espaces d'autonomie que risque de s'approprier la société civile ne peut être que de plus en plus formelle.

Dans cette situation, la réponse sociale au discours du pouvoir est l'adhésion de façade. Cette attitude est particulièrement fréquente dans le monde ouvrier, où elle apparaît comme le dernier avatar d'une résistance passive expérimentée avec succès depuis les grandes offensives productivistes des années 1930. Abondamment relayée par les organes locaux du pouvoir, elle contente tout le monde et masque les problèmes. Les rares initiatives des dirigeants vieillissants sont ressassées, commentées, paraphrasées par les « collectifs de travailleurs », reprises dans les innombrables rapports lénifiants adressés aux autorités centrales. Mais cette adhésion de pure forme va de pair avec un immense laisser-aller dans le travail et un manque total de conscience professionnelle, que révèlent les désastreuses statistiques de productivité de la fin de l'ère brejnévienne.

Pour en savoir plus

Hélène Carrère d'Encausse, *Le Pouvoir confisqué : gouvernés et gouvernants en URSS*, Paris, 1981,
Gérard Duchêne, *L'Économie de l'URSS*, Paris, 1987.
Marc Ferro, « Y-a-t-il "trop de démocratie" en URSS ? », *Annales ESC*, juillet-août 1985, p. 811-826.
David Lane, *State and Politics in the USSR*, London, 1985.
Moshe Lewin, *La grande mutation soviétique*, Paris, 1989.
Michael Vozlensky, *La Nomenklatura*, Paris, 1980.

CHAPITRE 20

Tchernobyl : enquête sur une catastrophe annoncée

L'accident survenu à la centrale nucléaire de Tchernobyl – écrit Mikhaïl Gorbatchev dans ses *Mémoires* – constitua la preuve la plus spectaculaire et la plus terrible de l'usure de notre matériel et de l'épuisement des possibilités de notre vieux système. [...] Après Tchernobyl, il n'était plus possible de pratiquer la même politique de silence que par le passé. Ce drame a mis en lumière un certain nombre de maux dont souffrait notre système : dissimulation des accidents et des processus négatifs, irresponsabilité et incurie, négligence dans le travail, ivrognerie généralisée. Il constitua un nouvel argument de poids en faveur de réformes profondes[1].

Tchernobyl n'est pas seulement le plus grave accident nucléaire jamais survenu, il est aussi un accident de société. Un constat qu'a confirmé, au cours des années suivantes, le cours pris par les événements politiques. Résultat de l'état de délabrement avancé

1. M. Gorbatchev, *Mémoires*, Éditions du Rocher, 1997, p. 248-254.

de l'URSS, la catastrophe de Tchernobyl révéla toutes les carences et les faiblesses du système. Elle inspira aussi les derniers grands mythes soviétiques : la « guerre contre l'atome » fut la dernière guerre livrée par l'Union soviétique, et la « liquidation des conséquences de l'accident de Tchernobyl », la dernière grande campagne de mobilisation politico-idéologique menée dans l'esprit des « grandes campagnes de masse » des régimes communistes.

Depuis l'implosion de l'URSS, en 1991, il est revenu à l'Ukraine, sur le territoire de laquelle se trouvait la centrale accidentée, et à la Biélorussie, ex-république soviétique la plus contaminée par les retombées radioactives, de gérer les conséquences dramatiques de la catastrophe, sur les plans tant de la santé publique que de l'économie. Le moins que l'on puisse dire, c'est que cette gestion est restée opaque, surtout en Biélorussie, gouvernée par le dernier dictateur au pouvoir en Europe, Aleksandr Loukachenko. Malgré l'action de nombreux organismes internationaux spécialisés dans les questions du nucléaire, les informations sur les conséquences de Tchernobyl, vingt ans après la catastrophe, restent fragmentaires. Peut-on d'ailleurs tirer un bilan, même provisoire, de cette catastrophe, dont les effets ne se dévoilent qu'avec le temps ? Reprenons les éléments du dossier.

Le 26 avril 1986, à 1 h 23…

L'accident nucléaire de Tchernobyl n'est pas survenu durant le fonctionnement normal de la centrale, mais au cours d'une expérimentation mal préparée.

Son origine : un enchaînement extraordinaire de circonstances, qui tiennent à la fois à la conception même du réacteur nucléaire et à une série d'erreurs humaines. Le réacteur nucléaire de la centrale de Tchernobyl, de type RBMK[2], avait en effet la particularité, dans certaines conditions extrêmes, d'être difficile à contrôler. Le cœur de ce type de réacteur est intrinsèquement instable à cause d'un effet dit « coefficient de vide positif », qui favorise l'emballement de la réaction nucléaire. En d'autres termes, la puissance augmente spontanément et doit sans cesse être régulée par les opérateurs pour éviter la fonte du cœur. Dans les réacteurs utilisés en Occident, et dans les modèles soviétiques plus modernes, le « coefficient de vide » est négatif : l'intensité de la réaction a tendance à chuter d'elle-même sans intervention extérieure.

Autre défaut majeur des RBMK : le délai beaucoup trop long – 20 secondes – nécessaire au fonctionnement de son système d'arrêt d'urgence. Enfin, son cœur de graphite et d'uranium est inflammable à très haute température.

Néanmoins, c'est bien une expérimentation risquée qui a déclenché l'accident nucléaire. Une équipe d'ingénieurs dirigée par un spécialiste en énergétique de Donetsk, et qui n'avait pas de connaissances approfondies en physique nucléaire, eut l'idée, début 1986, d'obtenir une augmentation du rendement énergétique

---

2. *Reaktor bolchoi moschnosti kanalny* (« réacteur de grande puissance à tubes de force »), réacteur atomique à tubes de force, refroidi par un mélange eau-vapeur et modéré par du graphite.

de la centrale nucléaire grâce à l'utilisation de la chaleur résiduelle après l'arrêt du réacteur. Le ministère de l'Énergie de l'URSS donna son aval à cette recherche, mais pas l'organisme spécial – Gosatomnadzor – chargé de superviser tous les aspects de la sécurité nucléaire.

L'équipe passa outre, ayant reçu l'accord du directeur de la centrale, Viktor Petrovitch Brioukhanov. Celui-ci n'était pas, lui non plus, un spécialiste du nucléaire, mais un ingénieur en thermodynamique, nommé à la tête de la centrale de Tchernobyl au début des années 1970. Le personnage était très représentatif de cette « génération des ingénieurs », de qualification moyenne, promue au cours des années Brejnev par le Parti à des postes de responsabilité importants. Ils devaient leur promotion à un volontarisme militant, qui consistait d'abord et avant tout à remplir et dépasser le plan de production, nonobstant le respect des normes de construction ou de sécurité.

En 1983, Brioukhanov avait signé « l'acte de mise en exploitation expérimentale » du quatrième réacteur alors que toutes les vérifications n'avaient pas été achevées. Il fut, cette année-là, décoré de l'ordre de l'Amitié des peuples pour l'achèvement de la quatrième tranche de la centrale de Tchernobyl. En 1986, il figurait sur la liste proposée des médaillés de l'ordre du Travail socialiste à l'occasion de l'inauguration, prévue en octobre, du cinquième réacteur, encore en construction lors de l'explosion…

Au moment de l'expérimentation, menée un vendredi soir, Brioukhanov n'était pas présent sur les lieux. Pas plus que l'ingénieur en chef, Nikolaï Fomine. C'était Anatoli Dyatlov, l'ingénieur en chef adjoint, qui dirigeait l'équipe d'« expérimentateurs ».

Ceux qui ont mené l'expérience dans la nuit du 25 au 26 avril 1986 – explique le Pr Nesterenko –, se sont lourdement trompés dans leurs calculs. La puissance du réacteur a brusquement baissé à 30 mégawatts, au lieu des 800 mégawatts escomptés. Ils ont alors levé les barres mobiles pour augmenter la puissance. Mais là, à la suite d'un défaut de fabrication, l'eau a rempli l'espace qu'avaient occupé les barres. La puissance est montée en flèche et l'eau est entrée en ébullition. Une radiolyse de l'eau a commencé à se produire, ce qui a provoqué la formation d'un mélange détonant d'oxygène et d'hydrogène. Ces premières petites explosions ont éjecté entièrement les barres mobiles destinées à arrêter le réacteur en cas de panne, le réacteur n'était donc plus contrôlable. En cinq secondes, sa puissance a augmenté de cent fois ! Les « expérimentateurs » ont alors essayé d'enfoncer de nouveau les barres, mais trop tard. Une immense explosion s'ensuivit[3].

L'explosion est si forte que la dalle de 1 000 tonnes de béton située au-dessus du bâtiment est projetée dans les airs, retombant inclinée sur le cœur du réacteur, qui s'entrouvre alors. Un gigantesque incendie se déclare. Plus de 100 tonnes de combustibles radioactifs entrent en fusion. Un immense faisceau de lumière aux reflets bleuâtres monte du cœur du réacteur, illuminant l'installation dévastée, plongée dans l'obscurité.

Viktor Petrovitch Brioukhanov est réveillé à 1 h 30 du matin. Pour tenter d'éteindre l'incendie, il fait

---

3. Propos de Vassilii Nesterenko présentés et traduits par Galia Ackermann, dans G. Grandazzi, F. Lemarchand (dir.), *Les Silences de Tchernobyl*, Autrement, 2004, p. 14-26.

appel à une simple équipe de pompiers de la ville de Pripiat (45 000 habitants), située à 2-3 kilomètres de la centrale. Le directeur téléphone au ministère de l'Énergie, à Moscou, vers 4 heures du matin. Il se veut rassurant, affirme que « le cœur du réacteur n'est probablement pas endommagé ».

Avec un équipement dérisoire, sans aucune protection spécifique, quelques dizaines de pompiers s'efforcent de maîtriser l'incendie, comme s'il s'agissait d'un feu ordinaire. Au petit matin, celui-ci est circonscrit. Mais le cœur nucléaire du réacteur endommagé et le graphite continuent de se consumer, dégageant dans l'atmosphère une très forte radioactivité. Les pompiers, gravement irradiés, sont évacués vers l'hôpital local, puis, leur état empirant, acheminés vers Moscou, où la plupart meurent, dans d'atroces souffrances, au cours des jours suivants[4].

Ce n'est qu'après l'extinction de l'incendie engendré par l'explosion que la direction de la centrale prend enfin conscience de la gravité de la situation : le cœur du réacteur est atteint ! Mais personne, parmi le personnel de la centrale, ingénieurs, techniciens, cadres dirigeants compris, n'a jamais été préparé à faire face à une situation pareille. La panne la plus grave envisagée par les constructeurs était une rupture du système principal de refroidissement !

Brioukhanov n'ordonne, dans l'immédiat, aucune évacuation. Or, au moment de l'explosion, plus de

4. Sur le calvaire des pompiers atteints d'irradiation aiguë, le « mal des rayons », lire les terribles témoignages recueillis par la journaliste biélorusse Svetlana Alexievitch dans *La Supplication*.

deux cents employés travaillaient à la centrale, et plusieurs centaines d'ouvriers s'affairaient à la construction des cinquième et sixième réacteurs. Dans la matinée du 26 avril, les alentours de la centrale grouillent de pompiers et de militaires appelés en renfort. En ce samedi matin, les habitants de Pripiat vaquent tranquillement à leurs occupations. Près de neuf cents élèves, âgés de 10 à 17 ans, participent même au « marathon de la paix » qui, de Pripiat au village de Kopachy, distant de 7 kilomètres à peine du réacteur dévasté, fait le tour de la centrale !

Entre-temps, à Moscou, une commission gouvernementale est mise sur pied. Quelques-uns de ses membres prennent l'avion pour Tchernobyl. Valeri Legassov, un haut responsable du nucléaire soviétique, témoigne :

> En nous approchant de Tchernobyl, dans la soirée du 26 avril, nous fûmes frappés par la couleur du ciel. À une dizaine de kilomètres, une lueur cramoisie dominait les environs. Pourtant, les centrales nucléaires ne rejettent habituellement aucune fumée. Mais ce jour-là, l'installation ressemblait à une usine métallurgique surmontée d'un épais nuage assombrissant la moitié du ciel. Les responsables étaient perdus, paralysés. Ils ne savaient où donner de la tête et n'avaient reçu aucune directive. Les employés des trois autres blocs atomiques de la centrale n'avaient toujours pas quitté leur poste. Personne n'avait pris soin de débrancher la ventilation intérieure et les radioéléments s'étaient répandus à travers toutes les installations de la centrale[5].

5. V. Legassov, « Mon devoir est d'en parler », *Pravda*, 20 mai 1988. Ce texte, posthume, fut publié un an après le suicide de

Le chef de la commission gouvernementale, Boris Chtcherbina, l'un des vice-présidents du Conseil des ministres de l'URSS, arrivé sur place vers 21 heures, décide enfin d'ordonner l'évacuation, à partir du surlendemain, 28 avril, 14 heures, de la population dans un rayon de 30 kilomètres autour de la centrale, et de faire appel à l'armée de l'air pour tenter d'ensevelir le cœur du réacteur nucléaire en fusion sous du sable et d'autres matériaux.

Quinze jours de combat contre le feu

Il faudra quinze jours à des équipes spécialisées pour étouffer la réaction nucléaire en déversant, depuis des hélicoptères, plusieurs milliers de tonnes de sable, d'argile, de plomb, de bore – qui a la propriété d'absorber les neutrons –, de borax et de dolomite[6]. Plus de mille pilotes participèrent à ces opérations menées à bord d'hélicoptères militaires gros-porteurs.

Atteindre le cœur du réacteur – un objectif d'une dizaine de mètres de diamètre – depuis une hauteur de 200 mètres était une tâche ardue. Il fallait faire très vite : à cause de la formidable radiation qui se dégageait du réacteur en fusion (1 500 rems[7] à

---

son auteur, désespéré par la façon dont l'accident de Tchernobyl avait été géré par les autorités soviétiques.

6. Carbonate naturel de calcium et de magnésium.

7. Soit 3 000 fois plus que la dose maximale tolérée en France par an pour une personne. Le rem est une unité de mesure d'équivalent de dose de rayonnement ionisant.

200 mètres de hauteur !), les pilotes ne pouvaient pas rester plus de 8 secondes à la verticale du réacteur. Les premiers jours, les deux tiers des largages manquèrent leur cible. En chutant, les gros paquets de sable explosaient sous l'effet de la chaleur. Les jours passant, les ratés se firent plus rares. Le 30 avril, 160 tonnes de sable, mélangé à de l'argile pour former une masse plus compacte, furent ainsi jetées sur le cœur nucléaire en fusion. Les radiations chutèrent brusquement. Mais, le lendemain, on s'aperçut que le sable avait fondu et que les rejets de radionucléides avaient repris de plus belle.

On décida alors de déverser d'énormes paquets en grosse toile de parachute contenant des centaines de lingots de plomb, de la dolomite et du bore. Mais une nouvelle menace se profila. Les fondations de la centrale montraient des signes d'affaissement. Il fallait les renforcer pour empêcher le combustible nucléaire fondu de pénétrer massivement dans les sols. Des centaines de mineurs du Donbass furent appelés en renfort pour creuser un boyau de 170 mètres de long jusque sous le réacteur. On injecta de l'azote liquide pour aider le cœur du réacteur à refroidir, prévenir une nouvelle explosion et protéger la nappe phréatique.

Comme les équipages des hélicoptères, les mineurs et toutes les personnes présentes sur les lieux reçurent – on s'en doute – des doses très fortes d'irradiation.

Le 6 mai, l'émission de radiations chuta fortement, pour atteindre 150 rems. Le combat, néanmoins, n'était pas gagné. Valeri Legassov témoigne :

Le 9 mai, le monstre avait apparemment cessé de respirer, de vivre. Nous nous apprêtions à fêter la fin des opérations, qui coïncidait justement avec le jour anniversaire de la victoire sur l'Allemagne nazie. Mais un nouveau foyer s'est déclaré. On ne savait plus ce qu'il fallait faire. On ne savait pas ce que c'était. Cela ressemblait à une masse incandescente composée de sable, d'argile et de tout ce qui avait été jeté sur le réacteur. On se remit au travail et on jeta encore 80 tonnes supplémentaires sur le cratère fumant[8].

250 000 personnes évacuées

En même temps que l'on tentait d'éteindre la combustion du réacteur, on procédait à l'évacuation de la population. Le général Berdov, en charge de l'opération, fit venir 1 200 autobus de Kiev. Les 45 000 habitants de Pripiat furent évacués en premier, dans l'après-midi du 28 avril. Ils ne furent avertis de leur départ que quelques heures plus tôt, par la radio locale. « Ne prenez que le strict nécessaire : de l'argent, vos papiers et un peu de nourriture. Aucun animal domestique. Vous serez vite de retour. Dans deux ou trois jours. »

Dans la soirée, les évacués arrivèrent dans la région rurale de Polesskoïe, distante d'à peine une cinquantaine de kilomètres au sud-ouest. On les « installa » chez les paysans du coin. Tous les bâtiments d'exploitation (granges, hangars, étables) furent réquisitionnés. Nombreux étaient ceux qui souffraient déjà de nausées et de diarrhées, premiers signes d'une forte

---

8. V. Legassov, *op. cit.*

irradiation. Or, dans ces villages, aucune assistance médicale n'était disponible. Comble de l'absurde : la région de Polesskoïe était elle-même fortement contaminée !

Pour tenter d'éviter que les évacués ne se sauvent, ordre fut donné à chacun de pointer quotidiennement à l'administration locale, comme devaient le faire les déportés sous Staline. Des cordons de police furent déployés sur les routes et les voies ferrées pour intercepter les fuyards. Nonobstant tous les obstacles, des milliers de personnes s'enfuirent pour rejoindre Kiev ou une autre grande ville, amplifiant la rumeur sur la catastrophe qui venait de se produire.

Dans les premiers jours de mai, l'évacuation s'amplifia : près de 100 000 personnes, habitant dans une zone d'une trentaine de kilomètres autour de la centrale, furent évacuées à leur tour. Pour la plupart, simples kolkhoziens n'ayant jamais quitté leur village, ce déplacement forcé, qui faisait remonter chez les plus âgés les souvenirs du grand exode de l'été 1941, constitua un profond traumatisme.

Les évacuations se prolongèrent jusqu'au mois d'août, après que les législateurs soviétiques eurent défini quatre « zones de contamination » : la « zone d'exclusion », d'un diamètre de 30 kilomètres autour de la centrale, où l'on avait enregistré une activité en césium 137[9] supérieure à 1 480 kilobecquerels (kBq) au mètre carré ; la « zone d'évacuation », présentant une contamination en césium 137 supérieure à 555 kBq au mètre carré ; enfin, deux zones, un peu

9. Le césium est un métal alcalin, rare et toxique. L'isotope 137 est un produit de fission radioactif.

moins contaminées (185-555 kBq/m^2 et 37-185 kBq/m^2[10]), où les populations bénéficiaient d'un statut socio-économique privilégié (suivi médical des habitants, approvisionnement, « primes de risque », etc.).

Au total, quelque 250 000 personnes furent, en trois mois, évacuées des trois premières zones. En un an, une nouvelle ville, Slavoutitch, à une soixantaine de kilomètres de la centrale, sortit de terre. Fin 1987, elle comptait déjà plus de 30 000 habitants. De nombreux occupants des zones contaminées furent également relogés dans des banlieues de Kiev. Le gouvernement octroya à chaque évacué des indemnités : 4 000 roubles, soit un an environ de salaire moyen, par adulte et 1 500 roubles par enfant.

Gorbatchev et la sortie du silence

Suivant un vieux réflexe ancré dans la pratique du secret, au cœur du fonctionnement du système soviétique, les autorités tentèrent de cacher, puis de minimiser la catastrophe. Ce « complot de l'ignorance et du corporatisme » (Vassilii Nesterenko) aggrava considérablement les conséquences de l'accident nucléaire. « La commission gouvernementale, raconte Mikhaïl Gorbatchev dans ses *Mémoires*, nous fit parvenir son premier rapport le 27 avril. Accompagné d'un luxe de précautions oratoires, il s'agissait d'un constat préalable qui ne donnait aucune conclusion. Il y était question d'une explosion, de la mort de deux

10. Rappelons qu'en France, les niveaux normaux de radioactivité sont de l'ordre de 1 à 5 kBq/m^2 !

hommes, de l'hospitalisation de certaines personnes pour observation, des mesures prises pour circonscrire l'incendie et de l'arrêt des trois autres tranches de la centrale[11]. » Les médias soviétiques gardèrent le silence trois jours durant.

L'alerte qu'une catastrophe nucléaire avait eu lieu fut donnée d'abord par la Suède. Le lundi 28 avril au matin, les employés de la centrale de Forsmark subissent un contrôle de routine. On constate une hausse générale de la radioactivité. Le site est immédiatement évacué. Rapidement, les autorités suédoises réalisent que la fuite ne provient pas de leur centrale et, en étudiant les vents et les particules trouvées, ils en déduisent que la contamination radioactive provient d'URSS. L'AFP informe la planète, dans l'après-midi du 28 avril, que « des niveaux de radioactivité inhabituellement élevés ont été apportés vers la Scandinavie par des vents venant d'Union soviétique ».

L'agence officielle soviétique TASS ne réagit que 24 heures plus tard. Elle reconnaît « un accident de gravité moyenne survenu à la centrale nucléaire de Tchernobyl, en RSS d'Ukraine ». Au cours des jours suivants, les médias occidentaux bruissent de rumeurs les plus alarmistes, invérifiables car la zone de Tchernobyl a été totalement bouclée. Les journalistes occidentaux en poste en URSS essaient de se rendre à Kiev et tentent d'interviewer, dans les gares de la capitale ukrainienne, des évacués de Tchernobyl. Commence une guerre des images, obtenues par divers satellites occidentaux, militaires et civils.

---

11. M Gorbatchev, *op. cit.*, p. 249.

Après quelques jours d'hésitation, Mikhaïl Gorbatchev décide d'exploiter politiquement l'événement en promouvant une campagne de « transparence » (*glasnost*), première étape de ce qui deviendra une véritable révolution des esprits. Il utilise l'accident comme « un nouvel argument fort en faveur de réformes profondes » face au clan conservateur qui, dans les semaines qui ont suivi le XXVIIe congrès du Parti (25 février-6 mars 1986), s'organise autour de « poids lourds » du Politburo tels qu'Egor Ligatchev ou Andreï Gromyko.

Le 14 mai, Mikhaïl Gorbatchev parle longuement à la télévision, quarante-cinq minutes durant, de la catastrophe nucléaire. Il rejette les accusations de rétention volontaire des informations portées par les médias occidentaux, mais reconnaît aussi que, dans les premiers jours, lui-même et la direction du Parti n'avaient pas une idée claire de la dimension de la catastrophe : « Ni les politiques ni même les scientifiques n'étaient préparés à saisir la portée de cet événement. »

Cette intervention télévisée est ressentie, en URSS mais aussi dans le monde entier, comme le signe spectaculaire que les habitudes soviétiques de censure de l'information sont en train de changer. Pour la première fois, avec un ton nouveau, un dirigeant soviétique reconnaît publiquement une catastrophe majeure et ne dissimule pas le fait qu'elle révèle de graves problèmes mettant en cause le système politico-économique lui-même. Il annonce aussi que « le combat pour la liquidation des conséquences de l'accident nucléaire ne fait que commencer ».

Le combat des « liquidateurs »

L'appel de Gorbatchev du 14 mai 1986 marque le début d'une intense campagne de mobilisation. En deux ans (été 1986-été 1988), près de 700 000 personnes participent, en se relayant, aux immenses opérations d'évacuation et de décontamination des zones les plus touchées par la radioactivité.

Qui étaient ces « liquidateurs » ? On peut, *grosso modo*, distinguer deux groupes. Des militaires, en majorité : des appelés du contingent, de simples soldats jetés dans la bataille sans explications, ni préparation, ni combinaisons de protection[12]. Il y avait aussi des civils, volontaires, beaucoup de jeunes attirés par des primes de quelques milliers de roubles, ou par la promesse d'obtenir un logement ou une voiture.

Deux tâches principales les attendaient : sur le site même de la centrale, ériger, au-dessus du réacteur nucléaire accidenté, une immense structure de béton et d'acier, un « sarcophage » ; dans les zones contaminées, enterrer tout ce qui avait été contaminé dans de gigantesques fosses.

La construction du sarcophage dura six mois. Son utilité était d'éviter la dispersion dans l'environnement des particules radioactives qui continuaient à se dégager du réacteur. Il devait aussi empêcher l'eau de pluie de pénétrer à l'intérieur du réacteur, aggra-

12. Et non pas, comme l'écrit M. Gorbatchev dans ses *Mémoires*, « des troupes de protection chimique, équipées du matériel nécessaire ».

vant ainsi la contamination des sols, et permettre de poursuivre l'exploitation de la troisième unité de la centrale, mitoyenne de l'unité accidentée.

Le défi technique était immense. Les niveaux, toujours élevés, de radiation interdisaient tout travail rapproché. Dans un premier temps, des murs de béton de 8 mètres de hauteur et de 30 centimètres d'épaisseur furent dressés à plusieurs dizaines de mètres autour du réacteur accidenté. Protégées derrière ces « boucliers », des grues assemblèrent à distance le sarcophage, qui prit la forme d'une immense pyramide tronquée de 66 mètres de haut, 220 mètres de long et 100 mètres de large. Plus de 30 000 liquidateurs se relayèrent, jour et nuit, pendant six mois, sur ce chantier très dangereux.

Une des tâches les plus difficiles fut la pose du toit : des dizaines de poutrelles d'acier de 40 mètres de long recouvertes de béton.

La construction du sarcophage s'accompagna d'une intense campagne de propagande. On vit fleurir les derniers slogans de l'ère soviétique. « Le peuple soviétique est plus fort que l'atome ! », proclamait une immense banderole rouge accrochée au réacteur accidenté. Pour marquer la fin des travaux de déblaiement, il fut décidé d'accrocher le drapeau de l'Union soviétique au sommet de la cheminée d'aération surplombant le réacteur dévasté. Au péril de leur vie, vu la dose de radiation qu'ils allaient recevoir durant leur exploit, le lieutenant-colonel Aleksandr Sotnikov, les sergents Aleksandr Iourtchenko et Valeri Staradounov gravirent, un à un, les échelons métalliques de l'immense échelle de 78 mètres de haut, adossée à la cheminée, portant la hampe et le grand étendard rouge de l'Union soviétique. Une équipe de télévision filmait la scène depuis un hélicoptère. Pareil au drapeau soviétique planté, début mai 1945, sur le toit du Reichstag à Berlin, l'étendard rouge de Tchernobyl devait symboliser la victoire du peuple soviétique dans la guerre contre l'atome.

Une fois le sarcophage achevé, une seconde tâche, beaucoup plus vaste, attendait les liquidateurs : organiser la décontamination des zones les plus contaminées, après les avoir repérées. Ce travail de repérage était, lui-même, particulièrement complexe. En effet, la radioactivité ne se diffuse pas régulièrement, mais s'insinue inégalement en « taches de léopard », variant considérablement d'un endroit à un autre.

Une fois chaque zone délimitée, il faut racler au bulldozer, sur d'immenses étendues, les couches de terre radioactive, puis « enterrer la terre dans la terre », mais aussi enfouir les arbres, les matériaux, les outils contaminés dans des fosses tapissées de feuilles de plomb, raser un grand nombre de constructions et enfouir les gravats. Une tâche titanesque. Dans la seule zone d'exclusion des 30 kilomètres, on a compté plus de 800 immenses fosses-poubelles nucléaires bourrées d'engins de chantier, d'hélicoptères et d'outils souillés.

Autre mission des liquidateurs : abattre les animaux domestiques abandonnés par les personnes évacuées, ainsi que le bétail exposé aux radiations dans les zones d'exclusion et d'évacuation. Au total, les opérations de « liquidation des conséquences de l'accident de la centrale de Tchernobyl » furent officiellement déclarées terminées à la fin de l'année 1988.

Tchernobyl après Tchernobyl

L'évacuation des zones les plus contaminées autour de la centrale de Tchernobyl n'a pas, pour autant, vidé entièrement les lieux ni des hommes qui y travaillaient, ni de la faune qui vivait dans les grandes étendues boisées de cette région. Au fil des années s'est opérée une réappropriation insolite de ce territoire à nul autre pareil.

Tout d'abord, la centrale nucléaire a continué de fonctionner jusqu'en 2000 et n'a été arrêtée par le gouvernement ukrainien qu'à la suite des fortes pressions exercées par l'Union européenne, en particulier, et en échange de contreparties financières. Pendant des années, plus de 10 000 personnes ont continué de travailler dans la zone d'exclusion des 30 kilomètres, regagnant chaque soir ou chaque week-end leur domicile à Slavoutitch ou à Kiev.

En outre, près d'un millier de personnes, en majorité âgées et issues de la campagne, sont revenues, malgré toutes les interdictions officielles, malgré l'absence de toute infrastructure de transport, de santé et de commerce, se réinstaller dans leur village ou leur hameau, situé dans la zone d'exclusion. Ces « revenants », appelés en ukrainien *samosioli* (« colons individuels »), survivent grâce aux produits de leur lopin et de leur basse-cour… et sont devenus de précieux cobayes, dont on analyse attentivement la capacité à résister en milieu irradié.

Les zones évacuées se sont aussi transformées en une terre de trafics en tout genre. Des centaines de milliers d'objets domestiques (électroménager, meubles, vêtements), la plupart fortement irradiés, ont été dérobés, emportés, revendus dans tout le pays. Dans les immensités boisées des zones évacuées s'est développé un vaste trafic de bois de chauffage abattu en toute illégalité.

Sans parler du braconnage. Depuis le départ des hommes, les populations de sangliers, de chevreuils, d'élans, de renards et de loups gris ont connu une formidable croissance. Cet « essor animalier » a d'ailleurs transformé toute la région en un terrain d'observation et d'expérimentation où se pressent zoologues et chercheurs biologistes ukrainiens, russes et étrangers. Mais aussi en un terrain pour passionnés de chasse, surtout étrangers. Le « tourisme nucléaire », scientifique ou cynégétique, fait vivre aujourd'hui quelques agences spécialisées de Kiev.

Vingt ans après, quel bilan ?

Vingt ans après l'accident nucléaire de Tchernobyl, il est toujours très difficile d'en évaluer le coût humain. D'importantes retombées radioactives ont touché un territoire essentiellement rural d'une superficie équivalant au quart de celle de la France. Environ 145 000 km^2 ont été significativement contaminés (concentration en césium 137 supérieure à 37 kBq/m^2), ce qui représente 23 % du territoire biélorusse, 7 % du territoire ukrainien et 0,5 % du territoire russe ! Dans ces régions vivent plus de 4 millions de personnes, dont 300 000 en Russie, 1,6 million en Ukraine et 2,2 millions en Biélorussie, soit un Biélorusse sur cinq.

Il est toutefois très malaisé de dresser un bilan, même approximatif, des doses radioactives reçues par les populations évacuées ou restées sur place, mais aussi par les « liquidateurs ». On sait qu'il existe deux voies d'exposition radiologique : l'une, immédiatement liée à l'explosion, résulte de la présence de particules radioactives dans l'environnement ; l'autre, sur le long terme, est causée par l'ingestion de produits alimentaires contaminés.

Seul le personnel présent sur le site de la centrale au moment de l'explosion, soit 658 personnes, ainsi que les pompiers qui ont combattu, dans la nuit du 26 avril, l'incendie de la centrale, ont subi une irradiation aiguë supérieure à 500 rems. Dans les jours qui ont suivi, 257 de ces personnes ont été hospitalisées dans un service spécial à Moscou, dont 28 sont décédées dans les quinze jours. Si l'on ajoute les trois sauveteurs immédiatement décédés sur les lieux mêmes de la catastrophe, l'accident de Tchernobyl ne fit « officiellement » – selon le chiffre donné longtemps par les autorités soviétiques – que 31 morts. Mais combien de ces « grands irradiés » sont décédés au cours des mois et des années suivants ? Il n'existe aucune donnée statistique fiable sur ce point.

Ont été soumis à de fortes radiations, évaluées entre 40 et 250 rems, plusieurs jours durant, avant leur évacuation, une centaine de milliers d'habitants de Pripiat, de la ville de Tchernobyl, distante de 20 kilomètres, et de dizaines de bourgs et villages situés dans la zone d'exclusion. Des centaines de milliers de personnes résidant dans la zone de contamination ont également reçu de fortes doses de radiations. De même que les quelque 700 000 liquidateurs qui ont travaillé sur les sites contaminés. Enfin, des millions de personnes occupant les zones contaminées ont été aussi exposées à des radiations par ingestion de produits alimentaires contaminés.

Les conséquences des radiations mettent souvent du temps à se déclarer, surtout chez les adultes. Les substances radioactives, notamment le césium 137 et le strontium 90, ont une durée de vie très longue : leur radioactivité ne diminue que de moitié… tous les trente ans. La méconnaissance des doses reçues et le suivi épidémiologique très incomplet des populations exposées et, plus encore, des liquidateurs, dispersés aux quatre coins de l'ex-URSS, rendent impossible une évaluation exacte, par des observations directes, du nombre de décès provoqués par l'accident de Tchernobyl[13].

On a, néanmoins, quelques indications sur un certain nombre de pathologies liées aux radiations, qui se sont développées de manière spectaculaire au cours des vingt dernières années : ainsi les cancers de la thyroïde, du pancréas, de la vessie, et les leucémies sont, en Ukraine et en Biélorussie, deux à trois fois plus nombreux qu'avant l'accident. Les études menées, dans la région de Gomel (Biélorussie) par le Pr Iouri Bandajevsky et son équipe ont démontré l'incidence du césium 137 dans de graves pathologies cardiaques, rénales, endocriniennes et immunitaires, notamment chez l'enfant.

Ces recherches médicales ont toutefois été fortement freinées, voire arrêtées, par les pouvoirs publics,

13. À la fin 2005, un bilan effectué par huit institutions de l'ONU (l'OMS, le Pnud, la FAO, etc.) a évalué que 4 000 personnes avaient dû mourir des suites de l'accident.

tout particulièrement dans la Biélorussie d'Aleksandr Loukachenko. Le Pr Bandajevsky, pour ne prendre que cet exemple, a été arbitrairement poursuivi et condamné à 8 ans de prison parce que ses recherches mettaient en cause la politique de santé gouvernementale, notamment l'absence de toute politique de prévention face à la contamination alimentaire, et, plus grave encore, pointaient l'affectation inefficace et le détournement des aides internationales[14].

En Biélorussie, les incidences de la catastrophe de Tchernobyl sont systématiquement minimisées. En Ukraine, au contraire, la tendance, durant des années, a été inverse : l'inflation du nombre de victimes et de malades a parfois constitué un argument dans le marchandage d'aides européennes et internationales.

Il est difficile de conclure sur un tel sujet. Tchernobyl, première catastrophe nucléaire civile majeure qu'ait connue l'humanité, demeure en effet non seulement un événement inédit, mais un événement inachevé, impossible à circonscrire, dont les conséquences se déploient dans une temporalité et des lieux indéterminés. Un événement qui appartient au futur. Une catastrophe inépuisable, dans ses dimensions anthropologique, symbolique, philosophique.

Avec Tchernobyl, c'est la nature même de la catastrophe qui a changé. Ici, pas de villes détruites, ni de champ de bataille. « Tchernobyl est comme un arbre qui pousse », dit une villageoise biélorusse interviewée par Svetlana Alexievitch pour son livre *La Supplica-*

---

14. Cf. M. David-Jougneau, « Semmelweis, Bandajevsky : des savants victimes de la répression scientifique », in G. Grandazzi, F. Lemarchand (dir.), *op. cit.*, p. 106-118.

tion. Pour les habitants des territoires contaminés, la présence invisible, obsédante et irrémédiable de la contamination, l'appréhension des risques liés à la vie quotidienne au sein d'un environnement contaminé, restent impensables : « On nous demande si nous avons peur. Mais nous ne connaissons pas cette peur dont on nous parle, elle n'est pas inscrite dans notre mémoire. Je sais ce qu'est la peste, le choléra, la guerre. Mais qui sait ce qu'est Tchernobyl ? »

Cette totale absence de repères, d'expériences, de références mobilisables, ne permet pas aux victimes de cette catastrophe sans pareille d'envisager des capacités d'action pour améliorer leur situation, elle ne semble même pas autoriser l'expression de sentiments, qui restent confinés dans le registre de l'indicible – tel est bien le terrible constat qui se dégage des centaines de témoignages recueillis par Svetlana Alexievitch.

CHAPITRE 21

URSS : les mécanismes de la corruption

L'HISTOIRE : *Nicolas Werth, lors de la tentative de coup d'État du 19 août dernier en URSS, le premier des putschistes, Guennadi Ianaev, a lancé un « appel au peuple » invitant celui-ci à lutter contre la corruption. Il faut donc croire que tous les Soviétiques ont conscience de l'ampleur du mal qui ronge le système communiste de l'intérieur. Alors, la corruption est-elle entrée dans les mœurs ?*

NICOLAS WERTH : Lorsqu'ils ont pris le pouvoir, Iouri Andropov et Mikhaïl Gorbatchev ont, en leur temps, tenu le même genre de propos. La population soviétique estime actuellement que la corruption est responsable de tous les maux du pays, et les dirigeants le savent. Ils diffusent donc un discours populiste qui fustige les pratiques coupables des hommes politiques, et valorise en retour l'honnêteté du petit peuple. Je vous rappelle que, déjà, les bolcheviks, puis Staline, utilisaient ces arguments. Andropov n'a fait que renouer avec une tradition du communisme.

Comment expliquez-vous que le système soviétique soit à ce point corrompu ?

Sans aller jusqu'à dire, avec le soviétologue Michel Heller, que dans un régime où tout appartient à l'État, la corruption elle-même prend un caractère totalitaire, force est de constater qu'en Union soviétique, elle plonge ses racines dans la structure même des rapports sociaux : le mal vient de la confusion entre le politique et l'économique. Toutes les ressources nationales – terres, usines, transports, commerces et services – étant propriété de l'État, donc sous le contrôle de ses représentants, l'absence, jusqu'à ces dernières années, de tout contre-pouvoir ne pouvait que favoriser l'apparition de potentats locaux. Le pouvoir central a parfois lutté contre ces puissances périphériques, notamment dans les années 1930-1940 ; parfois, il a fermé les yeux, tant que les bilans économiques étaient apparemment satisfaisants (c'est le cas des années brejnéviennes, entre 1964 et 1982).

Comment, concrètement, s'est installée cette économie parallèle ?

Elle est la conséquence de l'économie planifiée et d'une pénurie chronique : d'où l'émergence d'un marché noir, source de revenus considérables pour des groupes de trafiquants plus ou moins structurés. Mais la limite a toujours été floue entre le légal et l'illégal. Sans « arrangements », sans combines, la machine ne pouvait fonctionner, le système de planification reposant sur le principe du bras de fer permanent entre le centre et les instances subordonnées. Les administrés intriguent pour se faire imposer les quotas de production les plus bas possibles, et se faire attribuer les ressources les plus importantes. Les faibles quotas permettent de remplir, voire de dépasser, le plan et de toucher une prime. Les ressources excédentaires constituent une monnaie d'échange pour se procurer des équipements ou des matières premières.

Ce qui suppose, bien sûr, des complicités…

Depuis les années 1930, les directeurs d'entreprise, contraints de remplir le plan, se sont mis à ne plus respecter les règles du jeu. Ils disposaient, dans les administrations, d'un réseau de *tolkatchi* (littéralement, de « poussoirs ») qui faisaient avancer les dossiers. Ils entretenaient avec leurs collègues des relations clandestines, afin d'échanger leurs surplus et de s'accorder des crédits mutuels, malgré l'interdiction.

Pourtant, à leur arrivée au pouvoir, en 1917, les bolcheviks avaient pourchassé les auteurs de « crimes économiques ».

La corruption apparaissait alors comme un héritage du tsarisme. Il fallait purger les administrations de leurs éléments « passifs, alcooliques, carriéristes et corrompus ». Le 21 octobre 1919, le Conseil des commissaires du peuple établit par décret un tribunal révolutionnaire spécial dépendant de la Tchéka, chargé de juger les fonctionnaires qui, dans l'exercice de leurs fonctions, portaient atteinte à la « propriété socialiste ». De novembre 1919 à mars 1920, ce tribunal prononça plusieurs centaines de condamnations à mort. Néanmoins, les purges générales du Parti de 1919, de 1921 et de 1929, comme les contrôles effectués dans certains secteurs jugés idéologiquement peu sûrs – les cellules rurales, notamment – ont révélé que les nouveaux bureaucrates d'origine populaire n'étaient pas en reste en matière de pots-de-vin ou d'abus de pouvoir.

La NEP, « nouvelle politique économique » instaurée en 1921, a provisoirement reconnu l'existence d'un secteur privé. A-t-elle favorisé la corruption ?

La corruption de l'époque traduisait, en réalité, le malaise d'une société dans laquelle coexistaient deux hiérarchies : l'une, déclinante, celle des *nepmen,* fondée encore sur la richesse ; l'autre, en plein essor, déterminée par la place occupée dans l'appareil d'État et le Parti. Dans les campagnes où il était d'usage d'« arroser » les représentants du pouvoir, quels qu'ils fussent, le président du soviet ou le secrétaire local du Parti reçurent des dons que la population destinait auparavant aux fonctionnaires tsaristes.

Y eut-il à l'époque des scandales retentissants ?

Le plus célèbre fut celui de Smolensk qui, en 1928, révéla la corruption générale de l'organisation du Parti de cette ville. L'appareil fut purgé de plus de la moitié de ses cadres, accusés d'avoir laissé libre cours à l'enrichissement illégal des *nepmen* et des koulaks (les paysans « aisés »).

Ce qui n'allait pas sans arrière-pensées politiques…

En effet. À cette époque, la direction du Parti tâchait de discréditer la politique pro-koulak du courant « droitier » dirigé par Boukharine. Staline voulait revenir à la « pureté révolutionnaire » trahie par la NEP.

Les trois âges de la corruption

Ce qui n'a pas empêché les tricheurs de gagner en influence ?

Certes. Mais il ne faut pas confondre, de ce point de vue, la période stalinienne avec ce que nous vivons aujourd'hui. Il faut en effet, quand on parle du développement de la corruption dans le système soviétique, bien distinguer trois phases : 1) avant l'établissement de la NEP, on a vu se perpétuer une corruption que l'on pourrait qualifier d'« ancien régime » ; 2) sous Staline, les bases économiques d'une corruption à grande échelle ont été posées, avec l'instauration de la planification. Mais, du fait des purges massives dans l'appareil du Parti, de l'instabilité des carrières, de la répression menée par le pouvoir central à l'égard des potentats locaux, les réseaux d'une corruption proprement politique n'ont pu se mettre en place ; 3) l'ère brejnévienne, entre 1965 et 1980 principalement, a été l'âge d'or de la corruption, marquée par une consolidation des nomenklaturas locales et l'apparition de véritables mafias politico-économiques.

Mais, sur le plan strictement économique, il y a bien une permanence : c'est toujours selon le même processus, qui a perduré jusqu'à nos jours, que se font les trafics. Dans un premier temps, les chefs d'entreprise falsifient leur production réelle en déclarant à l'État qu'ils sont prêts à livrer plus de marchandises que le Plan ne le prévoyait, ce qui permet de toucher les primes octroyées aux unités modèles. Plus lucratif encore : en falsifiant les chiffres, on peut vendre une production inexistante. Comme toutes les transactions se traitent sur le papier, il est relativement simple de gonfler des résultats réels pour recevoir des versements correspondant à une production fictive.

Le pouvoir a donc laissé faire ?

Il a fait davantage : il a institué un système de rémunérations occultes versées à tous les cadres dirigeants de l'économie en plus de leur traitement, et distribuées dans des enveloppes spéciales. Ce n'était ni plus ni moins qu'une corruption institutionnalisée. Il s'agissait d'empêcher ces dirigeants de succomber aux charmes de la corruption ordinaire, leur salaire légal étant insuffisant pour leur permettre d'avoir un train de vie convenable. Maintenus comme une « mesure extraordinaire » pendant la Seconde Guerre mondiale, ces « versements spéciaux » ne furent abolis qu'en 1956, sous Khrouchtchev. Mais on créa aussitôt d'autres privilèges, comme ces magasins spéciaux où seuls les hauts fonctionnaires pouvaient acheter ou se faire livrer à très faible coût, voire gratuitement, des articles introuvables ailleurs.

Lorsque Staline meurt, en 1953, les apparatchiks ne craignent-ils pas que le vent tourne ? Ou, au contraire, voient-ils en Khrouchtchev l'homme qui a besoin d'eux pour asseoir son autorité ?

Après Staline, tout concourt à l'éclosion d'un véritable âge d'or de la corruption : une nomenklatura sûre de son impunité, les immenses possibilités de prévarication offertes par le système, le relâchement des contrôles qui favorise la reconstitution des « cercles de famille »... Néanmoins, par son approche populiste des problèmes, Nikita Khrouchtchev fut, à sa manière, un révélateur de scandales. En novembre 1962, il réclame devant le Comité central une action plus énergique afin de « mettre fin au bluff, au gonflement, à la concussion, à la dilapidation et au saccage des biens de l'État ». Et de citer 140 cas de faux en écriture et de corruption au premier trimestre 1962 pour la seule région de Kalinine (à 200 km au nord-ouest de Moscou) et 116 cas semblables dans la région de Zaporojie, en Ukraine. Il dénonça également les entrepreneurs privés du textile en Ouzbékistan, qui n'avaient pu monter leur affaire qu'avec la complicité, « sinon à l'instigation », de l'appareil local du Parti. Ces révélations sont relayées par la presse. En février 1961, la *Pravda* leva le voile sur la corruption triomphante en Azerbaïdjan : les directeurs de kolkhoze y versaient chaque année 5000 roubles au premier secrétaire du *raikom* (comité de district) pour conserver leur place. Quant à celui-ci, il lui fallait payer dix fois plus cher le tribunal local, le secrétaire de l'*obkom* (comité régional) et les différents secrétaires du comité central de la République. La chaîne de la corruption était continue, calquée sur l'organisation du Parti. Le mois suivant, c'est un autre scandale administratif de grande envergure qui fut dénoncé : toutes les statistiques agricoles des terres vierges du Kazakhstan (les livraisons de blé, de viande, de laine et de lait à l'État) étaient faussées depuis 1955. Durant la seule année 1938, 300 000 quintaux de blé avaient été purement et simplement « inventés » dans cette région et des dizaines de millions de têtes de bétail n'existaient que sur le papier. On devait apprendre un peu plus tard qu'en

1961-1962, 160 auteurs de « crimes économiques » avaient été exécutés.

Et, pendant ce temps, le secteur privé prospérait ?

L'un des plus gros scandales de cette époque porta sur une fabrique clandestine de vêtements, installée en plein centre de Moscou. Ses propriétaires avaient trouvé les ouvriers et les protecteurs dont ils avaient besoin. Ils avaient pu se procurer un outillage complet et avaient poussé l'audace jusqu'à faire enregistrer leurs opérations le plus régulièrement du monde par la Banque d'État. Ces entrepreneurs étaient en relation avec pas moins de 78 entreprises, toutes officielles. L'affaire avait bénéficié de l'appui de Galoutchko, premier secrétaire du Parti d'un important arrondissement de Moscou. Il fut pris sur le fait au moment où il touchait un dessous-de-table de 35 000 roubles. À la question du juge : « Quelles raisons vous ont poussé à ce crime ? », Galoutchko fit cette réponse : « La peur du lendemain... » Réponse révélatrice de la mentalité des dirigeants de cette époque. Si la première génération croyait encore à la « dignité communiste », si la seconde aspirait à des privilèges accordés par un État tout-puissant, la troisième ne croyait plus en rien et avait compris que seule la bonne vieille propriété privée pourrait la mettre à l'abri du besoin.

Khrouchtchev a cependant essayé de mettre un terme à cette économie parallèle. Sa destitution, en 1964, n'est-elle pas une revanche des nantis du régime qui se sont sentis menacés ?

C'est un fait que sous Brejnev, et plus particulièrement entre 1965 et 1980, les dirigeants locaux du

Parti, constitués en une véritable caste, ont pu trafiquer en toute impunité. Cette période a vu l'apogée d'une « féodalité soviétique », contre laquelle Staline puis Khrouchtchev avaient voulu lutter. C'est dans les fiefs de ces « barons » du communisme qu'allaient fleurir d'innombrables affaires, la plupart étouffées, certaines révélées, mais plusieurs années après les faits.

L'État brejnévien n'a donc eu aucune velléité de répression ?

Devant l'extension du phénomène, le Comité central finit par adopter, en septembre 1980, une série de mesures destinées à réprimer les aspects les plus criants de la corruption. Ces dispositions furent communiquées aux organisations locales du Parti sous la forme d'une circulaire confidentielle. Le Kremlin se rendait compte que le problème était tel qu'il valait mieux s'y attaquer le plus discrètement possible, en « traitant » les affaires notoires, quitte à ignorer les autres. Outre le KGB, dirigé par Iourii Andropov, qui s'occupait davantage de la dissidence que des délits économiques, existaient toutefois de nombreux services spécialisés au ministère de l'Intérieur et au cabinet du procureur général de l'Union soviétique. Le plus connu était le « Département de lutte contre l'atteinte à la propriété socialiste » (OBKHSS). Mais, comme sous Staline ou Khrouchtchev, la campagne contre la corruption de 1980-1982 masquait, en fait, des affrontements politiques. Elle permettait de déstabiliser tel ou tel dirigeant et surtout d'insuffler au Parti, « corrompu par des brebis galeuses, mais foncièrement incorruptible », une nouvelle légitimité.

Pouvez-vous nous parler de quelques-unes de ces « brebis galeuses » ?

Les dernières années de « l'ère » Brejnev furent marquées par plusieurs scandales. On peut citer celui du « service de Catherine II » : un membre du Bureau politique, Romanov, avait « emprunté » au musée de l'Ermitage à Leningrad – et jamais restitué – cette vaisselle inestimable, à l'occasion des noces de sa fille. Citons aussi le scandale de l'OVIR (Bureau de l'émigration) de Moscou, dont le président faisait payer en devises les visas d'émigration pour les Juifs. Plusieurs centaines d'officiels du Parti y furent impliqués.

Quant à l'« affaire du caviar », elle touchait le sommet de la hiérarchie.

En effet. Découverte en 1980, elle durait en fait depuis dix ans, assurant à des centaines de hauts fonctionnaires des millions de roubles et, surtout, de devises. Le réseau, opérant depuis Astrakhan, était composé de capitaines de dizaines de bateaux de pêche et de cadres de plusieurs usines de conditionnement de caviar. Ceux-ci faisaient mettre en boîte du caviar noir dans des conserves portant l'étiquette « harengs ». Ces boîtes étaient expédiées par bateau à l'étranger, où la marchandise était reconditionnée dans de petites boîtes de caviar et vendue comme telle. En Union soviétique, ces boîtes de « harengs » étaient vendues pour du caviar à des directeurs de restaurant, la différence de prix ne figurant sur aucun registre. Ichkov, le ministre de la Pêche, était impliqué dans le scandale ; l'un de ses adjoints se trouvait à la tête de la filière. Le président du conseil municipal de la station balnéaire de Sotchi s'occupait du compte bancaire étranger de cette organisation. Arrêté, il révéla la participation de Medounov, premier secrétaire de l'*obkom* de Krasnodar et ami de longue date de Leonid Brejnev. Celui-ci intervint personnellement pour empêcher la poursuite de l'enquête.

Brejnev lui-même a-t-il été directement impliqué dans certaines de ces affaires ?

Il l'a été au premier chef dans l'affaire dite « des diamants », qui mit en cause sa propre fille, Galina, son gendre, Tchourbanov, par ailleurs vice-ministre de l'Intérieur, l'amant de Galina, Bouriata, artiste du cirque de Moscou, et Kolevatov, autre proche ami de la famille, qui, en tant que responsable du Soyouzgostsirk, l'administation centrale du cirque, avait sous sa juridiction plus de 20 000 personnes effectuant de fréquentes tournées à l'étranger. Ce qui était source de juteux trafics. Tous ces gens étaient mêlés à toutes sortes de vols sordides et à des spéculations sur des bijoux et des matières premières. Vous pensez bien que les arrestations de Bouriata, de Kolevatov et d'un autre ami intime de Galina, directeur du plus célèbre magasin d'alimentation de Moscou, ne relevèrent pas de la simple anecdote mondaine. À travers ces péripéties, on pouvait lire, en filigrane, la lutte acharnée que se livraient le KGB, l'armée et le Parti pour contrôler l'après-Brejnev. Jusqu'alors, le KGB s'était toujours plié à la règle tacite selon laquelle on n'arrêtait pas un haut dignitaire ni aucun membre de sa famille sans l'autorisation préalable du Politburo ou du Comité central. En transgressant cette loi, le KGB, qui avait à sa tête, je vous le rappelle, Iouri Andropov, le futur maître du Kremlin, mettait en branle un processus lourd de conséquences. D'ailleurs, aussitôt après la mort de Brejnev et son remplacement par Andropov, la presse se mit à évoquer abondamment la corruption des hauts fonctionnaires. Le 11 décembre 1982, la *Pravda* publia, fait inhabituel, le compte rendu de la dernière réunion du Bureau politique consacrée à la « discussion de nombreuses lettres d'ouvriers et de paysans mécontents de la dégradation du travail, de la falsification des statistiques, des détournements de fonds et autres violations de la légalité et de la justice ». Le grand public en était arrivé à croire que les pénuries étaient organisées par les hiérarques qui, eux, s'approvisionnaient largement en produits de haute qualité par le biais des magasins affectés à leur seule clientèle.

Épidémie de suicides au sommet

Quel a été l'impact de cette campagne sur les « parrains » haut placés et le plus souvent impunis ?

En l'espace de deux ans (fin 1982-début 1983), à mesure que ces affaires étaient dévoilées à l'opinion, on signala de nombreux cas de suicides (plusieurs dizaines de hauts dirigeants mirent fin à leurs jours), en particulier ceux de Chtchekolov, ancien ministre de l'Intérieur, et de Rachidov, premier secrétaire du Parti en Ouzbékistan. Cette hécatombe s'explique par le simple fait que le décès d'un « chef de clan » entraînait l'arrêt immédiat de l'instruction et de la confiscation des biens. L'enquête concernant la vaste escroquerie sur le coton en Ouzbékistan – on a pu parler de « *cotton connection* » – est tout de même allée à son terme, grâce à l'obstination des fameux juges Gdlian et Ivanov. La fraude, qui porta de 1978 à 1988 sur 4,6 millions de tonnes, s'était développée parce que les producteurs ne parvenaient plus à remplir les objectifs du Plan sans user de subterfuges. Durant vingt-quatre ans de règne absolu, Rachidov dirigea personnellement cette mafia ; il se protégea en reversant une partie des gains à Brejnev en personne sous forme de somptueux cadeaux.

Et là encore, la révélation de certaines complicités a entraîné une succession de morts brutales et de démissions.

Ce sont les révélations de Mouzaffarov, le responsable du « Département de lutte contre l'atteinte à la propriété socialiste » à Boukhara, qui, en août 1983, conduisirent les enquêteurs jusqu'à Rachidov. Le 21 octobre 1983, vingt-quatre ministres et présidents de comités d'État furent arrêtés. Deux d'entre eux furent exécutés, dont le chef du Parti de Boukhara, condamné à mort à la suite d'une perquisition à son domicile qui permit de découvrir une cache contenant plus de 6 millions de roubles en lingots et en pièces d'or. Plus de 3 000 fonctionnaires et plus de 1 000 officiers de police furent révoqués, et 15 000 communistes exclus du Parti. Néanmoins, l'enquête avançait très lentement. Le procès de Mouzaffarov dura huit mois, de septembre 1985 à mai 1986, après plus de deux ans d'instruction. Mais la plupart des témoins, menacés de mort, se désistèrent au dernier moment.

A-t-on vu d'autres républiques entièrement gangrenées, comme l'Ouzbékistan, par la corruption de leurs plus hauts dirigeants ?

Le cas se retrouve en Azerbaïdjan, au Kazakhstan, en Géorgie... Arrêtons-nous à la Géorgie. Les structures sociales y ont offert un terrain propice au développement de la mafia : poids de la solidarité et des obligations mutuelles entre frères, code de l'honneur et loi du silence. On vit se créer des réseaux d'entraide qui fonctionnaient à merveille et qui, impliquant fonctionnaires du Parti et entrepreneurs, mirent sur pied des centaines de sociétés privées. Des fortunes se constituèrent en quelques années. Le plus célèbre de ces millionnaires fut sans doute Otar Lazichvili, un authentique homme d'affaires. Lorsqu'il fut arrêté, il fut prouvé qu'il s'était fait bâtir deux villas avec piscine et qu'il disposait d'un laboratoire clandestin où il mettait au point de nouvelles matières plastiques, le tout à partir de ressources volées dans les stocks de l'État. Les produits Lazichvili, étiquetés « *Made in Italy* », se vendaient dans toute l'Union soviétique. Lazichvili put ainsi, avec l'accord tacite du patron du PC de Géorgie, Mjavanadze, soudoyer l'ensemble du système judiciaire. Il fallut, en 1983-1984, toute la poigne et l'habileté du nouveau premier secrétaire, Edouard Chevardnadze, pour purger, avec l'aide du KGB, les milieux les plus corrompus de la République. Quatre cents hauts fonctionnaires et plus furent arrêtés, et 20 000 simples fonctionnaires limogés en un an. Un pas a donc été franchi ces dernières années : le Parti est véritablement devenu une organisation mafieuse.

À l'arrivée de Gorbatchev, la glasnost *aidant, les révélations se sont bousculées. Mais a-t-on vraiment cherché à combattre la corruption depuis 1985 ?*

Un seul chiffre : entre 1984 et 1990, le chiffre d'affaires de l'économie parallèle a été multiplié par cinq, alors que les structures officielles s'écroulaient. Les coopératives créées en 1988 pour remédier aux pénuries ont, en fait, stimulé les effets pervers du système. Le carcan juridique et bancaire n'ayant pas évolué, et les matières premières et autres produits nécessaires au fonctionnement du secteur privé restant rares, les coopératives ont été contraintes de recourir au marché noir ou d'entrer à leur tour dans le cycle de la corruption. Disposant de ressources importantes en liquide, elles ont été soumises à un racket organisé. Comment, dans ces conditions, les consommateurs exaspérés par des difficultés économiques croissantes et par les prix élevés des coopératives, ne feraient-ils pas le lien entre le secteur privé et les pires illégalités ? Une enquête réalisée en décembre 1990 par le Centre d'études de l'opinion publique montre que, dans l'esprit des citoyens soviétiques, corruption et communisme sont indissociables. 61 % des personnes interrogées considèrent qu'il est « impossible de subsister en URSS sans enfreindre la loi », 64 % que l'économie de marché va, en premier lieu, « profiter » à la mafia. Et, à la question : « Qui, à votre avis, est responsable de l'état de dégradation dans lequel se trouve le pays ? », 58 % ont répondu d'abord « la mafia et la corruption généralisée », très loin devant « le Parti communiste » (36 %).

Que faut-il penser de la « fronde » de certains juges d'instruction qui ont, au début de l'année 1991, présenté à Mikhaïl Gorbatchev un rapport accablant sur la corruption qui régnait dans son entourage, et de leur limogeage quasi immédiat ?

La question est complexe. Il faut se souvenir que le juge Gdlian, qui a pris la tête de cette « fronde », s'était ouvertement déclaré en faveur de Boris Eltsine en 1990. L'action qu'il a menée contre l'entourage de Mikhaïl Gorbatchev n'est donc pas la manifestation d'une quelconque indépendance judiciaire, mais l'expression de conflits politiques internes très violents, et particulièrement de la rivalité entre Eltsine et Gorbatchev.

Boris Eltsine a récemment promulgué un décret excluant les sections du PC des entreprises et de l'administration de la république de Russie. Est-ce que la fin du communisme permettra une éradication rapide de la corruption dans les milieux dirigeants ?

Il faut, pour répondre à cette question, revenir aux deux éléments qui font la spécificité de la corruption soviétique : l'élément économique et l'élément politique. C'est à la fois le système de planification et l'absence de contre-pouvoir qui ont permis à la corruption de se développer, au point de plonger ses racines dans la structure même des rapports sociaux.

Aujourd'hui, l'un de ces deux éléments a disparu : il y a un contre-pouvoir politique, une pression de l'opinion publique et des médias. Cependant, sur le plan économique, la pénurie exceptionnelle que connaît le pays ne peut qu'encourager le maintien d'une corruption semblable à celle qui touche un certain nombre de pays du Tiers-Monde : une corruption de subsistance, qui résulte de la dégradation du niveau de vie. On est donc entré dans une quatrième phase, dont nul ne peut prévoir combien de temps elle durera.

CHAPITRE 22

URSS : les ruines de l'Empire

La question du *blijnee zaroubejie* – de ce « proche-étranger », expression aujourd'hui employée en Russie pour désigner les États qui faisaient hier encore partie de l'Union soviétique – aura été au cœur de la campagne électorale pour l'élection présidentielle qui vient de s'achever, après la question de la « défense des droits sociaux des citoyens », mais bien avant les problèmes de politique internationale. Chaque candidat aura développé sa vision des rapports que devrait entretenir la Russie avec ses voisins, ses « frères slaves » et les autres.

Pour une minorité, le *statu quo* est apparu comme le moindre des maux ; pour une majorité rassemblant les candidats les plus crédibles, de Eltsine à Ziouganov, en passant par le général Lebed, la Russie a eu, a et aura vocation à réunir ses « frères slaves », d'abord les Biélorusses, puis les Ukrainiens. Quant aux « autres », ceux qui ont fait partie de l'espace géopolitique de l'Union soviétique, ils continuent d'appartenir, selon les termes mêmes de M. Primakov, ministre des Affaires étrangères de la fédération de Russie, « à la sphère des intérêts vitaux de la Russie ». Une formule qui semble prendre acte de l'impossibilité actuelle pour la Russie de rebâtir l'Empire soviétique tel qu'il était, et fait écho aux exhortations célèbres d'Alexandre Soljenitsyne, formulées dès 1990 : « Nous n'avons plus de forces à consacrer à l'empire ! Et nous n'avons pas besoin de lui. Que ce fardeau glisse donc de nos épaules ! Il use notre moelle. Il nous suce et précipite notre perte[1]. »

La conscience diffuse – largement partagée, aussi bien par la classe politique que par la population – de l'impossibilité de revenir au *statu quo ante*, jointe à la nostalgie d'une union perdue, qui avait prétendu à l'unification territoriale, sur « un sixième des terres immergées du globe terrestre », de quinze nations en un seul ensemble, socialiste et soviétique, sont deux aspects de la crise d'identité que traverse depuis quelques années la Russie.

La disparition de l'URSS a placé, en effet, la Russie dans une situation historique qu'elle n'avait pas connue depuis le XVIe siècle : celle d'être seule face à elle-même, de devoir trouver seule son identité, en dehors de l'identité impériale. Or la Russie s'est, du moins depuis sa libération du joug mongol au XIVe siècle, toujours construite dans le mouvement d'une expansion continue. Comme l'avait fort bien analysé le grand historien Vassili Klioutchevski, « les Russes sont le seul peuple pour lequel la colonisation constitue l'essence même de leur histoire ».

---

1. Alexandre Soljenitsyne, *Comment réaménager notre Russie*, Paris, Fayard, 1990, p. 14.

En réalité, l'immensité soviétique fut d'abord, par une confusion entre ce qui était russe et ce qui était soviétique, l'héritière d'une formidable expansion du peuple russe, commencée dans la seconde moitié du XVe siècle, achevée au lendemain de la Seconde Guerre mondiale et dont les principales étapes avaient été : la conquête de la Sibérie et de la majorité de l'Ukraine dès la fin du XVIe siècle ; puis, au XVIIIe, le contrôle des rives de la mer Noire et de la Baltique. Au XIXe siècle, il fallut aux troupes et à la bureaucratie tsariste sept décennies de guerres contre la Turquie et les peuples montagnards du Caucase (1801-1878) pour intégrer la Transcaucasie, et presque autant pour assurer la domination russe sur l'Asie centrale, face aux khanats du Turkestan et aux Anglais (1839-1895).

Le résultat de cette fantastique expansion – aventure coloniale, avec son cortège de combats, de guérillas et de révoltes, ses marches-frontières militarisées et ses colonies de peuplement où étaient envoyés les éléments marginaux de la société – fut un État russe perçu par ses opposants comme une « prison des peuples » et glorifié par ses dirigeants comme un empire ouvert, multi-ethnique, dirigé par un « empereur de toutes les Russies ». Selon la tradition, en effet, la qualité impériale impliquait, à la différence de la qualité royale, que son titulaire régnât sur plusieurs entités territoriales distinctes.

Traditionnellement, la colonisation est perçue comme l'occupation, par une métropole, d'une terre lointaine, étrangère, généralement « outre mer ». Or, en Russie – autre source de confusion comme de problèmes d'identité et de frontières –, expansion territoriale et colonisation ont participé d'un même mouvement, d'un même processus. D'où un formidable brassage des populations, une inextricable imbrication des économies résultant d'une absence de discontinuité territoriale entre la métropole et ses colonies, une absence de frontières stabilisées pour la Russie, nation qui n'a jamais connu d'autres limites que celles de son empire.

Dès le XIXe siècle, l'hétérogénéité de cet empire s'étendant sur deux continents, une partie de l'Europe et une partie de l'Asie, a été une source permanente d'interrogations et de réflexions sur la nature particulière de la Russie : ni européenne ni asiatique, ou plutôt à la fois européenne et asiatique. Pour Nicolas Dobrolioubov comme pour Nicolas Tchernychevski, l'*aziatstvo,* cette « atmosphère asiatique de vie, organisation asiatique de la société, ordre asiatique des choses », était la marque propre de l'entité russe, lieu de confrontation de civilisations diverses, espace-frontière mouvant entre l'Occident et l'Orient. Pour Maxime Gorki, l'*aziatschina*, ou « asiatisme », était la « seconde âme » du Russe :

> Les Russes ont deux âmes – écrivait-il dans un article célèbre intitulé « Deux âmes » paru un an avant la révolution de février 1917 –. L'une lui vient des nomades mongols ; c'est une âme de mystique, de rêveur, de paresseux, de fataliste. L'autre est celle du Slave. Elle est prête à s'enflammer d'une lumière belle et vive, mais elle brûle peu de temps. Elle est incapable de résister à l'influence asiatique. Les principes fondamentaux du psychisme oriental sont inhérents aux Russes. Quelle que soit son appartenance sociale, notre peuple est dur envers les esclaves et servile envers les puissants… L'État moscovite a pour fondement le despotisme asiatique[2].

2. Maxime Gorki, *Œuvres*, t. II, Paris, Livre club Diderot, 1972, p. 70.

Pour maîtriser cet espace hétérogène, lutter contre ce « dédoublement » du Russe, le tsarisme n'a jamais défini la Russie comme un État-nation, mais plutôt comme le cœur d'une union des peuples slaves, porteuse d'un projet messianique, fortement intégrateur, que les derniers Romanov avaient résumé dans la fameuse devise : « Autocratie, nationalité, orthodoxie ». Vaste programme, au nom duquel allait se développer, notamment sous les règnes d'Alexandre III (1881-1894) et de Nicolas II (1894-1917), une politique vigoureuse de russification, source de tensions et d'oppositions avec les peuples allogènes de l'Empire.

Les révolutions de février et d'octobre 1917 accélèrent les tendances centrifuges au sein de l'ex-Empire tsariste. Tendances que les bolcheviks semblent, au début, cautionner, notamment par la Déclaration des droits des peuples de Russie et le décret sur les nationalités (15 novembre 1917). En reconnaissant l'égalité et la souveraineté des peuples de l'ancien Empire russe, le droit à l'autodétermination, à la fédération, à la sécession, ces textes invitent les peuples allogènes à s'émanciper de la tutelle du pouvoir central russe. En quelques mois, Polonais, Finnois, Baltes, Ukrainiens, Géorgiens, Arméniens, Azéris proclament leur indépendance. Mais, précise bientôt Lénine, « le droit au divorce n'est pas l'obligation de divorcer ».

Devant le danger de désintégration totale de l'ex-Empire russe, Lénine, malgré son hostilité au fédéralisme, décide de faire du principe fédéral le fondement du nouvel État soviétique. « La République soviétique de Russie, proclame en janvier 1918 le IIIe Congrès panrusse des soviets, se constitue sur la base d'une libre union de nations libres. » Commence alors la construction du premier État au monde bâti sur le principe ethnique. De manière significative, le premier recensement mené par le nouveau régime (en 1920) prend en compte, à la différence du recensement tsariste de 1897 fondé sur des critères de religion et de langue, le critère national. Cette pratique sera systématisée lors de l'introduction du système du passeport. Chaque citoyen soviétique sera ainsi également ressortissant de l'une des cinquante-trois nationalités jugées suffisamment importantes pour apparaître dans le découpage administratif de l'Union des républiques socialistes soviétiques.

Il serait trop long de retracer en détail l'histoire de la désagrégation de l'Empire tsariste entre 1914 et 1920, puis de la reconquête bolchevique de la majeure partie de l'ex-Empire entre 1918 et 1922, enfin des redécoupages territoriaux et des annexions des années 1930 et 1940. Nous n'évoquerons ici que les principales étapes constitutives des rapports entre la Russie et les « peuples allogènes » de l'ex-Empire tsariste, qui permettent de comprendre à la fois la crise d'identité que traverse aujourd'hui la Russie post-soviétique et les relations qui se sont établies entre les Russes et leurs voisins du « proche-étranger ».

De 1918 à 1922, le développement de la Fédération suit deux voies : 1) entrée dans la république fédérative de Russie de républiques ou de régions autonomes ; 2) reconquête de territoires nationaux ayant proclamé leur indépendance dans la phase de désagrégation de l'Empire tsariste (Ukraine, Géorgie, Arménie, Azerbaïdjan). Une fois la reconquête militaire achevée, conclusion d'alliances bilatérales entre la Russie et ces États auxquels est reconnue une indépendance formelle.

Enfin, de la fin 1922 au début de l'année 1924, l'ensemble du dispositif est codifié par la mise en place d'une Union des républiques socialistes soviétiques (décembre 1922), regroupant au départ quatre républiques (la RSFSR, la RSS de Biélorussie, la RSS d'Ukraine et la RSS de Transcaucasie) et par la promulgation d'une Constitution fédérale (31 janvier 1924).

L'entrée dans la république fédérative de Russie se fait sous l'égide du Commissariat du peuple aux nationalités, dirigé par Staline, ce « merveilleux Géorgien », comme l'appelait Lénine, considéré dans les milieux bolcheviques comme le grand spécialiste des questions nationales depuis qu'il avait publié, en 1913, une brochure intitulée *La Question nationale et la social-démocratie*, dans laquelle il définissait la nation comme « une construction stable, historiquement constituée, déterminée par quatre caractéristiques : langage, territoire, communauté de vie économique et formation psychique ».

Une première expérience d'autonomie dans le cadre fédéral est tentée dès mars 1918, à un moment où le pouvoir bolchevique, très affaibli, recherche, à tout prix, des appuis. Le 23 mars 1918, le Commissariat du peuple aux nationalités déclare « le territoire de l'Oural méridional et de la moyenne Volga [...] république soviétique tataro-bachkire de la fédération socialiste soviétique de Russie ». Malgré les termes volontairement imprécis de ce texte, la promesse formelle d'établir une république nationale musulmane s'étendant sur un immense territoire vient assouvir le vieux rêve de tous les musulmans de Russie de posséder enfin un grand État musulman autonome. Les espoirs du grand responsable tatar Sultan Galiev (qui avait déclaré : « Nous voulons que la république tataro-bachkire soit le foyer d'où les étincelles de la révolution socialiste jailliront au cœur de l'Orient ») sont néanmoins vite déçus. Dès mai 1918, Staline rappelle les limites de l'« autonomie soviétique », différente de l'« autonomie nationaliste bourgeoise ».

En fait, inquiet des progrès du « nationalisme tatar », le pouvoir soviétique réagit vivement. Le VIIIe congrès du Parti communiste (mars 1919) se prononce pour la suppression de toutes les organisations communistes nationales, qui doivent être désormais directement rattachées au PC russe. Après la défaite des Blancs[3], un nouveau décret (22 mars 1920) restreint considérablement l'autonomie accordée en mars 1918. Par crainte du panturquisme, le gouvernement bolchevique disloque la république tataro-bachkire et crée, à la place d'un grand État musulman, deux petites républiques autonomes, aux compétences limitées à des questions d'administration locale.

Les autonomies accordées en 1920-1922 aux autres peuples habitant sur le territoire de la fédération de Russie – Maris, Daghestanais, Bouriates,

3. Le 25 octobre 1917, le IIe congrès des soviets de Russie ratifia les décrets de Lénine sur la paix et la distribution de la terre aux paysans. La révolution s'étendit rapidement à toute la Russie et la République socialiste fédérative soviétique fut proclamée en janvier 1918. Les Russes hostiles à la révolution, les Blancs, poursuivent la lutte jusqu'en 1920.

Mongols, Kalmyks, Tatars de Crimée, etc. – sont aussi chichement mesurées. Les thèses de Sultan Galiev, qui allait être, en mai 1923, le premier dirigeant communiste d'envergure arrêté pour « déviation nationaliste », sont condamnées par le congrès des peuples d'Orient, qui se tient à Bakou, sous l'égide du Komintern, en septembre 1920. Les partisans de Sultan Galiev auraient voulu faire de l'État tataro-bachkir un tremplin pour le développement d'une « révolution permanente » en Asie. Prudents, les dirigeants de Moscou préfèrent museler le panturquisme et assurer leur contrôle sur les régions périphériques de l'ex-Empire russe, en leur accordant une autonomie limitée.

C'est durant cette même période (1920-1921) que les bolcheviks mettent fin, par les armes, à l'indépendance de l'Ukraine, de l'Azerbaïdjan, de la Géorgie et de l'Arménie. Le droit des peuples à l'autodétermination est subordonné à la nécessité de conserver le blé ukrainien, le pétrole et les minerais du Caucase, bref aux intérêts vitaux de l'État soviétique, un État qui s'affirme de plus en plus comme l'héritier de l'ex-Empire russe. Autant qu'une guerre entre Rouges et Blancs, qu'un affrontement entre le pouvoir central et des ébauches de pouvoirs nés « à la base (soviets, comités divers, « unions paysannes », communautés de paysans, dits « verts », etc.), la guerre civile apparaît comme une guerre de reconquête par le Centre – russe et bolchevique – d'une partie des territoires des nationalités qui s'étaient émancipées dans le cours trouble, propre aux tendances centrifuges, des révolutions de 1917.

Après la reconquête, il reste à définir le cadre fédéral. Cette question est l'occasion d'un affrontement majeur entre Lénine et Staline. Le projet présenté par Staline, le 10 septembre 1922, prévoit l'absorption des républiques fédérées par la RSFSR, dont le gouvernement deviendrait celui de la fédération. Accepté par l'Arménie, l'Azerbaïdjan et la Biélorussie, ce texte est rejeté par les Ukrainiens et les Géorgiens. Malade, Lénine ne prend connaissance du projet et des controverses qu'il soulève qu'à la fin du mois de septembre. Il en ébauche alors une version différente, dans laquelle la fédération unirait des républiques égales et non dominées par la Russie. Staline doit refaire sa copie. Ce nouveau texte est approuvé par le Comité central du parti communiste bolchevique russe le 6 octobre, puis par les partis nationaux.

Cependant, les dirigeants géorgiens exigent que leur pays entre dans l'Union directement et non par le biais d'une fédération transcaucasienne. Staline et son représentant à Tiflis, Serge Ordjonikidze, s'obstinent à imposer brutalement à la Géorgie une entrée indirecte dans l'Union. Scandalisé par leur attitude, Lénine rédige une longue lettre aux communistes géorgiens, dans laquelle il « déclare la guerre au chauvinisme grand-russien ». Prise de conscience tardive (avec son fameux « testament », cette lettre est le dernier écrit politique important de Lénine, définitivement écarté de la vie politique à la suite d'une troisième attaque cérébrale, le 10 mars 1923), qui n'inverse plus le cours des événements.

Le 30 décembre 1922, le traité d'Union est signé, malgré les réticences des Géorgiens. En juin 1923, lors d'un important plénum du Comité central, Staline impose définitivement sa politique des nationalités, fondée sur une reconnaissance formelle et une territorialisation des nations, petites et grandes, en républiques fédérées, républiques et régions autonomes, territoires et régions administratives imbriquées les unes dans les autres, le plus souvent suivant des frontières arbitraires, plusieurs fois redécoupées au cours des années précédentes. Malgré ses dispositions fédérales, la Constitution de 1924 favorise la centralisation et le contrôle du Centre sur les pouvoirs périphériques. Cette construction d'un type nouveau, articulée à la manière d'une poupée-gigogne, ne s'applique pas en fait à des États ou à des entités souveraines : elle est provisoire, et fonctionne comme « une pédagogie, une école d'internationalisme[4] ». Le fédéralisme soviétique est censé créer les conditions de son propre dépassement. Chaque république, située à un stade différent d'un long trajet vers la modernité (les républiques d'Asie centrale étant « en retard », les républiques du Caucase plus proches du stade atteint par les républiques slaves, etc.), doit, grâce à l'Union, arriver, dans un proche avenir, à la parfaite convergence qui aura pour nom « communisme ».

En attendant, l'identité nationale russe est – pour plus de six décennies – à la fois enserrée dans un découpage territorial complexe qui parsème la Russie « historique », de Saint-Pétersbourg à l'Oural et aux frontières du Kazakhstan, d'îlots non russes comme le Tatarstan, la Bachkirie, la Carélie, et affaiblie par

4. Hélène Carrère d'Encausse, *Le Grand Défi. Bolcheviks et nations (1917-1930)*, Paris, Flammarion, 1987, p. 176.

la surimposition d'une « culture soviétique » et d'une « identité soviétique » qui doivent « dépasser » les spécificités nationales. Avant la révolution, la Russie puisait sa force identitaire dans un messianisme que l'on ne saurait réduire à une seule stratégie d'asservissement culturel et politique. Sous le régime soviétique, le peuple russe, reconnu *primus inter pares,* n'est plus que « le peuple le plus avancé » de tous les peuples composant l'Union soviétique sur la voie de la constitution d'une « identité soviétique ».

En moins de deux ans, de la fin 1989 à la fin 1991, la Russie a connu son plus grand reflux territorial depuis que Pierre le Grand avait porté les frontières de son pays jusqu'aux rivages de la Baltique. Depuis 1945, elle disposait d'un double glacis : un glacis externe, avec une chaîne d'États satellites, de la Pologne à la Bulgarie ; un glacis interne, de la Baltique à la mer Noire et à la mer Caspienne, avec une ceinture de neuf républiques – trois républiques baltes, Biélorussie, Ukraine, Moldavie, Géorgie, Arménie, Azerbaïdjan. Avec la disparition de l'URSS, c'est ce double dispositif qui s'est effondré, ramenant le territoire russe à une configuration antérieure à celle qui avait été constituée par les grands tsars conquérants du XVIIIe siècle.

Ce processus – disparition de l'URSS, réapparition d'États-nations en lieu et place des anciennes républiques socialistes soviétiques – a été le résultat de deux mouvements : 1) un mouvement centrifuge (qui n'est pas sans analogie avec celui qui avait affecté l'ex-Empire tsariste en 1917), où le rôle moteur a été joué par les pays Baltes, contrairement aux prévisions de certains soviétologues qui estimaient que la principale menace d'éclatement de l'Empire se situait au sud, avec la poussée démographique des musulmans d'Asie centrale (en fait, la proximité perçue comme un danger réel d'assimilation a été davantage un facteur d'éclatement que l'éloignement et la différence) ; 2) une implosion venue du Centre, liée à la stratégie politique de Boris Eltsine qui, pour asseoir son pouvoir face au président de l'URSS Mikhaïl Gorbatchev, a proclamé la souveraineté de la Russie, vidant ainsi l'Union de son contenu et de sa réalité. Cette démarche a déclenché une réaction en chaîne, chaque république soviétique proclamant à son tour son indépendance et mettant fin ainsi à la construction soviétique.

Dans sa lutte politique contre Mikhaïl Gorbatchev, Boris Eltsine, soutenu par une partie de l'intelligentsia libérale, a entrepris, en 1990-1991, une étonnante mythification de la Russie prérévolutionnaire, une Russie riche et laborieuse, qu'il opposait à une Union soviétique pauvre et sanguinaire. Une nouvelle « conception historique » est élaborée : la révolution d'Octobre n'a été qu'un coup de main opéré par un groupe de fanatiques déterminés à imposer au peuple russe leur idéologie étrangère, le marxisme-léninisme ; la révolution bolchevique n'a été qu'un « accident », et la période soviétique une monstrueuse parenthèse de quelques décennies.

Cette réinterprétation de l'histoire présente deux avantages majeurs : 1) la rupture symbolique avec tout ce qui fut soviétique, la réappropriation de l'héritage russe (le drapeau, l'aigle bicéphale, l'Église orthodoxe) permettant de masquer la remarquable permanence des « nouvelles » élites dirigeantes, qui ont toutes appartenu à la nomenklatura soviétique ; 2) le rejet en bloc de l'expérience soviétique libère la société du poids de la responsabilité collective, qui avait si fortement ébranlé les consciences au moment de la *glasnost* et de la dénonciation du stalinisme. Si la révolution d'Octobre a été imposée au pays par une bande de criminels menée par Lénine, alors le peuple russe n'a été qu'une victime innocente.

Peuvent alors commencer une reconstitution de l'identité nationale russe, anéantie par le soviétisme, une réappropriation de la mémoire nationale russe, une purification symbolique (toute épuration politique étant d'emblée exclue, puisque les responsables de la veille sont aujourd'hui encore au pouvoir), dont l'acte le plus marquant est aujourd'hui la reconstruction, en plein centre de Moscou, à la place du monument aux victimes du stalinisme promis par Khrouchtchev, puis par Gorbatchev, d'un lieu de mémoire majeur de la Russie éternelle : l'immense cathédrale du Christ-Sauveur, dynamitée en grande pompe par les bolcheviks au début des années 1930.

Après la disparition de l'URSS, on a pu croire, notamment en 1992-1993, que le processus de désintégration allait se poursuivre au sein même des ex-républiques soviétiques et, en premier lieu, au sein de la fédération de Russie. Le naufrage du PCUS avait, en effet, brisé le maillage idéologique et administratif qui assurait, sous le vocable de « centralisme démocratique », les liaisons entre le Centre et les régions. D'où, dans un premier temps, un développement spectaculaire de la fragmentation du territoire, à l'échelle la plus réduite : un « localisme », qui culmine au cours de l'année 1993, lorsque des circonscriptions administratives russes, enclavées au cœur même de la Russie, comme la région de Vologda, proclament solennellement leur statut de « sujet fédéral aux droits égaux à ceux des républiques autonomes ». En réalité, ce localisme à l'intérieur même de la Russie ne datait ni de l'implosion de l'URSS ni des débuts de la Perestroïka, mais de l'ère brejnévienne, qui avait vu l'apogée d'une sorte de « féodalité soviétique » alliant allégeance politique et économique de l'administration locale au Centre, et toute-puissance, notamment sociale, de la nomenklatura locale dans son « fief ».

Après cette phase d'autonomisation et d'atomisation, on assiste, depuis 1994, à la fois à une recentralisation et à un mouvement centripète qui contribue à renouer des relations étroites entre la Russie et ses voisins du « proche-étranger ». La contrainte économique a résolument pris le dessus sur les pulsions autonomistes à partir du moment où s'est reconstitué un cadre économique unifié non plus au seul avantage du Centre prédateur, mais au profit d'une économie décentralisée dans laquelle le niveau local retrouvait son rôle de gestion du pouvoir.

Le séisme provoqué par l'implosion de l'URSS n'a donc pas débouché sur le scénario catastrophe que certains envisageaient en 1992-1993 : chaos institutionnel, avec multiplication des conflits au sein même de la fédération de Russie, sous l'effet des mouvements indépendantistes tatar de Kazan, iakoute, voire d'un autonomisme sibérien, des litiges frontaliers entre la Russie et ses voisins, susceptibles de déboucher sur des affrontements armés. De tels litiges ont eu lieu, mais sont restés circonscrits – en Transnistrie, peuplée en majorité de Russes refusant une éventuelle fusion entre le nouvel État moldave et la Roumanie ; à propos de la frontière russo-estonienne ; à propos de la Crimée, « donnée » en 1954 par Moscou à l'Ukraine, et que les Russes de Crimée voudraient voir aujourd'hui rattachée à la fédération de Russie. L'unique conflit d'envergure, exception malheureuse qui confirme la règle, a concerné la Tchétchénie, seule de toutes les républiques autonomes de l'ex-RSFSR à être allée, pour un faisceau de raisons à la fois historiques et politiques que nous ne pouvons développer ici, jusqu'au bout d'une logique indépendantiste.

La manière dont la Russie a aménagé, au cours des dernières années, ses relations avec ses voisins du « proche-étranger », la façon dont se sont stabilisés les États-nations nés de la désagrégation de l'URSS ne peuvent donc être comprises qu'à condition d'être replacées dans le mouvement, lent et largement occulté, d'une évolution qui a commencé dans les années 1970.

Ce mouvement peut être assimilé à une forme de décolonisation. Une décolonisation discrète, qui s'est déroulée presque subrepticement, sans heurts, sans que les responsables politiques en aient clairement conscience. Ainsi, le processus d'indépendance des années 1989-1991 n'a pas été un processus brutal, et les gouvernements nationaux mis en place au cours de ces années témoignent de l'existence de réseaux de pouvoirs locaux constitués et efficaces préexistant à la chute de l'URSS. Au cours de l'époque brejnévienne (1964-1982), le nombre de Russes aux commandes dans les républiques non russes n'a cessé de décroître, tandis que les élites locales assuraient largement la relève. Un mouvement de repli des populations russes des républiques d'Asie centrale et, dans une moindre mesure, des républiques du Caucase s'est amorcé.

Autre facteur permettant de comprendre la stabilité actuelle des frontières : les tracés des républiques de l'ex-URSS ont été intériorisés comme de véritables limites d'État, fait dont témoignent les mouvements de population des vingt ou trente dernières années. Certes, le problème des « pieds-rouges » – ces quelque vingt-cinq millions de Russes installés hors de Russie[5] – est loin d'être résolu. D'année en année, depuis 1990, le nombre de ceux qui regagnent la « Mère Patrie » a augmenté, pour atteindre près d'un million de personnes en 1995. Mais, mis à part le cas dramatique des réfugiés fuyant les combats en Tchétchénie, le problème des « pieds-rouges » n'est cependant pas comparable à celui des « pieds-noirs » français chassés d'une ancienne colonie au terme d'une véritable guerre de huit ans.

L'évolution récente des rapports entre la Russie et les États nés de la désintégration de l'URSS, le problème de la constitution – ou de la reconstitution – d'une identité nationale russe par le biais de la nouvelle fédération de Russie postsoviétique obligent l'historien à reconsidérer la période soviétique de l'histoire russe. À analyser, sous l'enveloppe institutionnelle de l'espace politique unifié qu'était l'URSS, non seulement la diversité et l'hétérogénéité des éléments qui le constituaient, mais aussi la forte auto-

5. Douze millions en Ukraine, soit 22 % de la population locale ; plus de six millions au Kazakhstan, où ils représentent 30 % environ de la population ; le reste en Asie centrale, dans les pays Baltes et en Biélorussie.

nomie du social, du démographique, des mentalités collectives et des spécificités nationales par rapport au politique. À réintégrer les quelques décennies du régime soviétique dans la durée multiséculaire de l'histoire russe. À repenser enfin l'histoire des relations entre la Russie et ses voisins de l'ex-URSS à la lumière des histoires coloniales européennes, avec leurs phases de conquête, d'exploitation, de décolonisation… et de relations postcoloniales.

Remerciements

Je remercie Valérie Hannin et Ariane Mathieu pour leur aide à retrouver, dans les archives de *L'Histoire*, certains de mes textes dont je ne retrouvais plus trace.

Et Christian Ingrao, mon collègue à l'IHTP et ami de vingt ans pour avoir relu mes articles et proposé le titre du présent recueil.

Chronologie des versions originales des articles de *L'Histoire*

URSS : être communiste sous Staline	janvier 1981
URSS : de l'amour libre à l'ordre moral	novembre 1984
URSS : les mécanismes de la corruption	novembre 1991
Feliks Dzerjinski et les origines du KGB	septembre 1992
Goulag : les vrais chiffres	septembre 1993
Comment Staline a affamé l'Ukraine	mai 1995
URSS : les ruines de l'Empire	juillet 1996
La prise du pouvoir par les bolcheviks	janvier 1997
Pourquoi les Soviétiques ont-ils gagné la guerre ?	mars 2001
Les derniers jours du tyran	février 2003
Archives du communisme : les paysans contre Staline	mars 2005
Révélations et silences d'un « rapport secret »	janvier 2006
Tchernobyl : enquête sur une catastrophe annoncée	avril 2006
Les manuscrits censurés de Lénine	octobre 2007
La vérité sur la Grande Terreur	octobre 2007
Y a-t-il eu génocide en Ukraine ?	février 2010
Le « dimanche rouge » de Novotcherkassk	novembre 2010
La grande stagnation	novembre 2011
A l'Est, le front oublié	octobre 2013
1918-1921. Les pogroms des guerres civiles russes	juin 2014
URSS, 1954 : opération Terres vierges	septembre 2015
Les 900 jours de Leningrad	octobre 2016

Table

collection tempus
Perrin

DÉJÀ PARU

614. *Des hommes irréguliers* – Étienne de Montety.
615. *Lauzun* – Jean-Christian Petitfils.
616. *Les voix de la foi* –François Huguenin.
617. *L'Europe barbare* – Keith Lowe.
618. *1914* – Jean-Yves Le Naour.
619. *Mahomet et Charlemagne* – Henri Pirenne.
620. *La guerre de Corée* – Ivan Cadeau.
621. *La seconde gloire de Rome* – Jean Delumeau.
622. *Biribi* – Dominique Kalifa.
623. *Joffre* – Rémy Porte.
624. *Paroles de Verdun* – Jean-Pierre Guéno.
625. *Le salaire de la destruction* – Adam Tooze.
626. *Le dernier des cathares, Pèire Autier* – Anne Brenon.
627. *Maurice et Jeannette, biographie du couple Thorez* – Annette Wieviorka.
628. *La dynastie rouge* – Pascal Dayez-Burgeon.
629. *Les secrets du Gotha* – Ghislain de Diesbach.
630. *Notre jeunesse* – Charles Péguy.
631. *Une histoire du Liban* – David Hirst.
632. *Aristide Briand* – Bernard Oudin.
633. *Boni de Castellane* – Eric Mension-Rigau.
634. *La grande histoire de la Belgique* – Patrick Weber.
635. *La police des mœurs* – Jean-Marc Berlière.
636. *Joseph II* – François Fejtö.
637. *Considérations sur Hitler* – Sebastian Haffner.
638. *Les batailles qui ont changé l'histoire* – Arnaud Blin.
639. *Entretiens avec Mussolini* – Emil Ludwig.
640. *Grandeurs et misères d'une victoire* – Georges Clemenceau.
641. *Les couples royaux dans l'histoire* – Jean-François Solnon.
642. *Roger II de Sicile* – Pierre Aubé.
643. *Carrier et la Terreur nantaise* – Jean-Joël Brégeon.
644. *C'était le XXe siècle*, tome I – Alain Decaux.

645. *C'était le XXᵉ siècle*, tome II– Alain Decaux.
646. *Reines d'Afrique* – Vincent Hugeux.
647. *Ducs et duchesses de Bretagne* – Philippe Tourault.
648. *L'âme romaine* – Pierre Grimal.
649. *Lénine* – Robert Service.
650. *Les derniers jours* – Michel De Jaeghere.
651. *Histoire des Arabes* – Eugene Rogan.
652. *Leipzig* – Bruno Colson.
653. *La France et son armée* – Charles de Gaulle.
654. *Baden-Powell* – Philippe Maxence.
655. *Les vichysto-résistants* – Bénédicte Vergez-Chaignon.
656. *L'édit de Nantes* – Bernard Cottret.
657. *Chamfort* – Claude Arnaud.
658. *La captivité et la mort de Marie-Antoinette* – G. Lenotre.
659. *Les ministres de Napoléon* – Thierry Lentz.
660. *Les dynasties du luxe* – Yann Kerlau.
661. *Les aigles foudroyés* – Frédéric Mitterrand.
662. *Mémoires d'exil* – Frédéric Mitterrand.
663. *Histoire des Juifs* – Michel Abitbol.
664. *Dictionnaire de stratégie* – Gérard Chaliand, Arnaud Blin.
665. *Washington* – François Guizot.
666. *Russie, réformes et dictatures* – Andreï Kozovoï.
667. *L'enfance des chefs de la Vᵉ République* – Robert Schneider.
668. *Histoire des présidents de la République* – Maxime Tandonnet.
669. *La haine et la honte* – Friedrich Reck-Malleczewen.
670. *La Grande Guerre oubliée* – Alexandre Sumpf.
671. *Histoires de l'Élysée* – François d'Orcival.
672. *Extension du domaine de la guerre* – Pierre Servent.
673. *Versailles au temps des rois* – G. Lenotre.
674. *La fin des empires* (dir. Patrice Gueniffey et Thierry Lentz).
675. *L'Élysée sous l'Occupation* – François d'Orcival.
676. *Histoire de la Russie des tsars* – Richard Pipes.
677. *L'épuration des intellectuels* – Pierre Assouline.
678. *Mourir pour Kobané* – Patrice Franceschi.
679. *Dépêches du Vietnam*– John Steinbeck.
680. *1715, La France et le monde* – Thierry Sarmant.
681. *Spartacus* – Eric Teyssier.
682. *Journal, 1939-1945* – Maurice Garçon.
683. *Les cent derniers jours d'Hitler* – Jean Lopez.

684. *Les sentinelles* – Dror Moreh.
685. *Un Siècle d'Or espagnol* – Bartolomé Bennassar.
686. *Jeanne d'Arc. Le procès de Rouen* – Jacques Trémolet de Villers.
687. *La guerre de face* – Martha Gellhorn.
688. *Le marécage des ayatollahs. Une histoire de la Révolution iranienne* – Pierre et Christian Pahlavi.
689. *Hitler et la France* – Jean-Paul Cointet.
690. *Necker* – Ghislain de Diesbach.
691. *La reine Victoria* – Jacques de Langlade.
692. *Histoire mondiale des services secrets* – Rémi Kauffer.
693. *Gorbatchev* – Bernard Lecomte.
694. *Mémoires* – Erich von Manstein.
695. *Mangeurs de viande* – Marylène Patou-Mathis.
696. *John Fitzgerald Kennedy* – Frédéric Martinez.
697. *L'Empire ottoman et l'Europe* – Jean-François Solnon.
698. *La Russie des tsars* (dir. Emmanuel Hecht).
699. *Testament politique* – Richelieu.
700. *Joukov* – Jean Lopez, Lasha Otkhmezuri.
701. *Le siècle de Louis XIV* (dir. Jean-Christian Petitfils).
702. *Les pathologies politiques françaises* – Alain Duhamel.
703. *1915* – Jean-Yves Le Naour.
704. *La France catholique* – Jean Sévillia.
705. *Dictionnaire amoureux de Jésus* – Jean-Christian Petitfils.
706. *La guerre Iran-Irak, 1980-1988* – Pierre Razoux.
707. *Les troubadours* – Michel Zink.
708. *Nouvelle histoire des idées* – Alain Blondy.
709. *La Grande Guerre* – François Cochet.
710. *La révolution anglaise* – Bernard Cottret.
711. *Histoire de la résistance* – Olivier Wieviorka.
712. *Histoire de la Phénicie* – Josette Elayi.
713. *Souvenirs d'une ambassade à Berlin* – André François-Poncet.
714. *Robespierre* – Jean-Clément Martin.
715. *Histoire des médecins* – Stanis Perez.
716. *Les légendes de la Grande Guerre* – Général Mordacq.
717. *Les châteaux de la Loire* – Jean des Cars.
718. *La guerre de Sept Ans* – Edmond Dziembowski.
719. *Mirabeau* – Jean-Paul Desprat.
720. *Sur la scène internationale avec Hitler* – Paul-Otto Schmidt.

721. *Mai 68. Mémoires* – Maurice Grimaud.
722. *La cause du peuple* – Patrick Buisson.
723. *L'élan du cœur. Propos et souvenirs* – Claude Pompidou.
724. *Les nazis en fuite* – Gerald Steinacher.
725. *La légende du roi Arthur* – Martin Aurell.
726. *Les mythes de la Seconde Guerre mondiale* (dir. Jean Lopez et Olivier Wieviorka).
727. *Un autre regard sur mon grand-père Charles de Gaulle* – Yves de Gaulle.
728. *La Bretagne et la France, du* XVe *siècle à nos jours* – Philippe Tourault.
729. *Fabuleux destins* – Alain Decaux.
730. *Le crépuscule des rois* – Philippe Erlanger.
731. *Le sceptre et le sang* – Jean des Cars.
732. *Cambacérès* – Pierre-François Pinaud.
733. *François Ier* – Didier Le Fur.
734. *La Seconde Guerre mondiale* – Claude Quétel.
735. *Reagan* – Françoise Coste.
736. *De la guerre* – Napoléon.
737. *La compagnie des ombres* – Michel De Jaeghere.
738. *Lettres de la Wehrmacht* – Marie Moutier.
739. *Grandeur, déclin et destin de la Ve République* – Edouard Balladur et Alain Duhamel.
740. *La Grande Guerre des civils* – Eric Alary.
741. *Louis XV* – Jean-Christian Petitfils.
742. *Pétain* – Bénédicte Vergez-Chaignon.
743. *Dictionnaire amoureux de la Rome antique* – Xavier Darcos.
744. *Histoire du monde*, tome I, *Les âges anciens* – John M. Roberts et Odd A. Westad.
745. *Histoire du monde*, tome II, *Du Moyen Âge aux temps modernes* – John M. Roberts et Odd A. Westad.
746. *Histoire du monde*, tome III, *L'âge des révolutions* – John M. Roberts et Odd A. Westad.
747. *Tout sur* Mein Kampf – Claude Quétel.
748. *Le cimetière de l'espérance* – Nicolas Werth.

Imprimé en France par EPAC Technologies
N° d'impression : 4550414307521
Dépôt légal : janvier 2019